道 中 华 之 美　中 华 之 道

道中华

文萃

本书编委会　编

民族出版社

编 委 会

序言：不断构筑中华民族共有精神家园

    党的十八大以来，以习近平同志为核心的党中央站在实现中华民族伟大复兴的战略高度，谋划和部署新时代党的民族工作，提出铸牢中华民族共同体意识等一系列重大原创性论断，形成了习近平总书记关于加强和改进民族工作的重要思想，为新时代党的民族工作指明了前进方向、提供了根本遵循。作为铸牢中华民族共同体意识的重要内容，构筑中华民族共有精神家园是维护中华民族大团结、巩固中华文化主体性的重要支撑，对加强中华民族共同体建设、加快实现中华民族伟大复兴具有重大意义。我们要紧密围绕铸牢中华民族共同体意识这一主线，着眼建设中华民族现代文明，推进中华民族共有精神家园建设。

    准确把握中华民族共有精神家园的文明特质。中华文明具有突出的连续性、创新性、统一性、包容性、和平性，塑造了你中有我、我中有你、血脉相连、不可分割的中华民族共同体。必须深刻理解把握中华文明的突出特性，在新的历史起点上不断构筑中华民族共有精神家园，为铸牢中华民族共同体意识奠定坚实的精神和文化基础。

中华文明突出的连续性形塑了中华民族共同体独特的历史意识和历史自觉。中华文明是世界上唯一绵延不断且以国家形态发展至今的伟大文明。中华民族的连续性突出反映在历代王朝接续正统的政治实践和历史书写。如元朝取代了宋朝却为宋修史，明朝取代了元朝却为元修史，清朝取代了明朝却为明修史，等等。历史上，不管哪个民族建立的全国性政权，都认同中华文化，都把自己归入整个中华民族的历史发展。深厚的家国情怀与深沉的历史意识，成为中华文明历经数千年而绵延不绝、迭遭忧患而经久不衰的精神支撑。

中华文明突出的创新性塑造了中华民族共同体革故鼎新的创造精神。中华民族既有"周虽旧邦，其命维新"的历史担当，也有"穷则变，变则通，通则久"的能动意识，始终以"苟日新，日日新，又日新"的精神不断创造自己的物质文明、精神文明和政治文明。春秋时，管仲变法九合诸侯；战国时，商鞅变法为百年后秦汉大一统制度打下基础；北宋王安石变法，留下一句"天变不足畏、祖宗不足法、人言不足恤"，始终激励中国人锐意进取；清末戊戌变法，留下"不变法，毋宁死"的无私无畏精神遗产；五四新文化运动更是拉开了新民主主义革命的大幕。中华文明的创新性，始终是历史发展的内在动力，让中华民族生生不息，不断返本开新，因此要尊古不复古，创造性转化、创新性发展中华优秀传统文化，不断推进新时代中国特色社会主义文化建设。

中华文明突出的统一性奠定了中华民族共同体维护大一统的人心根基。中华文明长期的大一统传统，形成了多元一体、团结集中的统一性。"大一统"作为观念、制度和文化特性，是千百年来中华民族的共同实践。无论哪个民族入主中原，都以实现"大一统"为己任，都为"大一统"做出了独特贡献。追求"大一统"，始终是政权合法性的最高标准；坚持"大一统"，始终是中华民族的集体共识。中华文明的统一性，从根本上决定了中华民族历史上即使遭遇重大挫折也牢固凝聚，决定了国土不可分、国家不可乱、民族不可散、文明不可断的共同信念，决定了国家统一永远是中国核心利益的核心，决定了一个坚强统一的国家是各族人民的命运所系。

中华文明突出的包容性涵养了中华民族共同体海纳百川的开放格局。几千年来，尽管有过内部战争和冲突，但中华文明的包容性，超越地域乡土、血缘世系、宗教信仰等，把内部差异极大的广土巨族整合成多元一体的中华民族，从根本上决定中华民族交往交流交融的历史取向，"合"是主流，"交"是过程，"融"是关键。新疆喀什的莫尔寺就是个好例子，这座小小的遗址上，同时发现了印度犍陀罗式方形佛塔，中亚和新疆本土的回字形佛殿，以及汉传佛教的大佛殿建筑。中华民族始终以互鉴融通的包容态度对待内部文化多样性和各种外部文明。历史证明，中华民族越是包容，就越能接纳更多族群融入；不同族群越是融入，就越是认同中华文明，越能维护珍惜共同价值观，越会导致中华民族延绵不断。

中华文明突出的和平性彰显了中华民族共同体协和万邦的天下情怀。几千年来，中华民族自力更生，与周边国家和睦相处。即便在国力最鼎盛的时候，也从没有向外征服扩张，而是靠丝绸之路怀柔远人；从没有殖民统治周边邻国，而是靠朝贡体系礼尚往来；从没有对外传教搞文化霸权，而是靠"有闻来学"赢取人心。中华民族历史上没有、今后也不会对外扩张、殖民掠夺、意识形态输出。这与一些国家信奉的丛林法则和霸权思维有着本质区别。我们不搞强求一致的极端同化，不搞以邻为壑的孤立隔离，不搞"党同伐异"的小圈子，而是在多元性中寻求共同性，推动构建人类命运共同体，始终做世界和平的建设者、全球发展的贡献者、国际秩序的维护者。

深刻理解构筑中华民族共有精神家园的内在逻辑。铸牢中华民族共同体意识、构筑中华民族共有精神家园，有其内在的理论逻辑、历史逻辑、实践逻辑。

体现"两个结合"的理论创新机理。"两个结合"特别是"第二个结合"是"打开了创新空间"的又一次思想解放。一方面，只有坚持马克思主义的魂脉，中华文明才能获得现代形态。马克思主义的先进理论激活了中华文明的基因，推动了中华文明的生命更新和现代转型。另一方面，只有坚守中华文明的根脉，现代文明才能扎根中华大地。中华优秀传统文化充实了马克思主义的文化生命，推动中国化马克思主义成为中华文化和中国精神的时代精华。构筑中华民族共有精神家园，要遵循马克思主义民族理论的基本原理，汲取中华优秀传统文化的思想智慧，不断推进马克思主义民族理论中国化时代化。

推动中华民族交往交流交融的历史趋势。历史上，从赵武灵王胡服骑射到北魏孝文帝汉化改革，从"洛阳家家学胡乐"到"万里羌人尽汉歌"，从边疆民族习用"上衣下裳""雅歌儒服"到中原盛行"上衣下裤"、胡衣胡帽，以及今天随处可见的舞狮、胡琴、旗袍等，展现了各民族文化的和合共生，形成了谁也离不开谁的多元一体格局。新中国成立以来，在中国共产党的团结带领下，各族人民形成了平等团结互助和谐的新型民族关系，交往更全面、交流更广泛、交融更深入。各民族共建、共有、共享的精神家园，推动政治上更加团结统一、经济上更加共享共富、社会上更加互嵌交融、文化上更加自觉主动、生态上更加和谐美丽的中华民族，不断掀开强国建设、民族复兴的新篇章。

源于我们党推动中华民族文化建设的实践经验。革命年代，毛泽东同志提出："建立中华民族的新文化，这就是我们在文化领域中的目的。"新中国成立后，我们党把新文化作为新社会、新国家建设的重要内容。改革开放后，我们党提出社会主义精神文明建设的重大命题。新时代，文化建设被纳入"五位一体"总体布局，文化自信成为"四个自信"的重要内容。特别是习近平文化思想的确立，为进一步推动文化繁荣、建设文化强国、开创人类文明新形态提供了根本遵循，也为构筑中华民族共有精神家园指明了方向。要立足党史、新中国史、改革开放史、社会主义发展史、中华民族发展史"五史"，深刻阐释中国特色社会主义道路的历史逻辑、文明特性和独特优势。要深入研究党的历史上一系列理论创新、制度创新、体制创新，揭示"第二个结合"锻造了中华民族先锋队的新型政党形态，为中华民族共同体提供了主心骨。要通过中西历史文化传统多层面比较，如文明、政治、民族、宗教等比较，打造融通中外的新概念、新范畴、新表述，深刻揭示出中国式现代化对于世界上古老文明和第三世界国家实现现代化所具有的世界意义。

不断拓展构筑中华民族共有精神家园的实践路径。构筑中华民族共有精神家园，是铸牢中华民族共同体意识的关键。我们要把构筑中华民族共有精神家园作为战略任务来抓，让各民族人心归聚、精神相依。

推进理论研究。坚持不懈用习近平新时代中国特色社会主义思想凝心铸魂，加强习近平文化思想和习近平总书记关于加强和改进民族工作的重要思想的研究阐释。立足中华民族悠久历史，把马克思主义民族理论同中国具体实际相结合、同中华优秀传统文化相结合，科学揭示中华民族形成和发展的道理、学理、哲理，深化中华民族共同体重大基础性问题研究，加快形成中国自主的中华民族共同体史料体系、话语体系、理论体系。

加强宣传教育。依托"道中华"宣传品牌、中华民族共同体体验馆、铸牢中华民族共同体意识文物古籍展等讲好中华民族共同体故事。在中西比较中凸显中国道路的优越性，展示中华民族共同体在超大规模的疆域管理、多样族群的社会治理、多元文化和谐共融方面的实践成果，大力宣传中华民族的历史，大力宣传中华民族共同体理论，大力宣传新时代党的民族工作取得的历史性成就，大力宣传中华民族同世界各国人民携手构建人类命运共同体的美好愿景。进一步壮大民族文宣队伍，创新民族文宣传播方式，不断提升宣传教育的精确性和实效性。

强化共同价值。以社会主义核心价值观为引领，大力弘扬以爱国主义为核心的民族精神和以改革创新为核心的时代精神。大力弘扬以伟大建党精神为源头的中国共产党人精神谱系。坚持正确的中华民族历史观，准确认识中华文明起源和历史脉络，准确认识中华民族和中华文明的多元一体，准确认识中华文明取得的灿烂成就和对人类文明的重大贡献，增强对中华民族的认同感和自豪感。

弘扬中华文化。紧扣增进文化认同，挖掘宣传阐释各民族共有共享的中华文化符号，讲清楚中华文化是主干，各民族文化是枝叶，干壮才能枝繁叶茂。在此基础上，构建中华文化特征、中华民族精神、中国国家形象表达体系，树立和突出各民族共享的中华文化符号和中华民族形象。加大各民族优秀文化遗产保护力度，实施重点文物保护工程。推动各民族文化互鉴交融，打造一批具有中华文化底蕴、充分汲取各民族文化营养、融合现代文明的优秀艺术作品。

守好意识形态阵地。压实意识形态工作主体责任，正确区分政治原则、思想认识、学术观点，旗帜鲜明反对历史虚无主义、民族分裂主义、宗教极端主义，持续肃清民族分裂、宗教极端思想流毒。把握国际舆论斗争主动权，构建具有中国特色、符合国际传播特点的中国民族理论政策话语体系。充分利用网络新媒体新技术新业态传播灵族团结进步正能量，使互联网成为铸牢中华民族共同体意识的"最大增量"。

新时代新征程，我们将坚持以习近平新时代中国特色社会主义思想为指导，全面贯彻党的二十大精神，持续加强对习近平文化思想和习近平总书记关于加强和改进民族工作的重要思想的学习、研究、阐释，积极引导中华儿女树立正确的历史观、民族观、国家观、文化观，厚植家国情怀，不断增强对中华民族共有精神家园的认同感，凝聚起奋进新时代的强大精神力量，推进以中国式现代化全面实现中华民族伟大复兴的历史进程。

编　者

2024 年 7 月

目　录

历史探源

多元一体

和合交融

文化共享

文明互鉴

历史探源

元谋人上门齿化石：中华大地超百万年人类生命史

郑　茜　周玉州*

如果用一句话概括中华民族从远古走来的历史，那会是什么？

习近平总书记指出："我国考古发现的重大成就实证了我国百万年的人类史、一万年的文化史、五千多年的文明史。"

20世纪著名的考古学家苏秉琦先生也曾这样总结中华历史："超百万年的文化根系，上万年的文明起步，五千年的古国，两千年的中华一统实体。"

事实上，这就是中华民族及其先民在这颗星球上书写的一份履历。显然，这是一份独一无二的履历——就中华文明作为世界上唯一没有中断过的古老文明而言，在这个地球上，几乎没有其他任何

* 郑茜，中国民族博物馆副馆长；周玉州，中国民族博物馆馆员。

元谋人上门齿化石（中国地质博物馆　藏）

一个民族和国家，能够向今天的人类社会，交出这样一份履历。

那么，就让我们从超过百万年的人类生命根系，来追溯中华民族的起源。

"元谋人"蓦然现世

1965 年，钱方、浦余庆等学者在云南省楚雄彝族自治州元谋县上那蚌村开展地质考察工作。在一位放牛老人的指引下，他们来到村西约 1 千米的山沟里，在一个土包下发现了云南马的化石，同时还有两枚人类的门齿化石。考察队将这批化石标本带回北京，两颗人类门齿化石引起各学界的重视。1976 年春，经过多家科研单位的多次测定，测出这两枚牙齿化石的绝对地质年代为距今 170 万 ±10 万年。

这一结果震惊中外。

门齿的发现地点在云南省元谋县，化石主人被命名为"元谋人"。元谋人的发现将中国古人类历史向前推进了 100 多万年。

什么是铲形门齿？

事实上，两颗门齿让人震惊的不仅在于其年代，更重要的在于它的形态：铲形特征。

这是两枚人类上门齿化石，呈浅灰白色，石化程度很高，属于同一个成年个体。两枚牙齿都有一个显著特点：齿冠舌面有一个凹面，两边缘翻卷成棱，如同铲子形状，是典型的铲形门齿。

比起170万年的古老程度，两枚门齿的铲形特征才是更让人震惊的发现。这是因为——今天绝大多数中国人都有铲形门齿。比如，在中国汉族人口中，有铲形门齿的，男性占89.6%，女性占95.2%；在蒙古族人口中，有铲形门齿者，男女均占91.5%；在东亚化石人群和现代人群中，铲形门齿均具有较高的出现率。相反，在世界其他人种中，具有铲形门齿特征者，或者完全没有，或者最高不超过5%，只有在黑人中，男性占9.0%，女性占7.8%。

这是否表明，元谋人与现代蒙古人种之间有着某种源流关系？

铲形门齿的延续性表明了什么？

迄今为止，在中华大地上陆续发掘出了不同时期的古人类骨骼遗存，如陕西的蓝田人、湖北的郧县人、北京房山的北京人、安徽的和县人、辽宁的金牛山人，再如山西丁村人、广东马坝人、内蒙古河套人、黑龙江哈尔滨人、吉林安图人、广西柳江人、贵州兴义人、福建东山人、台湾左镇人等，此外，山东、河南、西藏、新疆等地区也发现了古人类化石及其活动遗迹。从人类发展阶段来看，这些古人类遗址涵盖了直立人、早期智人、晚期智人等人类发展的各个时期；从地域范围来看，它们基本涵盖了中华大地的各个区域。而在上述所有遗址中，凡发现了上门齿的，其铲形特质均十分明显。

美国人类学家阿莱斯·赫德利卡（Ales Hrdlicka）因此指出：铲形门齿是蒙古人种的特质。

蒙古人种是对亚洲人种的泛称，其主要特征有黄色皮肤、较低的鼻梁、较高的颧骨、铲形门齿、发达的上眼睑褶等。随着中国古人类化石的不断发现，除铲形门齿成为中国古人类体质的重要特征外，还有越来越多的体质特征也被发现在现代蒙古人种之上得到延续。

这又表明，远古先民不仅与现代蒙古人种之间有着某种源流关系，而且呈现出了连续发展的特征，因此有古人类学家提出了中国古人类连续进化论的假说，即中华民族的起源具有本土性特征，是在中华大地独特的地理环境中经过百万年的连续发展、进化形成的群体，其发展过程表现为"连续进化附带杂交"，以本土连续进化为主，附带以与周边古人类基因交流的镶嵌进化为辅的综合进化模式。

我们因此可以相信，中华大地是蒙古人种的故乡；中华民族的祖先应是自远古洪荒就繁衍生息于这片大地之上，在这里创造着历史与文化；中华民族在后世的发展中不断吸收着外来的文化与族群成分，并使自身变得更加强大。

元谋人门齿为何如此巨大？

当然，面对这两颗元谋人上门齿——其中一颗长 2.1 厘米，宽 1.14 厘米，很多人都感到十分奇怪：为什么它们的尺寸比现代人的牙齿要大得多？是巨人的牙齿吗？古人类都比较高大吗？

根据目前的研究成果表明，古人类牙齿的大小跟身高没有直接关系，而与其功能进化有关。中国境内发现的古人类标本从直立人到早期智人阶段，人类牙齿的缩小程度不大，但从早期智人到晚期智人阶段，则呈现快速缩小的状态，并已十分接近现代人的平均尺寸。这表明牙齿大小的变化主要与人类生存环境有关。

科学家认为，早期智人到晚期智人时期，随着人类对火的应用及掌控不断加强，食物结构及食物制作技术得到很大改变和提升，直接影响了人类牙齿的功能，进而有力地促进了其由大变小的演化。

从漂泊到安居：万年前的中国先民迈向文明

张文瑞[*]

万年前，在现河北省张家口市尚义县石井乡四台蒙古营村，蒙古高原南缘上的一群古人类已从四处漂泊转为安居乐业。

从漂泊到安居——迈向文明的第一步

限于认知和技术能力，早期人类为了获得稳定的食物和安全的居所，只能随着获取食物不断地迁徙。只有在积累足够的食物生产和房屋建造能力后，人类才能够长时间定居一处。而只有当人们定居下来，才能形成有组织的稳定社会，人口才能不断增长，相应地，才有机会发展出更多协调各方关系的文化系统和更为复杂的社会组织结构。所以，定居是人类迈向文明的必要条件和基础。

---

* 张文瑞，河北省文物考古研究院院长、研究馆员，中国考古学会理事，河北省考古学会会长。

河北尚义县四台新石器时代遗址突破性的发现，确立了北方地区最早的新石器时代考古学文化，建立起北方地区旧新石器过渡时期的无缝连接，填补了燕辽文化区新石器时代早期文化的空白，为研究旧新石器时期过渡、旱作农业起源、聚落与生业方式发展演变等一系列课题研究提供了重要的研究资料，对探索中华文明起源等一系列重大课题具有重要意义。

尚义四台遗址第一、二组（距今 10400—9000 年）发现的成组半地穴式房屋，是目前发现的中国北方最早的定居村落，展现了人类从旧石器时代的狩猎采集到栖居方式的发展转变，也是中国北方先民加速迈向文明的起始点。房址内出土的打制石器、磨制石器、陶、骨、角器以及动物骨骼等遗物，则为我们展示了我国北方首批定居者丰富的物质文化生活。

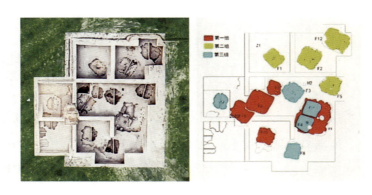

四台遗址成组房屋遗址

我们甚至能够想象这样的场景：阴雨绵绵的傍晚，坐落在蒙古高原南缘的 6 座半地穴的窝棚，各自散发出温暖的火光。屋内女主人正在灶坑边烧烤着男人带回来的肉块，旁边的筒形罐里煮着野菜汤；坐在旁边的男人，用齿刃刮削器修整因上次捕猎折损的矛柄；

小孩则在老人的看护下在屋内的一角嬉闹，旁边的石磨盘和石磨棒上还残留着植物淀粉的余香。

从采集到生产——旱作农业起源的重要实证

农业生产为人类的定居提供了保障，也为社会复杂化提供了经济基础。中国是世界农业起源中心之一，与水稻影响整个东亚和东南亚相似，以粟黍类为代表的北方旱作农业影响了整个欧亚草原。

四台遗址大量的石磨盘、磨棒等加工类工具，石铲等翻土类工具和炭化的粟与黍的发现以及微遗存的分析都说明了驯化粟、黍的存在，表明距今7600年前后，该地的古人已经开始了驯化农业，是北方旱作农业起源的实证。

此外，从发展历程上看，四台遗址的第一、二组文化遗存为狩猎采集经济，第三、四组（距今7700—7100年）在狩猎采集经济的同时，利用粟黍的比重不断上升，第五组文化遗存（距今6800—6400年）中，碳同位素揭示 C_4 类植物（如粟黍）在食物中占有较高的比例。这些变化将四台先民从"攫取经济"到"生产经济"的这一转变过程完整地展现出来，为中国北方社会复杂化和中华文明起源模式的探究提供了鲜活案例。

从传承到交融——中华文明交融发展的见证

中华文明之所以是世界上唯一没有中断的文明，有两个极为重要的原因：一是对传统的尊重和继承，二是文化自身有着很强的适应性和包容性。前者让我们的文脉得以延续；后者使我们能够吸收和融合外来文化，并将其转化为自己的文化元素，从而不断丰富和完善自身的文化内涵。四台遗址的考古发现完美地展现出中华文明的这两种特性。

齿刃刮削器
（刮削皮毛）

矛形器
（捕猎）

锥形石核
（获取细石叶）

筒形罐残片

用于加工植物性食物（粟黍）的磨棒

用于土地翻耕的重要农业生产工具石铲

农业生产最重要的实物证据炭化粟、黍等遗存

用于食物存储与炊煮的陶容器筒形罐

压印的窝点纹和"之"字纹陶片

文脉的延续。房址中发现的舌形两面器、楔形细石核、锥形细石核以及大量细石叶与工具，继承发展自泥河湾盆地旧石器时代末期的楔形细石核技术传统，表现出文化与人群的连续性，正是这种延续性为中国北方旧石器时代向新石器时代过渡研究提供了直接证据。

陶器压印纹饰中的类"之"字纹、网格纹、窝点纹等文化因素，在年代稍晚的西辽河流域兴隆洼文化、太行山东麓易水流域的北福地一期文化中，均得到延续和发展，并具有相似的文化因素，可能是"之"字纹等纹饰的源头之一。这一发现，突破了以往对我国北方区域考古学文化的认识，为燕山南北和西辽河流域找到了共同的文化根源，将两大区域更紧密地联系起来，构成一个大的考古学文化区——燕辽文化区。这为更加全面和深入理解中国北方史前文化不断发展、裂变、传承提供了关键支撑，也为探究中华文明进程描绘出新的历史图谱。

细石叶

创新与多元文化互动。四台遗址第一、二组遗存，以压印纹筒形陶罐、陶板状器、细石叶石器、研磨器等典型器物和半地穴式房屋为代表，文化特征鲜明，被考古学家命名为一种新的考古学文化——"四台文化"。这些器物群的出现是四台先民为适应北方草原与华北平原交汇处的自然环境，在传承和吸收的基础上所做出的勇敢探索。

多区互见的文化元素为我们描绘出中国北方新石器时代早中期复杂的文化互动网络。第三组遗存房址形制、柱洞排列方式、浅坑灶等特征与敖汉旗兴隆洼第三期房址相似，亚腰形石铲又比白音长汗二期乙类石铲体现出进步特征，穿孔石铲在阜新查海兴隆洼文化遗存亦有发现。小平底筒形罐制法和形制与康保兴隆二期文化遗存小平底筒形罐十分接近，都是内圈底，底部套接泥片形成小平底，应是受兴隆二期文化因素影响所致。

此外，第五组遗存出土了国内已知唯一的尖圈底罐，与俄罗斯贝加尔湖地区卡林加河口、叶尼塞流域新石器时代遗址出土的大口圈底罐器形、纹饰、制法十分相似，展现了四台先民与俄罗斯贝加尔湖地区的文化交流与互动。

四台遗址万年前发生的故事是中华文明发展进程中的一个片段，但它却很好地展示了至今仍影响中国人的文明根性——尊重传统，创新、适应和包容。

一锦千年：五星出东方利中国

周　芳*

她是不折不扣的国宝。

她见证了丝绸之路上千年的民族交融。

她一出世便震惊天下，被誉为 20 世纪中国考古学最伟大的发现之一。

她有一个响亮的名字——"五星出东方利中国"汉代蜀锦护臂。

出世：新疆地区最早的"中国"二字

1995 年 10 月，昆仑山下。中日尼雅遗址学术考察队在新疆和田地区民丰县尼雅遗址的一处汉代墓葬中，有了一个激动人心的发现——一位墓主人的右臂上，绑着一块色彩鲜艳的织锦，在织锦的彩色纹样间，8 个篆体汉字跃然而出——"五星出东方利中国"。

* 周芳，中国民族报社文化部主任。

这是迄今为止新疆地区发现的最早的"中国"二字，制作于汉代，距今两千多年。整件护臂呈圆角长方形，长 18.5 厘米，宽 12.5 厘米，以织锦为面料，边上用白绢镶边，两个长边上各缝缀有 3 条长约 21 厘米、宽 1.5 厘米的白色绢带，其中 3 条残断。

"五星出东方利中国"汉代蜀锦护臂

"中国"最初是一个地域概念，泛指黄河流域的中原地区。现在所发现的最早明确记载"中国"二字的是西周初期的青铜器"何尊"铭文，铭文中有"宅兹中国"字样，指以洛阳盆地为中心的中原地区。从文字和词语的字源语源上说，它是"中国"这个概念最早的称谓。

"五星"指的是金、木、水、火、土五大行星，是阴阳五行学说的体现，"五星同聚"被认为是非常吉利的天象。专家认为，"五星出东方利中国"主要表达了汉晋时期天象占星术和祈求强盛吉利的思想意识，这种祝福吉祥语词在当时比较流行。

锦护臂：代表当时丝绸织造的顶级水平

"五星出东方利中国"锦护臂质地为蜀锦，而蜀锦素有"寸锦寸金"之称，当时只有长安和成都才有能力生产。这件锦护臂代表着当时我国乃至世界上丝绸织造工艺的顶级水平，是不折不扣的名贵品。

看颜色，这件锦护臂可谓色彩斑斓，用了汉锦中最高的"五套"档次，即蓝、绿、红、黄、白五套彩色经线与一套纬线相交，质地厚实。五色配置讲究，分别与金、木、水、火、土五行相对应，正是"五星"所体现的内容。

看图案，纹样美观流畅，五色丝线错落有致地织出了"五星出东方利中国"这8个汉字及星纹、云纹，还有孔雀、仙鹤、辟邪虎等祥禽瑞兽纹样。书法文字与灵动图案的和谐匹配，十分罕见。

顶级的丝织品出现在尼雅遗址

尼雅遗址是汉晋时期西域三十六国之一精绝国所在地，是丝绸之路南道的必经之地。西汉时期，张骞两次出使西域，建立起中原王朝和西域地区的密切往来。西汉朝廷设立西域都护府对西域地区进行管辖，其中也包括精绝国。

汉晋时期，我国对外贸易的主要商品及赠送外国君主、使节，赏赐国内边疆地区少数民族首领的主要礼品都以丝绸为主。"五星出东方利中国"锦护臂被认为是由蜀锦匠人专门为汉朝皇家织造，最终出现在新疆地区的汉代墓葬中，表明古代精绝国和汉王朝之间存在着密切的关系。

回响：盛世绽放芳华

文物是历史的见证者和讲述者。在北京故宫博物院 2022 年开年首场大展"何以中国"特展上，130 多件国宝重器亮相，来自新疆博物馆的"五星出东方利中国"汉代蜀锦护臂是其中之一。它向人们鲜活地呈示"中华大地何以中国，中华文明何以不朽"。

让文物说话，就是让历史说话。2021 年 6 月，舞剧《五星出东方》在北京首演引起热烈反响，此后在全国巡演三十余场。该剧荣获我国舞台艺术政府最高奖：第十七届文华奖。

舞剧《五星出东方》以"五星出东方利中国"锦护臂为题材创作，通过丰富的想象力，在舞台上呈现出国宝的前世传奇和今生故事，让观众通过一部舞剧了解一段中国大地上民族交流融合的历史。

正如专家所说，国宝"五星出东方利中国"不是一般的文物，这使得以此依托创作的舞剧《五星出东方》有了极高的题材辨识度。文艺作品借文物起舞，更通过解读文物背后的重要历史事件传达出中华民族共同体的主题。

秦琅琊刻石：两千多年前的大一统宣言

罗蓁蓁 *

中国古代刻石种类繁多，从内容上可分为纪事刻石和经典刻石两大类。东汉大书法家蔡邕以隶书写定《诗》《书》等儒家经典刊刻于石碑上，立于最高学府太学之外，供天下读书人观摩，是谓"熹平石经"，这便是经典刻石的代表。而秦琅琊刻石则是纪事刻石的代表。

宋熙宁七年（1074 年），在密州（今山东诸城）任知州的苏轼偶然寻得一些刻石的拓片。拓片上的字体浑圆厚重、古意盎然，深深震撼了他。得知这些拓片拓自琅琊刻石，痴迷书法的苏轼遂亲往琅琊台一观究竟。

此时，距离琅琊刻石刻成已过去了 1200 多年。展现在苏轼眼前的琅琊刻石历经风雨侵蚀，已损毁严重。如此具有重大文化历史价

* 罗蓁蓁，中国国家博物馆编辑。

值的刻石，若其损毁，后之不传，岂不可惜？

于是，苏轼与擅写篆体的文勋强强联手，请文勋根据自己在民间搜集到的相对完整的旧拓本临摹刻石，自己则撰写跋文于其后，将临摹的刻石置于修整一新的超然台上。

琅琊刻石因苏轼的撰文而声名大振。苏轼无意间成为有史记载的第一位保护、传承秦琅琊刻石的官员，使得后世人们加大了对琅琊原刻石的保护力度。

时光流转，苏轼于超然台上所立秦篆碑及东坡跋文今皆不存。幸运的是，琅琊原刻石历经各种劫难，最终仍然有87字残石存世，藏于中国国家博物馆。

琅琊刻石（中国国家博物馆 藏）

秦王统六合，琅琊纪功业

琅琊台，是一处气势宏伟的秦代高台遗址，位于山东省青岛市黄岛区西南的海滨。琅琊台一名最早见于《山海经·海内东经》："琅琊台在渤海间，琅琊之东。"在时间长河中，琅琊台静静地承载着一位帝王的伟业与骄傲。

据史料记载，秦始皇统一六国后，曾五巡天下，三次登临琅琊台。公元前219年，秦始皇第二次巡游天下，登临琅琊山，修筑琅琊台，刻石颂扬他统一中国的功绩，琅琊刻石便诞生于此年。

话说公元前221年，人到中年的嬴政，在这一年完成了统一中国大业，称皇帝，建立起中国历史上第一个统一的多民族国家。这个新生的国家，幅员辽阔，物产丰富，与此同时，治理难度也相应加大。

早在先秦时期，我国就逐渐形成了以炎黄华夏为凝聚核心、"五方之民"共天下的交融格局。但在秦统一六国后，却面临着诸多实际困难：全国各地语言文字不同，一份通行全国的诏书，不能让所有人看懂，政令贯彻大打折扣；各地车道宽窄不一，车辆轨距混乱，车辆无法通行全国；全国各地计量单位不一，度量衡混乱，阻碍了工商业的发展……为了改变这个局面，嬴政颁布了一系列政令，最终实现了"今天下车同轨，书同文"的理想，为后世各民族沟通往来和文化交融搭建了坚实的载体。

嬴政的这一系列功绩，都被记载在了琅琊刻石上。

刻石纪事并非嬴政首创。从战国起，秦国记录大事件的载体便以刻石居多。明确为先秦刻石的有秦始皇先祖秦景公的"秦公一号大墓"中出土的纪事石磬及唐代在陕西所出的秦石鼓。秦始皇东巡刻石，正是继承了秦地刻石纪事的传统。

琅琊刻石记载了秦统一中国后废分封、设郡县、车同轨、书同文、明法度、统一度量衡以及重农抑商等诸多重大举措，是了解秦代统一事业的重要文献。

琅琊刻石内容分两部分：前半部分记述秦始皇统一天下的功绩以及从臣姓名；后半部分记录李斯随同秦二世出巡时上书请求在秦始皇所立刻石旁刻诏书的情形。

今存的琅琊刻石为后半部分，残存 13 行 87 字，为公元前 209 年秦二世补刻的诏书及其从臣姓名，字迹漫漶。

幸而我们还可以在《史记·秦始皇本纪》中看到琅琊刻石的前半部分。"皇帝之功，勤劳本事。上农除末，黔首是富。普天之下，抟心揖志。器械一量，同书文字。日月所照，舟舆所载。皆终其命，莫不得意……"书同文、车同轨、量同衡等大事件都真切地记录于其中。

那么，琅琊刻石上的小篆这种"书同文"的标准字体，又出自谁之手呢？

小篆创始人李斯：一代"秦漂"的偶像

"楚人立志出乡关，功成名就在秦国"，是一代秦相李斯的人生写照。

公元前 237 年，因水工郑国事件，嬴政发布逐客令，下令驱逐所有客卿。从政生涯即将到终点的李斯挥笔写就《谏逐客书》，凭一己之力化险为夷，打消了嬴政逐客的念头，从此仕途畅通无阻。

秦统一六国后，亟需一种通行全国的官方文字。李斯奉命制作这种标准字样，在籀文大篆的基础上进行了整理、规范以及改造，这便是小篆。

高明教授在其《中国古文字学通论》中将李斯改造文字的过程

作了总结：一是固定各种偏旁符号的形体；二是确定每种形旁在字体中的位置；三是每字形旁固定，彼此不能代用；四是统一每字的书写笔画数。除此之外，小篆还有左右对称、形体稍长、内部空间距离相等等形体特征。

李斯所书小篆从此成为后世文人书家学习篆书之佳范。从《澄清堂帖》收录的琅琊刻石宋拓本可以看出，琅琊刻石结字严谨，工整瘦长，古厚圆浑，对称中蕴含飘逸秀美。唐代著名书法理论家张怀瓘在《书断》中将李斯所书小篆定为"神品"，赞其"铁为肢体，虬作骖骓，江海渺漫，山岳峨巍，长风万里，鸾凤于飞"。

巍巍中华，六合同风，九州共贯。数千年屹立，数千年风霜。琅琊刻石向今人展现了当年的秦之伟业："书同文，车同轨，量同衡，行同伦"，开启了中国统一多民族国家的发展历程，展开了"五方之民"及其后裔不断交往交流交融的历史画卷，也为中国书法留下了绚丽的艺术财富，滋养了一代又一代中国人。

交河故城：丝绸之路的遗珍

贺云翔　马　涛*

交河故城是公元前 2 世纪至公元 14 世纪丝绸之路
上的重要城市遗址，拥有世界上保存最完整、延续时间
最长、规模最大的生土结构古代城市建筑群遗迹。

在长达 1000 多年的时间内，交河故城都是我国古代西域地区吐
鲁番的政治、经济、军事、文化、屯田活动中心。迄今古城区保留
了高台城址以及护卫城市的雅尔乃孜沟（东）和伊什郭勒沟（西）、
高台墓地、石窟及寺院、盐山、旧石器遗址等珍贵遗存。

在历经数千年的风雨沧桑之后，交河故城建筑布局的主体结构
奇迹般地保存了下来。现今，交河故城的规模大体为唐代遗存。

---

* 贺云翔，南京大学文化与自然遗产研究所所长、历史学院教授；马涛，南京大学文化与
自然遗产研究所文化旅游研究中心主任。

交河故城城区

实证新疆是我国领土不可分割的一部分

交河故城位于新疆吐鲁番市西约 10 千米的雅尔乃孜沟两河床之间的台地上，百米宽的河道从台地北面分流而下，又在南面合二为一，成为城址的天然屏障。台地高出周围河床约 30 米，四周如刀劈斧削，临高据险。伫立台地之上的城址长约 1650 米，最宽处约 300 米，总面积约 37 公顷，从空中俯瞰形似一片柳叶。

参考诸多考古学成果及有关历史文献，交河故城的历史文化发展大体可分为五个阶段。

作为古代西域史前文明的曙光之地——古人类生活的重要区域。据考古发掘，旧石器时代晚期，交河城区所在台地就成为新疆早期人类生活的区域之一。交河沟西台地及其周缘地区以石叶——端刮器和细石器为代表的两类文化遗存，把交河城区有人类活动的历史推到 3 万至 4 万年前。

作为丝绸之路重要枢纽——连接中原和西域广大地区的重要城市。西汉时期，交河城最初是古代西域车师人的政治中心。张骞"凿空西域"开辟丝绸之路后，中原地区的丝绸、漆器和铁器传至西域以及中亚、西亚乃至地中海沿岸，西域的骏马、胡桃、葡萄等也传入中原，交河城当时已成为丝绸之路上的重要枢纽。

公元前60年，汉朝在西域建立行使国家权力的最高机构西域都护府，公元前48年于交河城设戊己校尉屯田。在汉朝廷的经营之下，西域各族人民与屯垦士卒积极开发和建设西域，使西域的经济与文化发展进入一个崭新的时期。

从考古资料来看，这一时期交河城的发展主要集中在台地的南部和中部，并逐步向北开发，建筑技术以生土开凿为主，兼用夯筑、土坯砌筑等方法，形成了奇特的高台城市建筑文化景观。交河沟西和沟北两个台地则作为车师人的墓地使用，考古学家对墓地进行发掘，发现了金冠、银器、骨雕等一批珍贵文物。

作为民族融合的重要舞台——见证中华民族交往交流交融。南北朝治理西域时期，前凉政权在吐鲁番建立高昌国，吐鲁番盆地的政治、经济、文化中心逐渐向东发展，交河城成为高昌下设的交河郡，这是我国首次将郡县制管理模式推广到了西域地区。

这一时期交河城迅速发展，包括因丝绸之路贸易活动而流动的各民族以及早期居民车师人和西迁的汉人等，都聚居于此。各民族杂居融合，各民族文化碰撞交融，尤其是儒学、道教等中华传统文化及剪纸、饺子等中原民俗、食品在吐鲁番盆地盛行，经典文学读物大量传入，这反映了西域地区对中华优秀传统文化的认同和推崇。

可以说，在这一阶段，无论是语言文字、生活习俗还是文化传承、宗教信仰，交河城都与中原地区息息相通，具有一体性，是中华民族交往交流交融和中华文化多元一体格局的实证。

作为治理西域的政治中心和军事前哨——进一步增强各民族的文化认同。唐朝治理西域时期，朝廷将主管西域的第一个军府建置——安西都护府设在交河城，开辟了西域治理的新纪元。安西都护府在交河城的设置，体现了唐王朝延续汉代大一统思想，在西域继续贯彻中央王朝政令、维护西域各地安定和丝绸之路畅通的政治追求。

这一时期的交河城，呈现出四方商贾云集、国际贸易繁盛、各民族文化交流空前活跃的景象。当时，不少西域人还在唐朝朝廷中任职，是各民族共同创造中国历史的真实写照。如在交河沟西墓地出土的粟特人康氏家族墓中，"领兵胡将"康延愿的墓志铭文记载："（唐）龙朔三年康延愿铭，其先出自中华，迁播届于交河之郡也"，表明他完全视自己为中华民族的一分子。

作为丝绸之路遗珍——衰落。14 世纪，黑的儿火者对吐鲁番发动大规模战争，攻陷了交河、高昌，连年战火，交河城逐渐衰落并最终成为废墟。明代永乐年间，西域使者陈诚重开丝绸之路，他所见的交河、高昌已经是荒城。

交河故城的发展变迁史清晰地证明，新疆自古就是我国领土不可分割的一部分。汉朝以后，历代中原王朝时强时弱，和西域的关系有疏有密，中央政权对新疆地区的管治时紧时松，但任何一个王朝都把西域视为固有领土，行使着统辖权，维护着各民族的共同利益。

彰显中华文化独特价值

近代以来，一些国内外学者在交河故城陆续做过调查或试掘。19 世纪末至 20 世纪初，沙俄、德国、英国、日本、法国、瑞典等国的探险家以科学考察为名，先后在交河故城开展考察发掘。1928—1930 年，我国著名考古学家、西北史地学家黄文弼考察交河故城，主持沟西古墓区发掘，之后整理出版《高昌砖集》《高昌陶集》《吐鲁番考古记》等著作。1956 年，新疆首届考古工作人员训练班的师生对交河故城进行考古发掘，清理寺院等房址 25 间，出土墓志、陶器、佛像、服饰、钱币等文物 700 多件，同时全面测绘了交河故城平面图。1994—1996 年，新疆文物考古研究所与日本早稻田大学两次合作在交河沟西台地上进行考古调查和发掘，发现早期墓葬和高昌回鹘时期的墓葬数十座。

在历经数千年的风雨沧桑之后，交河故城建筑布局的主体结构奇迹般地保存了下来。交河故城现今的规模大体为唐代遗存。唐朝时期，交河城逐渐由东向西发展，形成了两条纵向干道、一条横向干道的城区格局，双轴线的城市格局特征展现了中原与中亚文明的交流互动。建筑形制也与唐代长安城相仿，迄今保存的众多建筑遗存按功能、性质分为崖壁、城门、街道、官署、民居、防卫设施、佛教建筑、墓葬等，反映了古代交河城是一座融政治性、生活性、宗教性和军事性于一体的城市。

作为世界上最大最古老、保存最完整的生土建筑城市，交河故城的建筑方法极为独特，主要有"夯土筑法""压地起凸法""土坯法""减地留墙法"和"剁泥法"。其中，"减地留墙法"多用于修筑房屋，"剁泥法"多用于修筑寺院、佛塔等宗教建筑，至今还在新疆地区使用，"压地起凸法"与陕甘宁等地传统的窑洞开凿方式有一定的关联。这些丰富的建筑技法展现了西域与中原地区建筑技艺和城市文化的交流。

交河故城的墓葬形制多样，包括车师人的竖穴土坑墓、汉人的斜坡墓道洞室墓等，城址和墓葬中的回鹘文、汉文，体现了汉、回鹘等民族之间的交往交流交融。城址与墓地的选址地点表明，当时人们善于利用自然天险作为城市的防御系统及生存空间，体现了我国古代劳动人民的智慧和创造力。

2014 年，交河故城作为中国、哈萨克斯坦和吉尔吉斯斯坦三国联合申遗项目"丝绸之路：长安—天山廊道的路网"中的一处遗址点，成功入选《世界遗产名录》。

莫尔寺遗址：中华文明多元一体的有力见证

肖小勇 *

> 今天，人们沿着南疆铁路旅行，在即将到达喀什
> 时，可以从车窗眺望远处大漠中矗立的莫尔佛塔遗迹，
> 莫尔佛塔正是莫尔寺遗址的标志性建筑。

莫尔寺遗址位于喀什市东北约 33 千米处，距最近的村庄莫尔村
直线距离约 4 千米，处于天山支脉古玛塔格山东南部一处洪积台地
上，是一处由佛塔、佛殿和僧房等遗迹构成的大型佛教寺院遗址，
其西面、南面为辽阔的恰克马克河冲积平原。

古代喀什是丝绸之路西出中亚、南亚的交通枢纽，也是古代印
度佛教东传中国的第一站。我国佛教寺院建筑和佛教艺术的发展演
变，汉唐等王朝对西域的治理和宗教管理，这里是重要的见证。

莫尔寺当为疏勒最早修建的佛寺之一，始建年代可追溯到公元

---

* 肖小勇，中央民族大学民族学与社会学学院教授，莫尔寺遗址考古发掘领队。

3世纪后半期。2001年，莫尔寺遗址被列入第五批全国重点文物保护单位。2019年，经国家文物局批准，中央民族大学和新疆文物考古研究所合作，对喀什市莫尔寺遗址进行发掘，考古项目被纳入国家文物局"考古中国"重大项目。截至2022年，项目发掘取得了重要阶段性成果，对莫尔寺遗址形成了新的认识。该考古项目实证了新疆多种宗教并存的历史，体现了中华文明多元一体、兼容并蓄的特征，对新疆宗教演变史的研究具有重要意义。

莫尔寺遗址

遗址的范围、布局和建筑形制

新疆佛教考古可以追溯到19世纪末20世纪初西方兴起的西域探险活动。当时，瑞典、英、法、俄、德、日等国的一些"探险队""考察队"纷纷来到我国新疆，在收集政治、军事、经济、地理、交通等情报的同时，对埋藏于地下的古代文化遗存也产生了浓厚兴趣，石窟寺和地面佛寺遗址因出土精美壁画、塑像和文书等而成为他们搜寻和发掘的重点。莫尔寺遗址最初也是在这一时期被调查发现的。之后对莫尔寺遗址的调查是我国1990年开始的第二次全国文物普查。2008年开始的第三次全国文物普查，对莫尔寺遗址的圆形佛塔、地面少量残存的僧房遗迹和方形塔进行了测绘，但遗址的范围、布局和建筑结构、性质等问题仍不很明确。

莫尔寺遗址所处的洪积台地长约300米，最宽处约170米，面积约4万平方米。西侧为近8米高的陡崖，陡崖下是一望无际的洪积平原，恰克马克河从南面不远处流过。台地顶部为砂砾地面，相对平坦，被一条东西向大冲沟分为南、北两半，其中南半部又被另一条小冲沟将最南端分隔为一个孤立的小台地。遗迹主要分布于台地的南半部和被小冲沟分隔出来的小台地上，其中清晰可见的有遗址中部的圆形莫尔佛塔和遗址最北端的方形佛塔。两塔之间，其他建筑已全部被毁，地表仅能见到数处残墙痕迹和零星散布的陶片。

为了探寻莫尔寺遗址原来的模样，2019年起，考古人员对遗址周边区域进行了全面踏查，同时利用电阻法和探地雷达技术对遗址所在台地进行了二维和三维勘探，在两塔之间区域进行考古发掘。截至2022年，共发掘面积3300平方米，清理出不同类型佛教建筑基址6处及方形塔的基台和塔基，出土各类文物和文物残片1万余件，初步探明了遗址的范围和总体布局及各类建筑遗迹的形制结构和性质。

考古发掘表明，遗址上的寺院建筑沿台地西南侧陡崖边缘分布，自西北至东南依次布局方形塔、佛殿、僧舍和禅房等建筑群，圆形塔以及其南面小台地上推测为生活区房舍的建筑遗迹。所有建筑均以土坯砌筑，内外壁涂抹草拌泥，表面再涂白石灰面。

不同形制佛殿体现古代中原与新疆地区的佛教文化交流

莫尔寺遗址上的圆形塔即俗称的莫尔佛塔，现高约12米，耸立于台地西南侧约8米高的陡崖边缘，显得挺拔、壮观。该塔是一座以土坯砌筑的覆钵塔，由3层逐渐向上缩小的方形塔基、塔基上的圆盘、圆盘上的圆柱形塔身和最上部的覆钵形塔顶构成，塔顶上有内凹的方形小室。据英国探险家斯坦因百年前的观察，塔的表面当时涂有白石灰面，现已痕迹全无。

方形塔位于遗址西北端，东南距圆形塔约 60 米，是一座四方形多层实心土坯塔。塔顶和四壁表面已全部毁坏，原来的形状和性质难以确定。从塔底坍塌堆积底部的厚层烧灰判断，此塔原应有某种木构设施，已被烧毁。

考古人员在两塔之间清理出由佛殿和僧房构成的大型建筑群，初步确定其中有佛殿 3 处，僧房 2 处，以及一些其他用途的房间。3 处佛殿可分为两大类：一类是单室佛殿，共 2 处。这类佛殿是在室内砌四方形像台，像台和墙壁之间形成回廊，从而使整体结构呈"回"字形。另一类是一座多室的大型佛殿。大佛殿位于方塔南面，西南紧靠僧房而建。大殿由中心主殿、两端配殿和配房以及门房构成，整体呈长方形，面朝东北，前面有庭院。此大殿是遗址中已发现最大的佛殿，仅中心主殿长就有近 11 米，宽近 8 米，殿内中部并立两根粗大的木柱，沿西南和西北两壁砌土台，殿内各处发现大量石膏佛像残块，也有很厚的烧灰层，显示是被烧毁的。主殿北侧邻接两个东西并排的配殿，其中靠西的配殿有门通主殿，中心砌像台，应为方形"回"字形佛殿。两个配殿内均出土大量佛像残块。南侧也有两个东西并列的房间，其中西侧的房间有 3 层地面，说明曾被反复修整和利用，房间内堆积大量炭灰，出土陶灯盏等遗物，可能为储物间。靠东的房间中心有一个圆形灶坑，有门通主殿和西侧储物间，可能是居住生活的房间。大殿正面中间开门，两侧各有一间门房，门前有步道通庭院。

目前的考古发现证实，这种由中心正殿和两侧配殿、配房等构成的长方形大佛殿，是新疆地区极少发现的佛殿类型，具有中原佛寺的特征，初步判断属于汉传佛教建筑。

　　房屋建筑群的东、西两侧各有 1 座单体多室建筑。两座建筑形制布局和朝向基本相同，均为平面长方形，坐西北朝东南，正门位于东南墙中央，门外有前院，建筑内 6 个房间呈左右对称布局，最里面的房间设置灶台或地窖，出土了日常生活类遗物，综合判断当为僧舍。建筑内出土陶纺轮、木篦、小铜钱、动物骨骼和谷物等遗物。

　　西侧的僧房建筑位于方形塔南面，靠近台地西部边缘。其东北墙与东北面大佛殿的西南墙紧贴相靠，从二者之间的白石灰分界面可知僧房的修建应早于大佛殿，又从有门通大佛殿推断，二者应同时存在过一段时间。僧舍正门外也有疑似前院的设施，北、西、东 3 面有墙，东墙利用大佛殿的西墙，南部被洪水冲刷形成的大坑破坏，不能确定是否有墙，但正好利用了与之相邻的"回"字形佛殿的北墙。

兴盛和衰败

　　佛教传入新疆的时间说法不一，公元前 1 世纪传入被认为较为可信，但亦无确证。佛教最早传入新疆的地方一为于阗，即今和田；一为疏勒，即今喀什。莫尔寺建于 3 世纪后半期，从佛塔这种形制与公元 2—3 世纪出现在今乌兹别克斯坦铁尔梅兹附近的喀拉特佩第 2 号窟墙上的涂鸦来看，莫尔寺遗址最先修建的可能是圆形塔。

　　塔里木盆地地区的"回"字形佛殿早到 3—4 世纪、晚到 8—9 世纪仍然沿用。莫尔寺遗址发现的"回"字形佛殿供奉的可能是佛像，说明已出现"像"崇拜。两个"回"字形佛殿中，靠东的面朝西南，靠西的面朝东南，似乎与圆形佛塔保持着某种呼应，也是离圆形塔比较近的建筑。两座僧舍的平面布局十分独特，应该是疏勒本地的样式，不过其朝向都是面朝东南。唯有大佛殿远离圆形佛塔，面朝东北，平面布局具有中原佛殿的结构特征。结合出土佛像特点、开元通宝钱币等综合分析，大佛殿很可能是晚至唐代才兴建而又很快废弃的。据唐代慧超《往五天竺国传》记载，武则天曾令天下诸州各建大云寺，西域地区的安西四镇也都兴建，"疏勒亦有汉大云寺，有一汉僧住持，即是岷州人士"。这处佛殿很有可能与武则天时期在疏勒镇修建的大云寺有所关联。

僧舍建筑出土的大量无字圆形方孔小铜钱，有可能是剪轮五铢或龟兹无文小铜钱之类。龟兹有仿照五铢铸造龟兹五铢和汉龟二体钱的传统，这种无文小铜钱可能受到剪轮五铢和东汉末期无字钱的影响，铸行年代当在南北朝时期，在新疆轮台、库车、拜城、新和、民丰、且末、若羌等地的遗址中都有发现。根据加速器质谱（AMS）碳 –14 测年结果，莫尔寺遗址各建筑中采集的标本年代早到 3 世纪中期，晚到 9 世纪末，个别标本年代更晚一些。

根据考古发掘初步推断，莫尔寺最先修建的是圆形塔，至魏晋南北朝时期陆续修建僧舍和"回"字形佛殿，武则天时期又增修了大佛殿，如果该遗址为大云寺所在的推测准确的话。由于各建筑地面普遍分布烧灰层和上部建筑倒下而未烧完的建筑构件，推断可能是 10 世纪上半叶当地伊斯兰教兴起后被烧毁而废弃的。

古代绿洲的社会景观

莫尔寺是古疏勒佛教文化的重要见证。古疏勒差不多就是今新疆喀什地区。丝绸之路南、北两道在此交汇，西通南亚、中亚和西亚及更远的地区，连接古代中华文明、印度文明和波斯及地中海等文明，疏勒因而也成为佛教东传的必经之地。汉唐时期，疏勒佛教兴盛，盛行上座部佛教与汉传佛教，名僧云集，讲经说法，造塔建寺。到唐代玄奘经过时，此地有大小寺庙数百所，僧徒万余人，是当时西域佛教中心之一。可以说，在公元10世纪前，佛教是喀什地区流行的主要宗教，其在中国佛教史上具有极其重要的地位。10世纪上半叶，佛教遭到镇压，佛教建筑与艺术被毁坏。曾经林立的佛教寺塔自此消失于历史长河中，直到19世纪末20世纪初被陆续发现，湮没史海千余年的新疆佛教文化遗存才又逐渐进入人们的视野。

莫尔寺遗址所在台地的范围因长期侵蚀而大幅缩小，原有建筑的地面有的已坍塌倾覆，其建筑也被破坏。目前的发掘范围相当有限，因而要确切复原遗址的边界和全部建筑布局存在一定困难。但通过调查、勘探和发掘揭示出的一些信息可以初步确定，寺院建筑应该集中于两处台地的顶部，利用台地四周自然形成的陡崖作为寺院的边界，没有发现曾设院墙的迹象。寺院建筑区面积约2万平方米。

莫尔寺遗址南面的坎儿井系统

考古人员在台地以西约30米处，发现了一眼井，挖井时形成的堆土环绕在井口周围，井口呈长方形。井口周围仅发现残陶片，井内没有经过发掘，没有证据可以确定其年代。鉴于其独立出现在离寺院建筑如此近的地方，应该有理由推断其属于寺院的供水设施。

目前一般认为此井属于从莫尔寺遗址南约100余米通过的坎儿井系统，这是其中的一口竖井。据相关资料，这里的坎儿井原来有3条，另两条尚没有找到。

坎儿井是一种主要由暗渠和竖井等构成的自流灌溉系统，如果这条坎儿井的年代推断正确，那么表明莫尔寺遗址附近在汉唐时期应为重要农耕区。遗址中除农田外，还发现过窑址，窑址附近散布大量陶片及釉陶片，范围约1.2万平方米。考古人员调查时，在农田中见到大量陶片分布，还采集到喀喇汗王朝时期的钱币，表明其年代应该早到10世纪以前。莫尔寺遗址南面有直线距离约5.2千米、恰克玛克河对岸的罕诺依古城遗址，考古资料显示其是7世纪末至9世纪末之间在5世纪及其以前的聚落遗址之上营建的，进一步说明莫尔寺遗址一带很早就是人类活动中心。

莫尔寺遗址出土的石膏佛像残块　　　　莫尔寺遗址出土的陶器

经过4年考古发掘，在莫尔寺遗址发现了规模宏大的佛寺建筑群，出土了包含石膏佛像、剪轮五铢和开元通宝等铜钱和其他石、陶、铜、木、纺织品等在内的大批珍贵文物，基本明确了遗址的分布范围和文化内涵，确定了寺院的总体布局和寺院建筑的类型和结构特点，寺院的发展和演变及废弃的原因，是丝绸之路佛教考古的一次重要发现，为研究丝绸之路文化交流、佛教传播、佛教寺院变迁、佛教造像艺术演变和汉唐时古代新疆地区，特别是喀什地区佛教信仰及寺院生活提供了不可多得的第一手材料。

莫尔寺遗址考古发现表明，佛教传入之后，在喀什地区很快形成一个佛教文化的传播中心，并影响到库车及更远的地方。自西域开始，佛教向中原广大地区再次传播，逐渐与当地的文化传统形成交融互动的格局，开启了佛教中国化的漫长发展历程。莫尔寺遗址考古发现同时也反映了中原文化在商品经济、佛教建筑和佛教艺术等方面对西域的深远影响，是中原和西域往来交流及中央政权对西域有效施政和宗教管理的新实证。在佛教传入之后，古代新疆地区又陆续经历了伊斯兰教文化、基督教文化的传入，多种宗教文化在新疆大地上都曾留下了丰富的历史文化遗产，有力见证了中华文明的兼容并蓄。

辽上京规制：秦汉以来都城规划和营建的创举

董新林[*]

辽上京遗址位于内蒙古赤峰市巴林左旗林东镇南，
是我国北方游牧民族契丹人在草原上建立的都城遗址。

辽上京城始建于公元 918 年，初名皇都，926 年扩建，938 年改称上京，为辽五京之首。城址平面略呈"日"字形，由北城（《辽史》称皇城）和南城（《辽史》称汉城）组成，总面积约 5 平方千米，北部皇城内建有宫城，形成"回"字形。

2021 年，在中国现代考古学诞生 100 周年之际，辽上京遗址入选"百年百大考古发现"；2022 年，辽上京遗址被列入第四批国家考古遗址公园名单。2023 年文化和自然遗产日，辽上京国家考古遗址公园正式揭牌，这也是内蒙古自治区首家国家考古遗址公园。

* 董新林，中国社会科学院考古研究所研究员，辽上京考古队队长。

辽上京皇城大型建筑基址全景

辽上京：穿越千年的草原都城

唐朝末年，耶律阿保机带领契丹八部经过 20 年的征战，统一草原各部。阿保机仿中原王朝称"皇帝"，建国号"契丹"。

公元 918 年，耶律阿保机取"天梯、蒙国、别鲁等三山之势"，选定"负山抱海，天险足以为固，地沃宜耕植，水草便畜"之地营建皇都。皇都面积辽阔、气势雄伟，城高二丈、背山临水。

据《辽史》记载，皇城中部有大内（宫城），主要建筑多集中于皇城南部，有后宫、官署、孔庙、寺院、道观、作坊等。汉城在皇城南面，略呈方形，是重要的经济、贸易区，城内多市肆、作坊、馆驿、回鹘营等建筑。

公元 938 年，耶律德光改契丹国号为大辽，同时，改皇都之名为上京，府曰临潢。也就在这一年，耶律德光开始大规模扩建上京城。

辽朝先后共建有五京，《辽史·地理志》载："太宗以皇都为上京，升幽州为南京，改南京为东京，圣宗城中京，兴宗升云州为西京，于是五京备焉。"其中辽上京是辽朝营建最早、使用时间最长、最为重要的首都，也是我国游牧民族在北方草原地区建立的第一座都城。

辽上京遗址大体废弃于金末元初，此后逐渐淡出世人的视野。直到清道光年间，才被地理学家张穆等人发现并考证。20 世纪上半叶，外国人在辽上京遗址进行了一系列调查和盗掘。1961 年，辽上京遗址被列入国务院公布的第一批全国重点文物保护单位。1962 年，为配合全国重点文物单位的大遗址保护工作，内蒙古考古工作者对辽上京皇城遗址进行考古钻探和试掘；此后又陆续多次开展考古调查、钻探和试掘工作，但考古发现都较为有限。可以说，在 2010 年之前，辽上京遗址考古工作还较为薄弱，相关研究也不够深入。

十年磨一剑：考古成果丰硕

从 2011 年起，中国社会科学院考古研究所内蒙古第二工作队和内蒙古文物考古研究所联合组成辽上京考古队，对辽上京遗址进行全面勘测和有计划的考古发掘。经过十余年不间断的考古调查、钻探和发掘，取得了一系列考古成果，极大地推动了对辽上京形制布局和历史沿革的研究，在一定程度上增进了我们对辽朝政治、经济和文化的整体认识。综合来看，考古工作主要在以下几个方面有所突破。

宫城位置和形制的确定。辽上京遗址皇城遗址保存较好，皇城墙范围基本完整，平面呈不规则方形。根据文献记载，宫城位于皇城中部，但是宫城城墙被破坏殆尽，已掩埋于地下，宫城的准确范围一直都不清楚。考古队通过全面的考古勘探和重点试掘，确认了宫城的位置和规模。宫城位于皇城中部偏东，平面呈方形，东、南、西各辟有一门，目前未发现北门。通过对宫城四面墙体的局部试掘和解剖，考古队初步掌握辽上京宫城城墙的营建方法、形制结构及其年代。辽上京宫城位置和形制的确定，是辽上京遗址考古的重大成果之一。

东向轴线的确认。经过考古发掘，考古队发现并确认皇城东门、宫城东门、宫城内一组东向的大型建筑院落及贯穿其间的东西向道路遗址，整体呈东西向轴线布局。辽上京皇城东门和宫城东门均为一门三道格局，而皇城西门和宫城西门、宫城南门均为单门道，可见东门规模大、等级高，体现出帝都的规制，是礼仪之门。而且宫城东门外大街的宽度至少是南门外大街的两倍。这些发现从考古学上首次证明，辽上京城曾存在东向为尊的情况，与历史文献记载基本一致，极大地推进了对辽上京城址平面布局和规划理念的研究。

南向重要皇家建置的新发现。2022 年 6—10 月，考古队对辽上京皇城西南部一号大型建筑基址进行考古发掘。一号大型建筑基址位于皇城南门大街西侧的一处院落中，坐北朝南，是该院落中央的主殿。考古队经过精耕细作的考古发掘确认，一号建筑基址是辽上京皇城南部区域内规模最大的建筑基址，超过了此前发掘所见的宫殿建筑，推断其应为都城内极为重要的皇家建置。这是考古队首次在辽上京皇城内确认辽代始建的南向大型建筑，是十分重要的新资料，增进了对辽上京皇城布局和沿革的认识。

西山坡佛寺遗址性质的确认。辽上京皇城内西山坡遗址的发掘是一次大规模的辽代都城遗址考古工作。根据出土遗迹和遗物可以确认，西山坡是辽代始建、金代沿用的一处十分重要的佛家寺院遗址。寺院坐西朝东，位置重要，规模庞大，是辽上京城标志性的建筑之一。佛寺核心建筑分为南、北两座院落，各有院墙。其中南院轴线（东至西）由山门、中殿和后殿构成；北院西部为 3 座六角形佛塔基址，布局形式为一大两小、一字排开。位于中央的大型塔基，出土大量精美写实的泥塑罗汉造像，引起国内外学者的广泛关注。西山坡佛寺遗址项目曾被评为"2012 年度全国十大考古新发现"。

辽上京皇城西山坡佛寺塔基遗址（下为东）

西山坡佛寺遗址出土的泥塑罗汉像

兽面瓦当

人面瓦当

建筑形制类型和建设技术的新认识。通过对皇城内多处建筑遗址的发掘和解剖，考古队了解到辽上京都城建筑的形制类型、历史沿革及其建筑技术特点。从皇城和宫城的东门、西门遗址来看，辽上京的城门主要可分为以皇城东门、西门为代表的过梁式城门和以宫城东门为代表的殿堂式城门两种。这为研究辽代建筑的形式、技术及其源流发展，提供了难得的考古资料。

重要遗物编年断代的新突破。辽上京遗址是包含辽朝、金朝和元朝早期不同时段叠压的大型遗址。以往学者很难分清辽朝和金朝的瓦当。考古队通过对皇城遗址的考古勘探和对皇城内重点遗址有计划的发掘，较全面地了解到皇城内原始的地形地貌和地层堆积情况。同时根据获得的一系列地层关系清晰明确的瓦当和瓷器等重要遗物，可初步建立一些遗物的年代序列，为推定遗址时代建立基础，有效推进对辽上京城址营建、发展、废弃等历史演变过程的认识。

"辽上京规制"对后世影响深远。辽上京遗址"日"字形平面布局和皇城"回"字形环套式规划的混搭模式，是秦汉以来中国都城规划理念和营建模式的创举。辽上京城平面呈"日"字形，由皇城（北）和汉城（南）两部分组成，契丹皇帝和贵族住北城，汉人、商人、使臣等居住南城，这体现了"因俗而治"的统治理念。北部的皇城内以宫城为核心，形成"回"字形布局，有明确的中轴线。这是契丹统治者效仿中原帝都"择中而立""皇权至上"思想的反映。契丹统治者将中国北方游牧民族文化的"因俗而治"和中原传统农业文明的"皇权至上"思想有机结合，辽上京城的规划和营建就是其物化体现。这种"分而治之"的城市规划理念，直接影响金、元、清诸朝，堪称"辽上京规制"。

考古实证：多元一体

辽朝历经二百余年，与五代和北宋并存，形成中国第二次南北朝的局面。可以说，辽金时期考古发掘和研究是厘清多元一体中华民族形成和发展的关键节点，可以更好地增进我们对统一多民族国家形成和发展的认识。

其一，从位置上来看，作为辽王朝的首都，辽上京不仅是辽朝的政治、经济和文化中心，还是连接东亚及朝鲜半岛和西域中亚腹地，中原地区、西南地区和北亚地区重要的经济文化枢纽。辽上京与东部的高丽、日本，西部的大食、波斯等国家和西夏、回鹘等王朝，南部的北宋、吐蕃等王朝以及漠北诸部都有着密切的经济、文化交往，对于"草原丝绸之路"的繁荣起到了重要作用。同时辽朝以辽上京为中心，极大地促进了南北各民族交往交流交融，推动实现了草原游牧地区与中原农耕地区南北文化的高度融合。

其二，从治理体制上来看，辽朝是一个同时统治着游牧民族的漠北草原地区和中原农耕文化传统（燕云十六州）地区的王朝，形成了中央高度集权与"因俗而治"共存的政治体制。其都城辽上京"日"字形平面布局就是典型实证。辽朝不断吸收中原之制，并结合自身传统形成了一套独具特色的政治制度。辽朝拥有燕云十六州后，将中原地区传统的州县制与契丹人的部族制相结合，采取二元治理体制。这一"因俗而治"的治理体制有助于缓和民族矛盾，维护辽朝政权的稳定，促进民族交融，符合当时历史发展的趋势，为后世提供了治理经验。

其三，从文化认同上来看，辽朝尊崇儒家，吸纳、尊重中原文化，生动体现了中华文明多元一体历史进程。据《辽史》记载，辽上京始建之初就建有孔庙。考古队在辽上京皇城西南部一号大型建筑基址考古发掘中，证实该建筑在辽金两代经历过三次大规模营建。在三次营建过程中，建筑的轴线位置、朝向和院落规模沿用未变。该建筑在辽代始建时殿身面阔九间、进深四间，前出月台。辽代改建后，建筑体量规模最大，殿身面阔九间、进深五间，前、后均出月台。至金代改建后，建筑规模明显缩小，殿身面阔七间、进深四间，殿内中央设坛安置塑像。出土遗物主要包括建筑构件、陶瓷器、泥塑和铜钱等。根据《辽史》记载，辽上京皇城西南分布孔庙、国子监、寺院和道观等辽代早期重要建筑。从考古可见，辽朝在宫殿等建筑固守自己"坐西朝东"传统的同时，也吸纳、尊重中原传统，像南边的孔庙、国子监这些建筑，没有改变它们"坐北朝南"的特质。

辽朝在北方游牧草原地区（蒙古高原）大量兴建城池，效仿和承袭中原农耕文化的定居习俗，增进了民族融合和中华文化认同。在南北双方的交往互动中，辽人在思想观念、政治制度、文化教育、礼仪风俗等方面逐步与中原融为一体，发展了中华民族多元一体的格局。

天山南北的历史文化遗存

徐锐军　李文瑛　党志豪 *

漫长的岁月里，分布在天山南北广袤大地上的近万处历史文化遗存，充分展现了古代新疆同中原及祖国其他地区广泛交往、全面交流、深度交融的历史事实，是底蕴深厚、生命力强大的中华文明标识。

史前时期人群迁徙与文化交流

与我国其他地区百万年前就有人类活动的历史相比，新疆已知的遗存较少，年代也较晚。目前考古发现新疆最早的人类活动遗存是阿勒泰地区吉木乃县旧石器时代中晚期洞穴遗存——通天洞遗址，距今 4.5 万年。大量勒瓦娄哇技术生产的石制品，证实在旧石器时代晚期，该区域即欧亚大陆东西方人群迁徙和文化交流的节点。

* 徐锐军，新疆维吾尔自治区文化和旅游厅党组书记、副厅长，自治区文博院党组书记；李文瑛，新疆维吾尔自治区文物考古研究所所长；党志豪，新疆维吾尔自治区文物考古研究所副所长。

最新的研究成果表明，除已发现的莫斯特、石叶等细石器技术之外，还在阿勒泰山南麓、天山南北和昆仑山南麓的帕米尔高原发现了典型的石核石片技术。这为寻找更早的旧石器文化，追溯早期人类迁徙扩散提供了新线索。

距今 11000 年直至青铜时代，在新疆一些主要河流的两岸出现了细石器文化遗存。有证据表明，至少在距今 11000 年左右，天山东端的细石器技术与我国华北及东北亚地区细石器技术存在密切联系。细石器遗存的发现也从一个侧面反映了自旧石器时代晚期开始，生活在新疆的远古人群长期保持着以狩猎、采集为主的经济方式，并未出现以定居农业、家庭饲养、陶器制作为主要特征的新石器时代文化。

约在公元前 2500 年，新疆步入了青铜文明阶段。公元前 1000 年左右，新疆进入了铁器时代。在这漫长的时期，新疆文化面貌的变迁与两次人群大规模迁徙密切相关，一次是公元前 2000 年初内陆欧亚东西部人群的相向迁徙，另一次是公元前 2 世纪左右亚欧游牧人群的大迁徙。两次大迁徙促进了东西方文明的交流，也影响了新疆的史前文化面貌。

阿勒泰切木尔切克墓地，若羌小河墓地、古墓沟墓地，哈密天山北路墓地等，可视为新疆早期青铜时代文化的典型代表。这些墓葬的基本形制、葬式、葬俗及出土随葬品显示，切木尔切克文化与黑海地区的颜那亚文化以及米努辛斯克盆地的阿凡纳谢沃文化可能存在联系；小河墓地与古墓沟墓地独具特色；天山北路墓地则与我国甘青地区同时期文化接近。

这些发现一方面展现了早期人群迁徙与文化交流的复杂面貌，同时也反映出这些文化在传入新疆后，为适应当地当时的自然环境而发生的一些改变。

青铜时代晚期，以巴里坤海子沿遗址、尼勒克吉仁台沟口遗址为代表的遗存表明，人群的迁徙与交流更加频繁；甘青地区新石器时代繁盛的彩陶文化广泛传播，影响至天山南北两麓，大型聚落形态逐渐完善；起源于东亚的黍、粟等农作物与起源于西亚地区的大小麦等禾本作物在新疆多个遗址中有所发现；高等级墓葬开始出现，反映了社会结构的逐渐复杂化。

拉甫却克古城遗址墓地出土的"上方作竟"龙虎纹镜（背面）

　　进入铁器时代之后，秦国的崛起与统一历史进程的发展，引发了东亚游牧人群的逐渐西迁，此过程一直持续至公元 2 世纪左右匈奴的西迁。原居住于蒙古高原与甘青地区的游牧人群大量进入，使新疆文化面貌受甘青地区的影响进一步扩大，与中原地区的联系更为密切，同时逐渐形成了游牧与绿洲定居农业交错并存的格局。哈密焉不拉克墓地、吐鲁番洋海墓地等大量墓葬材料，都反映了原盛行于甘青地区的彩陶文化在新疆得以延续。轮台县奎玉克协海尔古城的发掘则表明，至迟在公元前 550 年左右，塔里木盆地周沿已出现定居城市形态。这时期可能已经混合种植粟、黍、小麦等农作物，但总体说来各地的经济形态仍然相对单一且不发达。直到汉代以后，情况才有了根本转变。

此外，在托克逊阿拉沟、玛纳斯等地墓葬中出土有来自中原地区的丝织品、漆器、铜镜等遗物，印证了新疆与中原地区的密切联系。同样在中原也有专为北方游牧人群制作器物的工匠，如1999年西安北郊北康村发现的战国铸铜工匠墓出土了一件鹿纹牌饰陶范，类似制品在北方草原和新疆多有发现。窥斑见豹，由此可以看出古代中国各地文化交流交融的广泛以及新疆地区的桥梁纽带作用。

统一多民族国家发展进程中的文化认同

公元前60年，汉王朝设西域都护府作为管理西域的最高军政机构，标志着新疆地区已成为中国不可分割的一部分。

国家认同最直接反映在历朝历代朝廷对新疆地区的有效管辖与治理上。西汉在乌垒首建西域都护府，开创了中央王朝管辖治理西域的先河。经过几代考古工作者的不断努力，西域都护府治所遗址的探寻逐步深入，由新疆文物考古研究所与北京大学联合开展的"两汉军政设置考古"工作取得重要进展。轮台县奎玉克协海尔古城遗址的考古发掘表明，春秋时期塔里木盆地已经发展出城邦形态，为后来国家管理西域奠定了基础。在汉晋时期的卓尔库特古城，发现了新疆目前古城址内单体规模最大的房址，被确定为汉晋时期高等级城镇遗址。随着国家管理能力的提升，西汉后期，西域都护府由乌垒西迁至龟兹它乾城。考古发掘和出土遗物表明，新和县乌什喀特古城为它乾城所在。

以西域都护府为核心，包括城镇、屯田和军事防御设施在内的军政建置体系也在西域地区逐步建立和完善。交河故城、高昌故城汉代遗存，丰富了我们对戊己校尉与高昌壁的认识。入选2019年全国十大考古新发现的石城子遗址，出土了大量汉式筒瓦与瓦当，并发现有烧制的窑址，反映了中原建筑技术、建筑制度已在天山北麓推广。

新疆地区从汉代至清代的烽燧、戍堡、驿传、卡伦等的构建严格遵循边防制度，是长城体系的重要组成部分。长城体系在新疆的建立保障了丝绸之路的畅通和政令的通达，是国家行使主权的重要标识。入选2021年全国十大考古发现的克亚克库都克烽燧遗址，即新疆众多长城遗址之一。

汉及其后的历代中央王朝均在西域设置军政管理机构，如魏晋西域长史府，唐安西都护府、北庭都护府，元尚书行省，明哈密卫，清伊犁将军府等。若羌县楼兰故城、新和县通古斯巴西故城、吉木萨尔县北庭故城、霍城县惠远古城等重点遗址的调查与发掘，可以与上述重要机构设置相对应。从这些遗址来看，朝廷对新疆的有效治理促进了地方经济社会的快速发展，也推动了文化繁荣进步。由此也可以看到，统一多民族国家认同、中华文化认同始终是新疆历史的主流。

公元前139年张骞出使西域，代表官方正式开通了著名的丝绸之路。由于国家力量的保障，丝绸之路的开辟在增进东西方交往交流的同时，也极大地促进了西域社会生产、经济、贸易和文化的发展进步。以楼兰为例，该区域在西汉以前以大量的细石器遗存为主，表明当时的人群仍然处在简单的狩猎采集阶段。丝路开通之后，从各地来的戍卒卫士也从事开垦耕作和其他生产活动。先进的生产技术由此被带入西域，极大改进和提升了当地社会生产力，大麦、小麦、粟、黍等农作物大量种植，灌溉技术应用于农业生产。

丝绸之路中段由南北两道逐渐发展为北中南三道，进一步促进了沿线城镇的发展，并带动了周边区域的繁荣。哈密拉甫却克古城，

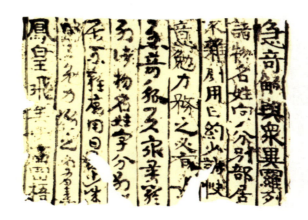

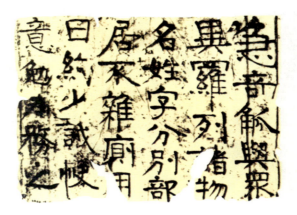

楼兰遗址出土的《急就篇》写本

达勒特古城遗址出土的水晶

吐鲁番交河故城、高昌故城，奇台唐朝墩古城，博乐达勒特古城，库尔勒玉孜干古城，巴楚托库孜萨来古城以及喀什汗诺依古城等一批考古发掘的重要城址，都是丝路沿线不同时期的重点城镇旧址。

新疆古代先民对中原文化的认同体现在社会生活的方方面面，其中最突出地体现于语言文字和丧葬习俗两个方面。

新疆历史上曾经使用过多种语言文字，如佉卢文、婆罗迷文、于阗文、粟特文、突厥文、回鹘文、蒙古文、察合台文、满文等，而只有汉文字长期作为官方主要文字和维系各民族交往交流交融的重要纽带。

尼雅遗址出土的《仓颉篇》汉简残文、库车出土的《千字文》、楼兰出土的《急就篇》等，表明新疆从汉代起就推行全国通用的识字课本。阿斯塔那墓葬中出土的《尚书》《毛诗郑笺》《礼记》《孝经》等抄本残卷，证实汉语文学习已成为西域各族人民的日常生活内容。

尼雅遗址、楼兰遗址出土的"五星出东方利中国""延年益寿""长寿明光"等珍贵丝织品，均是中原官造织物，铭文为中原流行吉祥用语，充分体现了西域古代城邦居民对中原文化的深层认同。

丧葬习俗反映了人们的信仰情况和社会结构形式。汉代以前，新疆地区普遍流行多人葬和扰乱葬，基本不见葬具，或仅在死者身下铺一苇席或木板，随葬品极其匮乏。汉代以后，当地不仅开始流行单人葬或夫妻合葬墓，更出现了汉式的箱式木棺。

在罗布泊、塔里木盆地周沿，还曾发现有彩绘木棺。随葬品也日益丰富，不少高等级墓葬中常随葬有铜镜、丝织品等直接来自中原的物品。魏晋以后，在哈密拉甫却克，吐鲁番阿斯塔那、哈拉和卓、交河沟西，楼兰、库车以及焉耆等地区发现了大量采用汉式墓葬形制的洞室墓、砖室墓和斜坡墓道墓。丧葬形式的变化，充分说明当时西域居民对中原文化认同的不断加深。

宗教文化的多元共生与交流互鉴

作为中华文明与其他文明交流互鉴的门户，新疆是我国早期接触外来文化并使之本土化的重要地区之一。这种接触与转化过程直接反映在各类宗教遗存上。

从古至今，新疆至少流传过 7 种宗教。哈密亚尔墓地、吐鲁番洋海墓地都曾发现有身系铜铃的巫师，有研究表明小河墓地出土的麻黄也与通灵仪式有关。这些发现反映了原始萨满信仰的一些信息。至迟在公元前 4 世纪，起源于伊朗高原的祆教进入新疆地区，吐鲁番、新源等地出土的青铜双兽铜盘、青铜走兽祭台是祆教传入中国的早期实物证据。这些祭台形制与中亚、西亚并不完全相同，已经带有了新疆地方色彩，反映出初步中国化的倾向。吐鲁番、焉耆、库车、吉木萨尔等处发掘的祆教徒纳骨器形式上保留了祆教的一些要素，但比照魏晋隋唐时期相关记载就可以发现，包括丧葬习俗、宗教活动场所样式等都已经发生了较多改变，其中的中华文化元素逐渐增多。

佛教遗迹是新疆现存数量最大、种类最多的宗教遗存，主要包括地面佛寺和石窟建筑两大类，已发掘遗址有丹丹乌里克遗址、达玛沟佛寺、苏巴什佛寺、七个星佛寺、白杨沟佛寺、莫尔寺、北庭西大寺、克孜尔石窟和吐峪沟石窟等。这些分布在天山南北戈壁山崖的寺院与洞窟，充分展现了古代佛教的繁盛。

随着回鹘西迁，摩尼教传入新疆。高昌故城曾出土摩尼教壁画，柏孜克里克、胜金口、吐峪沟遗址也发现有摩尼教洞窟。景教也是公元 9 世纪回鹘西迁后流行于新疆的一种宗教，吐鲁番高昌故城景教堂、西旁景教寺院遗址、霍城地区景教墓顶石、奇台唐朝墩古城

高昌故城内城西墙上佛寺遗址

吐峪沟石窟东区发掘后全景示意图

景教壁画的发现，可以勾勒出景教在新疆的传播脉络。

10世纪，喀喇汗王朝的萨图克·布格拉汗皈依伊斯兰教，开启了新疆伊斯兰信仰的前奏。摩尼教、景教的壁画、写本，乃至秃黑鲁·歪思汗麻札、哈密回王墓等伊斯兰教建筑，都可以看到致力于宗教中国本土化的趋向，这也是外来文化适应中国的必然选择。

自古以来多种宗教之所以能在新疆并存，根本就在于当地各民族遵行和睦和谐、开放包容的中华文化理念。

各族人民共同书写的西藏历史

霍 巍[*]

> 科学的考古证据为我们提供了一个无可否认的事实，即从旧石器时代到新石器时代以至其后各个历史时期，西藏的文化和文明都与祖国内地有着千丝万缕的紧密联系，其发展轨迹始终朝东向发展，其"文化底色"从一开始便打上了浓厚的东方印记。

交往交流交融始于史前时代

现代考古学进入青藏高原，完全改写和重建了西藏史前史，文物考古的实物形态提供了观察西藏历史与社会发展进程最为直接的证明资料。

距今约 10 多万年至 5 万年，人类已经从不同的方向和路线，按照不同的生存方式和步骤踏上青藏高原。从藏北高原的尼阿底遗址，

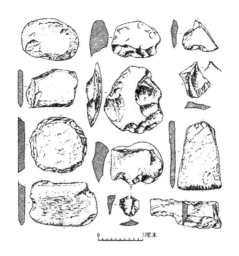

昌果沟遗址采集石器

到川西高原东部的四川稻城皮洛遗址，再到西藏西部的夏达错遗址，在这些近年来新发现的高原旧石器时代的遗存当中，均显示出文化的多样性和交融性特征。其中既有过去曾被认为是起源于西方的莫斯特手斧系统的标本，也有华北旧石器、南方旧石器时代工艺。虽然目前对于这些早期人群是通过何种途径、以何种方式进入高原的还有待进一步探索，但其与东亚地区、中国北方和南方旧石器文化之间的密切联系已经可以得到证实。

进入距今约 5000 年以后，西藏昌都卡若遗址、小恩达遗址以及山南昌果沟遗址、拉萨曲贡遗址等一系列新石器时代重要遗址的发现，既能反映出高原古代文化自身特点，同时又出现了若干与黄河、长江上游地区史前新石器时代文化相似的文化因素。例如，卡若遗址中出土的粟类农作物、遗址为半地穴式的红烧土房屋、流行彩陶花纹、陶器的造型等，均与黄河上中游地区的原始文化具有很强的可比性。

卡若遗址和小恩达遗址陶器的纹饰以刻画纹为主，与金沙江流

昌果沟遗址出土古青稞炭化粒

域的云南白羊村、元谋大墩子文化陶器装饰手法相似。尤其是在卡若陶器中发现的一种具有鲜明特征的双体兽形陶罐，更是在黄河上游及川西北、滇西北史前文化中均可见到。

进入文明时代以后，西藏考古大体可以分为"早期金属时代"（约相当于文献记载的 7 世纪以前西藏"小邦"时期）和唐代吐蕃政权统治时期（7—9 世纪）两个发展阶段。

"早期金属时代"，西藏的考古学遗存主要有石丘墓（包括石棺葬）、洞室墓、大石遗迹以及出现大量动物形纹饰的古代岩画等。近年来新出土的阿里故如甲木墓地、曲踏墓地、桑达隆果墓地均属于这个时期。这些考古遗存与我国北方草原、西南山地等古代民族的考古学文化之间，有着密切的联系。不少学者研究指出，这一时期青藏高原流行的石丘墓、大石遗迹以及动物形纹饰都具有北方草原文化的特征。

从考古资料可以看出，古代高原文明发生和发展的历史进程中，与周边地区保持着密切联系，一些后来成为内核的文化因素，其中也包含了我国北方草原、西南山地等地区古代文化的丰富养分，是在与这些文化相互吸收和融合的过程中孕育而成的。

小恩达遗址石棺葬出土小平底双耳罐　　　　曲贡遗址出土猴面泥塑

　　从目前可以观察到的西藏从史前至吐蕃时代考古学文化的发展轨迹中，我们既可以感受到来自中原、北方、西南等周边区域对西藏所产生的持续不断的吸引力，也同样能感受到西藏在自身发展过程当中对于这些地区越来越强的向心力。正是在这两种力量的交互作用之下，西藏发展的轨迹始终围绕祖国内陆地区旋转，而不是朝着其他方向。

"高原丝绸之路"

　　青藏高原虽然自然条件恶劣，但却从来不能阻隔高原上各古代民族与外界交往交流交融的脚步。

　　他们利用高原上无数"山结""水脉"之间形成的若干条主要干道和民间小道，充满智慧地选择不同季节，避开风雪严寒，充分利用地形地势和水草分布特点，一直维系着这些通道的畅通，并不断对此进行开拓、改进和完善。

　　时至今日，在青藏高原形成的主要交通干道，其大体走向、重要关隘等都在很大程度上与这些传统的古道相重叠。因此，我们将这些在高原上形成的交通路网统称为"高原丝绸之路"。"高原丝绸之路"始终是青藏高原文明融入中华文明体系强有力的联结纽带。

7世纪前后，西藏地区各分散的古代部族，如女国、苏毗、大小羊同等逐渐为不断强盛的吐蕃所融合，最终形成统一的吐蕃政权。

吐蕃之王松赞干布将都城从山南迁到如今的拉萨，并创制了文字、修建了城堡，创立了地方性政权，通过与大唐和亲、向大唐朝贡，借鉴中原和周边民族的文明成就形成各种制度文化，揭开了高原文明史的新篇章。

曲踏Ⅰ区出土黄金面具

近年来考古发现了吐蕃时代的各类考古遗存，包括地上文物与地下文物两大类别，重要的有古藏文金石铭刻、古藏文写卷、木牍、寺院建筑、墓葬、石窟寺、金银器、丝织品、佛教造像与绘画作品等不同的门类。通过对这些考古实物的研究发现，如今藏族文化的许多因素，如藏语言文字、宗教信仰、艺术传统、生活习俗、礼仪制度等，在吐蕃时代便开始形成，并对后世产生了深远影响。

更为重要的是，考古实物材料中还可以提供吐蕃上层在思想文化和制度构建过程中，深受唐代礼制文化影响的大量物证。例如，吐蕃陵墓（俗称藏王墓）取法于汉唐中原陵墓制度，陵墓形制以四方形或梯形的封土形制为贵，可视为汉唐以来中原地区帝王陵墓"方上"之制的直接翻版。藏王墓中设置石碑、石狮等陵园附属建筑，形成与地下陵墓相辅相成的陵园地面标志的做法，也是受到汉唐陵墓制度的影响。

至今矗立于拉萨大昭寺门前的唐蕃会盟碑、桑耶寺前的兴佛证盟碑，以及吐蕃藏王墓园中发现的墓前石碑，均具有龟形碑座，这种立碑刻字并使用龟形碑座的做法，无疑也是当时由中原地区传入的。

从青藏高原自身所处的地理位置而论，它西北接新疆，与传统的陆上丝绸之路相联系；东连四川、云南，与这一区域内的西南丝绸之路藏羌彝民族走廊等相接；南面和西南与印度、尼泊尔、不丹、克什米尔等南亚国家及地区相毗邻，在河谷峻岭之间有若干条自然通道相通。

考古发现的《大唐天竺使出铭》，是唐代使节王玄策奉大唐朝廷之命出使天竺的摩崖碑刻，为印证、补充、完善文献史料所记述的中印交通路线和文化交流史提供了重要考古实物。

出土的吐蕃时代大量金银器、丝绸、马具、黄金面具、珍宝装饰等，既有大唐文化的特点，也吸收了同时期波斯萨珊、粟特系统和欧亚草原文化的艺术风格与造型，再现了汉唐"高原丝绸之路"上各国使节、商队、高僧、军士、工匠们经由青藏高原频繁往来中原的历史场景。

此外，近年来考古发现的位于西藏边境地区古藏文题刻、佛教碑铭、铜钟、佛寺建筑等遗存，也都同吐蕃时期与祖国中原地区以及中亚、南亚的交通线路有关。

"高原丝绸之路"对于唐代吐蕃社会和吐蕃文化的形成发展起到了特殊的促进作用。唐代吐蕃之所以很快得以跨越其早期文化发展阶段，与它通过"高原丝绸之路"迅速融入当时最为重要、发达的中华文明体系当中密不可分，从而加速了吐蕃社会的生产活动由低级向高级、从落后向先进的发展进程。

尤其需要指出的是，在这个历史进程中，与来自其他文明的影响相比较，为吐蕃社会和文化打上了深刻烙印和"文化底色"的，主要是来自唐朝的先进文化，而不是其他文明。唐代吐蕃在哲学、宗教与思想观念等各方面都深受中原文化的影响，吐蕃政权建立之始在文化心理、文化认同和文化选择上都明显地倾向中原。可以说，吐蕃最终融入中华民族共同体、中华民族大家庭，是历史长期积淀的结果，更是包括吐蕃先民在内的西藏各族人民经历漫长岁月的历史抉择。

中央对西藏地方的有效管辖与治理

吐蕃政权分裂之后，宋、五代时期西北地区深受吐蕃文化和中原文化影响的各民族，在文化上并未切断与西藏和中原之间的交流联系。随着新的朝代、民族格局的转换与形成，这种交流和联系反而通过更为广泛的区域间的民族融合、佛教传播、茶马贸易等多种形式得到基层化、世俗化、趋同化的演进发展，深刻影响了元、明两代西藏与中原关系基本格局的形成。

元、明、清各代，朝廷均对西藏地方实施了直接有效的管辖和治理，从政治、经济、文化、宗教等各方面采取了一系列行之有效的有力举措，也给后世留存了大量重要的文物古迹。

如来大宝法王之印

大元帝师统领诸国僧尼中兴释教之印与统领释教大元国师之印

如元"统领释教大元国师之印"龙钮玉印、元"大元帝师统领诸国僧尼中兴释教之印"龙钮玉印、明永乐皇帝封授五世噶玛巴活佛大宝法王白玉印等，都体现出元、明时期中央治藏方略的文化特色。

明、清时期，均采取了尊崇藏传佛教的政策，在汉族、满族、藏族、蒙古族等民族关系以及西藏地方与中央的关系问题上都更加强化了治藏方略，如清代由朝廷册封达赖、班禅等藏传佛教活佛转世制度等。通过这些举措，朝廷与西藏地方政权的管辖隶属关系更加明确。

清代金奔巴瓶（左为签牌）

　　这个时期遗留下来的重要文物包括册封达赖的金瓶、金册、金印等珍贵历史文物以及流传于民间的多民族文化交融的文物。此外，明、清以来，西藏与内地的双向文化交流也迅速发展，在清代达到高潮，无论从建筑、器用、装饰艺术等各方面都有大量史迹可寻。如著名的清代金奔巴瓶、清代达赖喇嘛金印、清代青花莲托八宝纹盉壶、清代册封十一世达赖喇嘛金册等一批重要文物，无不彰显出这一特色。

陶器：一把破译中华文明多元一体的钥匙

王　涛　崔明旻 *

　　中国是世界上最早发明陶容器的地区之一，在中国先民创造的仰韶文化、红山文化、大汶口文化、良渚文化、马家窑文化等文化体系中均可以找到陶器的身影，陶器与中华文明的形成与发展息息相关。陶器作为一类重要文物，充分体现着中华民族共同体发展路向和中华民族多元一体演进格局。

最早的陶器———一枝独秀陶冶万年

　　中国是世界范围内最早创造和利用陶器的国家之一。根据现有的考古发现与研究，世界范围内有 6 个早期陶器发明中心———中国南方、中国北方、俄罗斯远东地区、西亚和北非以及日本，中国占

* 王涛，首都师范大学历史学院副教授，硕士生导师；崔明旻，首都师范大学历史学院研究生。

卡若朱墨彩绘双体陶罐

了两处。根据碳 –14 年代测定和交叉断代可知，我国江西万年仙人洞遗址出土的陶器距今 20000—19000 年，是目前世界上最早的陶容器制品。我国南方发现早期陶器的遗址还有：湖南道县玉蟾岩遗址（距今 18000 年），广西桂林甑皮岩遗址（距今 12000 年）、桂林庙岩遗址（距今 15000 年）和临桂大岩遗址（距今 15000—12000 年），浙江浦江上山遗址（距今 10000 年）等。我国北方发现早期陶器的遗址包括：河北徐水南庄头、阳原于家沟、尚义四台遗址，北京门头沟东胡林、怀柔转年遗址，河南新密李家沟、许昌灵井遗址，山东沂源扁扁洞、临淄赵家徐姚遗址，吉林大安后套木嘎、白城双塔遗址等，这些遗址出土的早期陶器的年代也集中在距今 13000—10000 年。

　　整体来看，我国早期陶器的发生与初步发展的时间大约为距今 20000—9000 年之间，出现在更新世向全新世的转变过程中。这一时期正处在末次冰期最盛期逐步结束、冰后期开始的阶段，干冷向暖湿的频繁变化是气候的主要特征。在生存环境尤其是自然环境相对恶劣的情况下，人类必须寻找一种更高的能量获取方式和食物供应模式来维系生存。

正是在这样的背景下，我国不同地区的先民利用黏土遇水可塑、遇火定型的特性，有意识地将泥土捏塑出一定形状，陶器也就应运而生。作为火、土、水结合的产物，陶器具备耐火而又不溶于水的特征，为食物的烹饪提供了空间和热的传导。陶器发明后，掀起一场熟食革命，既能够帮助先民将生食改进为熟食，又能够进一步通过熟食改变人体的饮食结构，对于人类的身体发育与健康有着重要的意义。而在我国南方，螺、蚌等水生资源也可通过陶器烹煮，为人类提供更多的食物补给和营养。

可以说，早期陶器的诞生，是先民适应生存环境的产物，也是在资源利用、技术探索、文化传统之下的一种创举。自诞生之日起，陶器就随着中华文明的发展而不断发展，影响着人们的日常生活，塑造着人们的行为习惯。

彩陶与蛋壳陶——史前陶器的巅峰之作

陶器在中华大地诞生后，逐步融入中华先民的生活，成为我们如今了解和探索史前人类生活、文化与历史进程的主要遗存。

随着历史的推进，器类愈发丰富、应用更加广泛，陶器不仅成为史前时期重要的生活用器，还作为礼仪用器等，被先民创造性地赋予更多意义。其中，尤以在陶器表面饰以各类纹样和彩绘的彩陶为突出代表。

在距今 9000 年左右，迄今世界上最早的彩陶在浙江上山文化中期出现，主要有乳白点彩和条纹红彩两种纹样。彩陶的出现表明，史前人类已经开始有意识地对陶器进行装饰，有了一定的审美观念，是将生活用器赋予艺术性的重要体现。

到了距今 7000 年左右的仰韶文化时期，各类丰富多样的彩陶在中原大地风行，缔造史前艺术浪潮中的第一个"黄金时代"。彩陶多彩的图案、精美的纹样、和谐的色彩和流畅的线条，充分展现出史前先民赋予生活以艺术的创造性。因此，仰韶文化也被称为彩陶文化。在仰韶文化半坡类型时期，各类彩陶纹样主要反映了先民对生活的记述和凝练，既有一些简单的几何纹样，又有一些象形图案，其中以鱼纹最为典型。从写实到写意，从具象到抽象，彩陶纹样逐渐演变为规范的几何形态，这也体现出先民在形象艺术上概念化的创造能力。

随后的仰韶文化庙底沟类型时期，彩陶的纹样又有了新的气象。一方面纹样的内容更为丰富，对称和重复排列的各类纹样形成繁复多元的几何纹饰。比如，由各种直线、曲线和弧线构成各类基础几何形态，进而勾连出弧线三角、钩叶、垂弧等连续状花纹。另一方面，彩陶分布范围随着文化的发展而不断外扩，不仅在豫西晋南、关中地区和甘青地区形成较为相似的典型仰韶彩陶风格，同时还对江汉地区、长江下游地区以及海岱地区都产生重要的影响。彩陶文化一时覆盖了半个中国，成为中华文明滥觞时期的重要元素，彰显了中华民族早期的艺术成就。

庙底沟时期结束后，彩陶并没有衰落，相反在不同地区形成了更为多元、更具创造性的彩陶风格，呈现出百花齐放的局面。其中，马家窑文化的彩陶特点鲜明、内涵丰富，尤具创造力和创新性。马家窑文化承继仰韶文化的彩陶风格，又发展出新的特色，既有利用线条图案化的动物形象，又有抽象对称的几何纹样。总的来看，马家窑文化的彩陶纹样繁密、纹饰精美、构图复杂、回旋多变，色调和谐又热烈，是史前彩陶艺术的一座高峰。

从源自生活的象形图案，到抽象化的几何纹样，再到反映宇宙观、世界观的太阳纹等，彩陶纹样逐步图案化、规范化、抽象化，不仅体现了史前社会的种种生活面貌，也反映出先民对生活的热爱和在艺术上的创造力。随着时代的演进，陶器制作技术也不断进步、逐步成熟，从直接捏塑、泥片贴筑、泥条盘筑发展到模制轮制。

新石器时代末期，迎来了制陶工艺的巅峰——山东龙山文化的蛋壳陶。蛋壳陶制作精致、造型独特，器表漆黑黝亮，陶胎薄如蛋壳。通过现代工艺复制程序可知，蛋壳陶在制作伊始就选用多次淘洗、去杂、沉淀的精细陶土，利用快轮拉坯分段制作再黏结成型，入窑烧制前还需对窑炉进行预热，以防过薄胎体因受热不均而破碎。蛋壳陶最突出的特点就是陶胎极薄，最薄可达 0.2 毫米，这是现代手工业技术都很难达到的水平。因其胎体极薄，蛋壳陶对制作工艺有极高的要求，比如在拉坯成型时不仅需要高速转轮，而且要极其平稳，否则难以直立成型，这需要陶工的操作手法熟练且细致。蛋壳陶也因成品率低、生产周期长、耗费成本高而显得弥足珍贵，从现代考古发现来看，这些轻薄素雅的陶器多见于大型墓葬，应是一种重要的礼器。

从制陶的各个程序来看，蛋壳陶都显示出极高的手工生产技艺，凝聚了从陶器诞生以来的制陶智慧。可以说，蛋壳陶的发明创造，是史前先民在长期历史发展中凝结出的智慧结晶，是史前文明高度发展的生产力与先民创造力的重要体现。

绵延不断——中国古代陶器的继承与发展

从考古发现和研究来看，陶器的产生和发展伴随着整个中华文明的发展进程。随着环境变化、社会发展和技术成熟，陶器的形制和功能更趋于多元化和复杂化，各类陶器的不同组合形式亦趋丰富，体现出中华文明和中华民族的创新性。

陶器技术的发展和成熟，是史前社会文明进程中生产力发展的集中体现。技术上的不断突破和形制上的复杂演化，不仅是对社会生活需求的功能性适应，亦是早期中华文明在手工业生产和精神文化领域不断创新与突破的重要体现。为了获得足够的温度，史前陶工不断摸索和改进烧制方法，由最初的平地堆烧发展到平地封泥烧，再逐渐发展到后来半地下式的横穴窑和竖穴窑，即开始出现固定的陶窑。通过反复实践，先民认识到将窑床固定，可以大幅提高烧成温度，并提高燃料使用效率。陶器的高温烧制技术、陶范铸造工艺和拼接制陶理念，也成为后来青铜冶铸业中铸铜技术的重要组成部分，为后来夏商周时期高度发达的青铜文明奠定了基础。

陶器在中华大地诞生之后，不断演变发展，以其为基础构建起来的文化体系，是史前文明从形成到发展各个阶段的重要体现。东北地区后套木嘎遗址一期遗存所见的筒形罐，后来与之字纹结合，构成辽西地区兴隆洼至红山文化系统中最重要的特征之一，并且对朝鲜、日本和俄罗斯远东地区产生重要影响；北方地区南庄头、东胡林、转年等遗址早期陶器以平底为主，后来为磁山文化等所继承，并发展出陶支脚补足器物本身的功能属性；南方地区仙人洞、玉蟾岩、甑皮岩等遗址早期陶器以圜底釜为主要器类，与后来彭头山等遗址出土器物亦有承续。早期陶器的发展随着更新世的到来而迎来新的图景，到新石器时代中晚期逐渐形成多支文化系统，以代表性陶器概括，则包括中原的彩陶文化圈、东方的用鼎文化圈、北方的筒形器文化圈和长江流域等诸多文化圈。

新石器时代晚期，各个文化支系不断发展，形成了各自的特色，其中尤以仰韶文化庙底沟类型、仰韶晚期黄土高原的诸多遗存、江汉地区屈家岭—石家河文化、海岱地区的大汶口—龙山文化、长江下游的良渚文化、辽西的红山文化最为突出。这些文化体系在史前中华大地竞相迸发绚烂的光芒，同时又相互交融、相互影响，在长期的互动与交流中推动多元一体中华文明的发展进程。

进入历史时期，陶器迸发出更多光彩，烧制技术更先进，种类更趋丰富。夏商周时期，技术方面的突破使印纹硬陶、原始瓷应运而生，为从陶向瓷的升级打好基础；殷墟、周原等都邑性大遗址所在地出现专门的制陶工业园区。器类方面，仿铜陶礼器等新的器类出现，建筑类陶器增加。

汉唐时期，在技术方面，铅釉陶等出现；在器类方面，除饮食器、贮藏器等生活用器，还有砖、瓦、瓦当等建筑用器，各类模型器、家禽家畜模型、陶俑等陶明器；秦砖汉瓦等建筑类陶器成为时代标志，举世闻名的秦兵马俑、唐三彩也是这一时期陶器的代表。汉唐及其后，瓷器大兴，成为陶瓷手工业的另一新高峰，开启中国作为瓷器之国的时代。

陶器——我国一万年文化史、五千多年文明史的实证

陶器是破译中华文化的一把钥匙。一部中国考古史，也是一部陶器研究史。

陶器与中华文明的形成与发展息息相关。从目前考古发现来看，我国南北方早期陶器的诞生早于农业的发生。可以说，陶器的发明创造，为史前先民转向定居、发展农业提供重要条件，也为史前文化从旧石器时代转向新石器时代提供重要基础。在史前社会的漫漫长河中，陶器伴随着中华文明从起源、形成到发展的整个过程，是我国一万年文化史、五千多年文明史的实证。

陶器是文化、科学、技术和艺术的综合体。陶器在形制上丰富多彩、技术上不断突破、艺术表达上多元系统，融于社会生活的方方面面，又反映出古代文明的基本形态。陶器的发明、传承和演变的脉络，亦是史前先民因地制宜、应时而变的过程，在理念上因时

顺势、立足实际，同时兼容并蓄、传承有序，在继承中创新，在融合中突破。

一部中国陶器发展史，也是一部中华文明不断创新、连绵不绝的活态发展史。从发明世界上最早的陶器，到创造出彩陶、白陶、蛋壳陶，及至印纹硬陶、釉陶，直到瓷器的诞生，先民不断积累、发明、创造、扬弃，革故鼎新。应当说，陶器的发明源自于实践需求，又不断发展创新应用于实践，我们从中可以看到中华民族守正不守旧、尊古不复古的进取精神和不惧新挑战、勇于接受新事物的无畏品格。

从发明世界上最早的陶容器，到"高精尖"技术的蛋壳陶，先民制陶技术不断进步提升。仰韶文化半坡时期的人面鱼纹盆、庙底沟时期的花瓣纹彩陶、汝州阎村的鹳鱼石斧图陶缸、郑州大河村的彩陶双连壶、马家窑文化的多人舞蹈纹盆、陶寺文化的蟠龙纹陶盘等，这些中华大地上不同地区先民创造出的代表器物，无一不是时代的精品。它们正是中华文明多元一体的重要表征，也是中华文明五大突出特性的鲜明印证。

锯齿旋涡纹陶壶（中国民族博物馆　藏）

多元一体

费孝通"十六字箴言"中蕴含的多元一体理念

张志刚 *

费孝通先生是一位深谙世界文明史的学者。他在杖
朝之年道出的"各美其美，美人之美，美美与共，天下
大同"十六字箴言，对人们思考中华民族共同体、人类
命运共同体有深邃启迪。

"十六字箴言"，发自"文化自觉"意识。费老认为，"文化自
觉"是当今世界的时代要求。当今世界多种文化接触，引起人类心
态诸多反应，人们思考：人类为什么这样生活？这样生活有什么意
义，其结果将如何？

"文化自觉"是人们对其赖以生存的传统文化有"自知之明"，
意味着不同文化的自我认识、互相理解、互相宽容、多元共生，最

---

* 张志刚，北京大学博雅特聘教授、博士生导师，北京大学宗教文化研究院院长。

终达到"天下大同"。

"十六字箴言"包含多元文化共生理念。"各美其美",不仅是指世界上各民族、各文化、各国家皆有各自优点,要发挥各自长处,而且内含分享的智慧,即善于把自己的优点长处分享于不同的民族、文化、国家。"美人之美",不但是指要欣赏他者的优点长处,而且深含互鉴的智慧,即要善于学习他者的优点长处,借鉴人类文明的一切优秀成果,不论这些美好的东西是谁创造的。做到这两点,岂不"美美与共,天下大同"。

1988 年,费老在香港中文大学讲演时提出"中华民族多元一体格局"概念。费老说:"中华民族作为一个自觉的民族实体,是近百年来中国和西方列强对抗中出现的,但作为一个自在的民族实体则是几千年的历史过程中形成的。"

费老所阐明的"一体与多元",是古今中外哲学家在本体论、认识论和真理观上不懈探求的"一与多"的辩证关系问题。从中华民族形成发展史来看,"一体"自始至今是主流与方向。中华优秀传统文化氛围下的"一体"历来就是和而不同、兼容并蓄的,其整体所包容的"多元"是中华民族生存发展的要素和动力。质言之,按照中华优秀传统文化的理念,"一体"兼容并包含"多元","多元"和合融为"一体",二者辩证统一。

当今人类迫切需要解决的问题之一在于:各种不同文化背景的人们,何以能在这个经济、政治和文化交往越来越密切的世界上和平共处?也就是,人类怎样才能共同生存于这个小小的地球村?

和羹之美,在于合异。人类文明多样性是世界的基本特征,也是人类进步的源泉。世界上有 200 多个国家和地区、2500 多个民族、多种宗教。不同历史和国情,不同民族和习俗,孕育了不同文明,使世界更加丰富多彩。文明没有高下、优劣之分,只有特色、地域之别。文明差异不该成为世界冲突的根源，而应成为人类文明进步的动力。每种文明都有其独特魅力和深厚底蕴，都是人类的精神瑰宝。不同文明要取长补短、共同进步，让文明交流互鉴成为推动人类社会进步的动力、维护世界和平的纽带。

费老致力阐扬"和而不同"这一中华优秀传统文化的核心思想。他认为，我们应该加强"文化自觉"反思，也就是对自身文明和他人文明的反思。这有助于理解不同文明的关系。因为无论世界上的哪种文明，皆由多个民族单位的不同文化融会而成，都是多元一体的。

费老提出的"中华民族多元一体格局"概念，认为中华民族在漫长历程中，由许许多多分散孤立的民族单位，终于形成"我中有你、你中有我"的多元一体格局。中华文明拥有的与"异文化"交流互鉴的丰富经验，在今后越来越广泛且深入融入世界的过程中，能为重构全球化和不同文明的关系做出贡献。

费老的"十六字箴言"立论于"和而不同"这一中华优秀传统文化的核心思想，这与中国哲学史开拓者冯友兰和张岱年两位先生的看法不谋而合。

冯友兰先生以90多岁高龄写就的《中国哲学史新编》，收笔于北宋理学家张载"太和"观念的历史启示。张载把辩证法规律归纳为四言：有象斯有对，对必反其为；有反斯有仇，仇必和而解。一个社会的正常状态就是"和"，宇宙的正常状态也是"和"，这个"和"，称为"太和"。冯先生接着深有体会地做出总结：在中国古典哲学中，"和"与"同"不一样。"同"不能容"异"；"和"不但能容"异"，而且必须有"异"，才能称其为"和"。"仇必和而解"是客观辩证法。不管人们的意愿如何，现代社会，特别是国际社会，是照着这个客观辩证法发展的。

张岱年先生将"和谐"提升至哲学思维高度，作为辩证法的一个基本概念加以哲理释义。他说，对待不唯相冲突，更常有与冲突相对待之现象，是谓和谐。和谐非同一，相和谐者不必相类；和谐亦非统一，相和谐者虽相联结而为一体，然和谐乃指一体外之另一种关系。和谐包括四方面：一相异，即非绝对同一；二不相毁灭，即不相否定；三相成而相济，即相互维持；四相互之间有一种均衡。

　　中华文明上下五千年，积累了无数先人的聪明智慧，今天我们特别需要深入发掘、全面总结、发扬光大。面对信息爆炸、异域文化纷至沓来的时代，我们理应以一种理智、稳健的，而非轻率、情绪化的交往心态，欣赏并鉴别不同的文化。

　　无论世界上的哪一种文化，皆非十全十美，既有精华又有糟粕。因此，我们一方面要有所理解，另一方面更要有所选择，做到"各美其美、美人之美、美美与共"。我们的胸怀与目光应该比古人更广阔远大，对世界上的不同文化具有更高雅的鉴赏力，拥有一个与不同文明和睦相处的良好心态。我们的先辈留下大量至理名言，如"己所不欲，勿施于人""退一步海阔天空"，无不包含克己、忍耐、收敛的意思。这些都是在中华民族多元一体格局形成的漫长岁月中，逐渐积累的中国哲学智慧。

　　生活在一个"和而不同"的世界上，就必须提倡在审美的、人文的层次上，树立"美美与共"的文化心态。这种中华优秀传统文化智慧所蕴育的生存发展理念，可凝练为"二十言"：以人为本，和而不同，兼容并蓄，海纳百川，有容乃大。其核心理念"和而不同，兼容并蓄"，之于铸牢中华民族共同体与构建人类命运共同体有启迪意义。

《史记》：彰显大一统历史观

张大可[*]

> 秦始皇一统天下，中国历史上真正的大一统国家由此肇始。随后的西汉，开疆拓土，国力强盛，既有幅员辽阔的大一统，又有和睦各族的大融合，盛况空前，成为统一多民族国家、中华民族多元一体格局发展巩固的重要时期。

生活于西汉盛世的司马迁，不仅见证了汉朝的强盛，而且亲身参与其建设。抱着"究天人之际，通古今之变，成一家之言"信念的司马迁，承其父志，历时 24 年撰成《史记》。他所依据的史料以《尚书》、诸子百家著作、《五帝德》《帝系姓》《春秋》等传世文献为主，游历考察所获为辅。为此，他还前往传说中五帝到过的涿鹿、东海、江淮等地，在当地获得口耳相传的资料。34 岁时，司马迁奉

---

* 张大可，中央社会主义学院教授、中国史记研究会会长。

汉武帝之命，作为钦差大臣赴西南夷（今云贵川部分地区）设郡置吏。这段经历，对他著述《史记》，特别是形成中华民族大一统思想至关重要。

"为后世史家立则发凡。"司马迁坚持以雅求美的古史书写原则，依循大一统的思想，在《史记》中苦心孤诣地建构了"源出于一、纵横叠加""华夷同源、天下一统"的框架，以本纪为纲、辅之以表，以书、世家、列传为纬，纵向构造五帝、夏、商、周、秦、汉本纪，横向构造楚、吴、越世家以及匈奴等"蛮夷"列传，向世人呈现了一个世代相续、绵延不绝的具有高度认同性质的中华民族命运共同体形象。

尤其是，司马迁把在西南边疆民族地区的所见所闻所感都写入《史记》，化作民族史传，给历史赋予了无穷的正能量，本文略述其端详。

开民族史传之首

中华大地，山地多平原少，被高原、大山分割成许多区域，生存环境、生活方式多样，相应形成了多民族和多元文化的格局。中华民族兴起于农耕，而农耕经济可以在狭小范围内实现自给自足。

中华民族的历史，是各民族共同书写的历史。在我国历史上，虽曾有"冠带之国"与"夷狄之邦"的"夷夏之辨"，但中华民族是多元一体的命运共同体、中国是统一的多民族国家——已然成为历史的铁律。周初分封时就有许多的内附"夷狄"之国，例如吴太伯之勾吴、楚子荆蛮都不属于中原；周襄王后是翟人（商周时代我国北方的游猎部族）之女；三家分晋的赵襄子之母也是翟人之女。春秋五霸之一的秦穆公西取由余于戎，"益国十二，开地千里，遂霸西戎"（《史记·秦本纪》）。司马迁的书写，某种程度上将汉武帝以前各部族的历史文化进行了重构，符合中华民族多源共生的融合过程，表现了早期中华民族强烈的文化认同，旨在张扬中华民族多元一体。其实，这也是当时各民族自我认知的一种真实反映，并非只是司马迁个人的"一厢情愿"。他撰史以"成一家之言"，寓论断于序事之中，其大一统思想也在序事之中顺理成章带出，包含了上古以来各民族丰富的历史记忆，体现了中华文明的源远流长、博大精深。

司马迁打破藩篱，消除"种别域殊"的偏见，把周边民族地方纳入统一的王朝版图之内来叙述，把中原之外的各民族等列于天子臣民。他以《史记》首创民族史传，写下《匈奴列传》《南越列传》《东越列传》《朝鲜列传》《西南夷列传》，内容囊括中原周边各民族，并认为其皆为天子臣民，意义重大。《史记》中有旗帜鲜明的表述："勾吴与中国之虞为兄弟"（《吴太伯世家》），"楚之先祖出自帝颛顼"（《楚世家》），"越王勾践，其先禹之苗裔"（《越王勾践世家》），"匈奴，其先祖夏后氏之苗裔"（《匈奴列传》），等等。

在中华民族大家庭中，各民族平等相待、和睦相处，"四海皆兄弟"，这样的理念也彰显于《史记》。

司马迁认为各民族皆有保卫国家的权利和义务，汉武帝时期宫廷护卫里就专有匈奴人、越人建制，如胡骑校尉、越骑校尉等。他还认为中原周边各民族有同等的"革命"权利。这个"革命"，是指革故鼎新、变革天命。他赞同"革命"，称反抗秦朝暴政的陈涉起义为"首难"。楚汉相争，楚王项羽暴虐，汉王刘邦仁德，结果楚亡汉兴。南方越人即闽越王无诸、东越王摇参加了秦汉之际反秦暴政和反项羽暴虐的斗争，参与灭秦，又率越人辅佐汉王，受到司马迁的赞扬。

由此可见，《史记》对《尚书》大一统思想倾向、春秋公羊学大一统理念的继承与发展，在表现方式上与董仲舒关于大一统的义理阐发有所不同，作为史学家的司马迁主要通过史实叙述来体现自己大一统的家国情怀。在他看来，漫长的历史岁月里，"华变夷、夷变华"，无论是华夏之邦，还是所谓的"蛮夷之地"，"华夷共祖、四海一家"，各民族都同根同源。也正是因为如此，司马迁在《史记》中对黄帝"和同万国"、秦始皇统一中国和汉高祖建立大汉王朝的功绩予以了充分肯定、高度评价。

就这样，大致在春秋战国时期发端、孕育的大一统思想，终于首次由司马迁从历史学、谱系学的视角系统建构而成。他关于民族史观的这种真知灼见经受住了历史的检验，彰显出思想的卓越性，对后世影响深远。例如，继他之后的东汉史学大家班固就称赞《史记》"善序事理，辩而不华，质而不俚，其文直，其事核，不虚美，不隐恶，故谓之实录"，并继承了其将民族史传写入《史记》的传统，将中原之外的各民族史传编列入《汉书》。

司马迁大一统思想

司马迁的大一统思想，绝不是偶然的音韵天成，而是当时历史发展客观条件与他本人经历相结合的产物，具体来说有以下三个方面。

首先，各民族人民之间越来越频繁、紧密的经济往来和文化交流逐步促成大一统。《史记·货殖列传》生动地记载了秦统一六国，迁山东豪强卓氏、程郑于边邑，居于临邛。卓氏、程郑从中原带来先进的冶铁技术，在临邛冶铸铁器，运销椎髻之民，有力地推动了西南民族地区的经济开发。巴蜀生产的卮、姜、丹砂、铜、铁、竹、木器等产品，很受中原民众的欢迎。反之，中原也需要来自民族地区的特产、畜产。例如当时从西南夷嶲、昆明等族群输入的木棉榻布就是当时的一种畅销货。《史记·货殖列传》中说"文采千匹，榻布、皮革千石"，可见这些商品输入量之大。

"西南丝绸之路"的开拓者唐蒙，出使南越时在番禺（今广州）见到了蜀地产品枸酱，回到长安后才从蜀人商贾中得知，这种酱是通过夜郎辗转进入南越的。秦并六国、天下一统的局面，加强了巴蜀与夜郎、滇等地的往来沟通，唐蒙正是从地区之间紧密的经济联系中看到了开发西南夷地区的重要意义，因而上书汉武帝，将其提上议事日程。由此可见，各民族经济文化的交往交流，极大地推动了大一统的进程。

　　其次，在边疆民族地区推行郡县制度，促进了大一统的政治格局形成。张骞受汉武帝之命通使西域，开拓河西，"断匈奴右臂"。随之，汉朝廷不仅在河西设立郡县、移民屯垦，而且在西南夷和两越地区设郡置县。《史记·平准书》记载："番禺以西至蜀南者置初郡十七，且以其故俗治，毋赋税。""故俗治，毋赋税"，这六个字高度概括了当时的民族地区治理政策，意味深长。用如今的话说，"故俗治"，就是尊重当地的习俗文化，表现出包容多元文化的胸怀；"毋赋税"，则是不收赋税，注重发展经济，使民众享受大一统的惠泽。后来三国时期诸葛亮开发南中（今滇蜀地区的部分）所实行的政策，其实就是师法汉武帝的"故俗治"。

　　此外，在边疆民族地区的亲身经历，使司马迁升华出中华民族大一统思想，并由此助推汉王朝制定了较为先进的治理政策。《史记·太史公自序》说："奉使西征巴蜀以南，南略邛、笮、昆明。"此处一"征"一"略"两个字，清楚地道出了司马迁的出使背景。

　　公元前111年正月，汉武帝派司马迁为钦差向率领巴蜀兵南下"会师番禺"的驰义侯遗（遗，汉将军驰义侯的名）传达征略西南夷的命令。其实，司马迁不仅只是传达命令，而实为监军，负责"征"与"略"，主要是负责新开拓地区的郡县设置。他随军从奉命到还报命，在西南夷地区经历约整整一年，历经整个征略全过程，直至完成设郡县置吏治。"故俗治，毋赋税"正是在这一过程中，由司马迁主持制定再经汉武帝之手，推广到西南夷及全国其他地区的。此外，前面提到的朝廷禁卫军之胡骑校尉、越骑校尉的设置，同样少不了司马迁的推动。

正是因为有深入边疆民族地区的切身体验、身体力行，才使得司马迁的大一统思想更加成熟和坚定，并写出《史记》这样伟大、经典的中华民族史传。

总之，作为我国历史上第一部纪传体通史的《史记》，体大思精，贯穿中华大地古代 3000 年时光，浓缩了从文明开端的五帝时代，历经夏商周三代分封建藩到秦汉大一统的过程，既是二十四史之一，也是二十四史之最，有着极其重要的地位。特别是其所体现的大一统历史观，早已成为中华文化的基因性要素，对于我国统一多民族国家、中华民族多元一体格局的形成、稳固和发展一直发挥着深远而积极的作用。

《农桑衣食撮要》：中华民族珍贵遗产

赵　恺[*]

中华民族有着璀璨的农耕文明史，更总结出了一套独特的顺应天时、精耕细作的农业生产技术，这其中除了亿万农民面朝黄土背朝天的辛苦耕耘，也离不开历代农学家撰写出的一部部农学著作以高屋建瓴的理论指导着更多的农户进一步发展生产力。元代畏兀尔人农学家鲁明善所著《农桑衣食撮要》大力提倡兴农固本思想，成为中华民族珍贵的历史文化遗产。

家学渊博的畏兀尔少年

鲁明善出生于西域高昌（今新疆吐鲁番）境内，父亲迦鲁纳答思是一名通晓天竺（古代印度）等国语言的翻译家。而正是源于这一特长，迦鲁纳答思被举荐给了元世祖忽必烈。

---

* 赵恺，《中华遗产》作者。

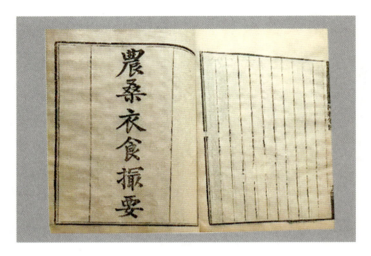

《农桑衣食撮要》书影

　　迦鲁纳答思抵达元大都之后，不仅很快完成了相关经书的翻译工作，更在无意中成为忽必烈的外交顾问。当时有一个名为"星哈刺的威"的南亚国家，联络二十余个部落前来朝贡，却因为语言不通而令场面十分尴尬。关键时刻，忽必烈命人请来迦鲁纳答思。迦鲁纳答思也不负众望，当面完成了国书的翻译工作，一时间"诸国惊服"。

　　这一时期，鲁明善也跟随父亲从高昌来到元大都，自幼聪慧的他很快便熟读了《曾子》《子思子》等汉文典籍。正是发现迦鲁纳答思除了在外交领域有所建树，家庭教育也做得如此不错，忽必烈任命其为翰林学士承旨、中奉大夫，前去教导自己的皇太孙铁穆耳。

　　据说铁穆耳从小就酷爱美食，以致体重超标。忽必烈为此甚至揍了他三次，要求他节食减肥，但是作用却不大。于是只能派御医日夜监视，每次铁穆耳用餐一旦超标，就要击杖为号。减肥的痛苦，加上一个内侍的引诱，铁穆耳又染上了酒瘾。好在迦鲁纳答思到来之后采取循循善诱的方式，最终令铁穆耳"节饮致戒"。

084

公元 1294 年，忽必烈去世之后，铁穆耳顺利登基。为了报答迦鲁纳答思对自己的教导之恩，特加封其为荣禄大夫、大司徒。而鲁明善也在此时成为了一名内廷"必阇赤"（书记官）。

认真负责的地方官

元成宗铁穆耳对鲁明善非常信任，不久之后便委派其前往江西协助司法工作。这种主管"诘问断决"的工作，在元朝时一般都是由皇族或重臣担任。毕竟，元朝的官吏成分复杂。鲁明善虽然手握元成宗赋予的尚方宝剑，但要让方方面面心服口服，没点真本事是做不到的。

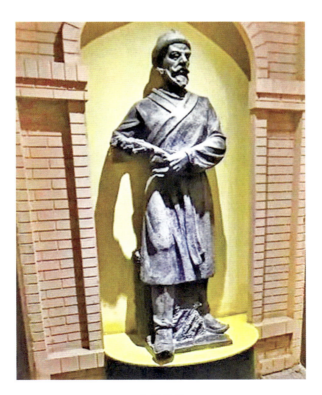

鲁明善像

公元 1311 年农历八月，迦鲁纳答思于元大都因病去世。鲁明善赶回家中奔丧，恰好遇到了刚刚从兄长元武宗海山手中接掌政权的元仁宗爱育黎拔力八达。由于记载相对较少，我们无法了解元仁宗早年是否与鲁明善有过交集，但从其早年师从太常少卿李孟学习儒家典籍，以及给予迦鲁纳答思的崇高政治地位来看，其对鲁明善应该还是颇为欣赏的。因此在鲁明善按照礼法守丧二十七个月后，便果断任命他为安丰路"达鲁花赤"（地方军政最高长官）。

临行之前，元仁宗特意对鲁明善说："尚方有白玉之鞍，尝赐尔父乘之，今以付尔"，又以自己的"御服"赏赐鲁明善，希望他"以传子子孙孙，于方来使毋忘也"。元仁宗对鲁明善如此看重，固然有"思其父怜其才"的成分，但更重要的是，此时的元朝刚刚经历前任元武宗长达四年的乱政，大范围地封官赏赐，不仅令国库空虚，更使各地民生凋敝。因此，元仁宗急切地想要树立一个模范区域，以便向全国进行推广。

鲁明善领受了这份责任，随即便在安丰路大展拳脚。他在当地修建学校，率自己的师门弟子前往讲课，并亲自修撰农书，以鼓励粮食生产。他还改革了长期以来不合理的劳役和诉讼制度，以达到"从义役而民力始均，理狱讼而曲直立判"的效果。正是由于鲁明善的为政举措得到了百姓一致拥护，是以在很长一段时间里，各种桥梁、驿站、官舍、医馆的修建都井然有序，出现了"民不告劳"的良好局面。

鲁明善在安丰路虽然仅仅任职了一年，但其施政的成绩得到了元仁宗的首肯，甚至感叹他的成绩"非文吏所及"，并为此改变了元朝官员在一地必须任期三年才能升迁的祖制，直接擢升其为太平路"达鲁花赤"。必须指出的是，太平和安丰虽然同为"路"级行政单位，但太平路辖境相当今安徽马鞍山、当涂、芜湖、繁昌等市县地，与金陵仅一江之隔，对元朝而言显然要比安丰路重要得多。

元仁宗之所以如此看重鲁明善，除了其个人才能的确出众之外，很大程度上还在于他撰写的《农桑衣食撮要》通俗易懂，具备很强的传播性。

通俗易懂的农书

《农桑衣食撮要》一书成于元仁宗延祐元年（1314 年），首刊于安丰（今安徽寿县）。至于编撰此书的目的，根据鲁明善的幕僚张栗记载，是因为以往的"务农之书，或繁或简，田畴之人，往往多不能悉；有司点视虽频，劳而寡效"。而当时情况的确如此，元初官修的《农桑辑要》，总计 7 卷，全书 6 万多字，实际上是一部历代农书的资料摘抄汇编，显然不利于识字率不高的普通百姓阅读。

为了便于敦促和指导当地农民从事农业生产活动，鲁明善决定自己编写一部农书。同《农桑辑要》和《农书》相比，鲁明善《农桑衣食撮要》对农事活动的讲解更加明晰、生动，这或许是其能流传至今的重要原因之一。此外，全书篇幅适中，便于庄稼人阅读。全书分上、下两卷，共约 11000 多字，但记载的农事活动却有 208 条，内容非常丰富。

鲁明善对南方主要农畜——水牛的生活习性十分熟悉，因此在《农桑衣食撮要》中特别提到："水牛夏间下水坑，不可触热，冬间要温暖，切忌雪霜冻饿。"安丰路位于河南江北行省的东南部，主要生产稻、麦。此外，这里的水资源丰沛，便于饲养水禽，《农桑衣食撮要》中便有"盐鸭子""收鸭鹅蛋"等条目。

江淮地区，竹、笋较多，《农桑衣食撮要》涉及竹、笋的条目有：四月"做笋干""煮新笋"，五月"移竹"，八月"锄竹园"。茶，是人们日常生活中不可缺少的饮品，《农桑衣食撮要》涉及茶树种植及茶叶加工的记载就有"种茶""摘茶"等。

鲁明善不仅介绍农业生产具体措施，还特别强调如何收到良好效果。如"收小麦"条说："麦半黄时，趁天晴着紧收割，过熟则抛费。每日至晚，载上场堆积，农家忙并，无似蚕麦，若迟慢遇雨，多为灾伤；又秋天苗稼，亦误锄治。"这些话不仅简明易懂，而且态度亲切、和蔼，达到了循循善诱的目的，应该说鲁明善是一位关心民生，处处为民众着想的地方官。

鲁明善还特别关注蚕桑生产经验的总结和传播。全书反映农事活动的纪事共208条，其中记载养蚕和栽桑内容的约十条，诸如"栽桑树""修桑""修蚕屋""织蚕箔""压桑条""养蚕法""斫桑""栽桑""浴蚕连""捣磨干桑叶"等，表明鲁明善对蚕桑业的生产非常重视。元代有"桑叶可饲蚕，有数种"的记载。

养蚕需要桑叶，必须要种植桑树。因此中国古代常以"农桑"并称，元代自然也不例外。鲁明善记载说：栽桑要"掘坑深阔约二小尺，却于坑畔取土粪和成泥浆，将桑根埋定，再用粪土培壅，微将桑栽，向上提起，则根舒畅，复用土壅与地平，次日筑实，切不可动摇，其桑加倍荣旺，胜如春栽"。若非作者亲身实践或亲眼目睹桑树种植的全过程，恐怕很难写出如此详细、完备的栽种流程。

时代的先行者

元代是继唐朝之后文化交流的又一盛世。有学者将《齐民要术》与《农桑衣食撮要》等元代农书所记载的农作物粗略加以比较，发现新增加的作物种类约有50多种，说明从公元6世纪到14世纪的800年间，植物栽培在我国得到了长足的发展。特别是引进的一些作物得以在黄河流域种植和推广，如菠棱（菠菜）、莴苣、苤蓝、茴香、罂粟等，足可作为文化交流的见证。

鲁明善的《农桑衣食撮要》除了按时令记述不同时段的农事活动外，还特别关注民间日常生活必备的副食品加工、衣物保管、养蜂采蜜等知识的总结和传授，即便是在今人看来，这些内容仍不过时，依然珍贵。毛毡制品，是北方或西北少数民族固有的传统工艺，同时期的农书几乎对此鲜有涉及。鲁明善在书中详细介绍"虫不蛀皮货""虫不蛀毡毛物"的具体方法："用莞花末掺之，不蛀。或以艾卷于皮货内，放于瓮中，泥封其瓮。或用花椒在内卷收亦得。"

众所周知，农历四月，江淮地区逐渐进入梅雨季节，衣物，尤其是皮衣、毛毡类生活用品极易发霉变质，难以保存。鲁明善建议将"莞花末""艾""花椒"和"角黄"（又名"黄蒿"）播入皮货或毛毡内可预防虫蛀。我国自古有在农历五月初五将艾悬于房门上方以避邪祛秽的民俗。倘若鲁明善对上述植物的属性和功效全然不知，则很难提出以上独到的识见。

在元代社会生活中，盐、酱、醋、油、蜜是食品加工时不可或缺的调味品。除了用盐腌制各种咸菜外，人们还用它腌制咸鸭蛋。鲁明善记载农历十一月可以腌鸭蛋，具体方法是："自冬至后至清明前，每一百个用盐十两，灰三升，米饮调成团，收干瓮内，可留至夏间食。"鲁明善笔下的醋种类较多，有麦醋、老米醋、米醋、莲花醋，他还分别介绍其制作方法、注意事项，语言简洁，极易掌握。

鲁明善也吸收西北地区各民族的生产经验，在《农桑衣食撮要》中，将如何栽种葡萄、种植棉花、酿造苏酒、晾晒干酪之法一一收入，为我国农学增添了新的内容。鲁明善在其农书中，既不引经据典，也不咬文嚼字，而是简明扼要地记下一种（或两种）在本地区现时行之有效的技术措施。

然而，这样一位富有才能的农学家在元仁宗病逝之后，政治上便没有了太大的作为。他的一生做过安丰、太平、池州、衢州、桂阳、靖州的地方官，有"连领六郡"的美誉。他所撰写的《农桑衣食撮要》足以流芳后世，为万千农户提供指引。

明朝建立后，农业生产经过几十年战乱，破坏殆尽。当朱元璋发现《农桑衣食撮要》后，如获至宝，下令由朝廷出钱向全国推广，要求所有地方官员人手一本，并以此书为教材，纳入朝廷官办学府之中。

《农桑衣食撮要》的推广对明朝从战乱时期的农业现状中恢复过来发挥了重要作用，并且为明初农业政策的实施与制定，提供了较为可靠的依据，使得明朝农业能够以较快的速度步入正轨，再也不复元末漫山遍野的饥殍之相，这个新的朝代也开始迎来属于自己的盛世。

完颜亮迁都燕京：宣誓中华正统

周　峰[*]

北京是有着八百多年建都史的古都，而它作为都城的开端，是金代中都（燕京）。为了定都燕京，当时的统治者甚至不惜一把火将原来的都城烧掉。而这，得从历史上一位备受争议的人物——金朝第四任皇帝、海陵王完颜亮说起。

迁都之争

完颜亮是完颜阿骨打之孙、完颜宗干之子，完颜宗干是辅佐金太祖、金太宗和金熙宗的三朝重臣。汉人张用直是他的老师，一直教他到 17 岁，所以，完颜亮从小接受了良好的儒家传统教育。

---

* 周峰，中国社会科学院民族学与人类学研究所研究员。

完颜亮文化修养很高，他曾赋诗抒发其远大志向：

> 蛟龙潜匿隐苍波，且与虾蟆做混合。等待一朝头角
>
> 就，撼摇霹雳震山河。

他的另一首诗《题临安山水》更是气魄豪迈，表达了建功立业、统一全国的抱负：

> 万里车书一混同，江南岂有别疆封？提兵百万西湖
>
> 上，立马吴山第一峰。

完颜亮一上任，就提出了迁都，让金朝上下愕然。但其实这是完颜亮谋划了许久的"方略"。

公元1115年，金朝建立，定都上京（今黑龙江省哈尔滨市阿城区南）。随着金朝在北方统治的确立，加上完颜亮志在一统天下，偏在东北一隅的上京水陆交通都不方便，在他看来显然不再适合做都城。

完颜亮理想的都城在哪里呢？燕京（今北京）。因为燕京处于北方游牧民族和中原农耕民族的交汇之地。五代以前，它一直作为中原王朝在北方的军事重镇。后晋石敬瑭将包括燕京在内的燕云十六州割让给辽之后，又历经了两百多年的发展，燕京终于脱胎换骨，由中原王朝的军事重镇变成了大辽王朝的陪都南京，并成为辽境内经济最繁盛的地区。

完颜亮提出放弃上京、迁都燕京虽然自有其道理，但对女真贵族而言，故土难离，对这个提议自然一千个不愿意，一场争吵遂在宫廷内爆发。《大金国志》记载了这一场面——

反对者说："上都之地，我国旺气，况是根本，何可弃之？"

赞同者反驳："上京僻在一隅，转漕艰而民不便，唯燕京乃天地

之中""燕都地处雄要……居庸、古北、松亭、榆林等关，东西千里，山峻相连，近在都畿，易于据守""燕京地广土坚，人物蕃息，乃礼义之所""本朝与辽室异，辽之基业根本在山北……我本朝皇业根本在山南之燕"……

两派争论不休，无有胜负。完颜亮心生一计，他和内侍梁汉臣串通，在众臣面前表演了一出"双簧"。

众臣都知道完颜亮酷爱荷花。他便问梁汉臣道："我栽种了二百株莲花，却都没有成活，这是因为什么呢？"梁汉臣说："自古在江南种植的橘树，移种到江北就变成了枳树，果实又小又苦涩，这不是种植者的技术不好，而是地理因素决定的。上京寒冷，燕京地气温暖，还可以种莲。"完颜亮趁势说："你说得很有道理，咱们就择日迁都吧。"

为了让迁都理据更充足，完颜亮又说："国家吉凶，在德不在地。使桀纣居之，虽卜善地何益？使尧舜居之，何用卜为？"

迁都北京，由于完颜亮的坚持，就这样决定下来了。

营建中都

1151年，完颜亮专门派遣画工前往汴京（今河南开封）绘制宫殿的详细图纸，命令左丞相张浩按图修建新都。

中都城就这样在辽南京城的基础上，参照宋汴京城的规制改造和扩建而成。其东、西、南三面城墙都在辽南京的基础上，各向外扩展了3里，北城墙略微向外扩展了一些。北城墙在今北京白云观以北东西一线。

中都营建时共有12个城门，东面城墙从南到北有阳春门、宣曜门、施仁门。西面城墙从北到南有彰义门、景华门、丽泽门。南面城墙从西到东有端礼门、丰宜门、景风门。北面城墙从东到西有崇智门、通玄门、会城门。在金朝后期，在北城墙的东部又开了一个光泰门。

营建工程浩大，单是役使民夫、工匠就达80万之众，还有兵士40万。建城需要大量的建筑材料，由于工期紧迫，大都拆用汴京过去北宋宫殿的建筑构件，在这些做工精致的建筑构件上，常有"燕用"两个字，应该是施工工匠的名字，但当时的人却将其附会成为"燕京"所用之意，足见当时工程的浩大。

经两年的修建，中都终于建成。1153年3月，在一座崭新城池的城门外，女真人举行了一场盛大的入城仪式。整个仪仗队伍共有10348人、马3969匹，分为8队。仪仗队伍人员个个衣甲鲜丽，马匹则膘肥体壮。完颜亮下令把要进入的城池改名为中都。也正是在这一天，北京正式成为一代王朝之都。

完颜亮将都城迁到北京后，就一把火将旧都上京会宁府的宫殿城池夷为平地，断了女真人对故土的念想。因为迁都之前，很多女真大臣都不情愿，但谁也挡不住完颜亮决意彻底完成汉化、切断女真旧俗的决心。

火烧旧都不说，完颜亮还下旨把太祖太宗的陵寝移到中都，也就是今天的北京市房山区。祖陵都过来了，子孙还能不走吗？此举让女真大臣们彻底断了回去的路。迁都后，完颜亮下令在中都西湖大量种植荷花，并将西湖更名为莲花池。

中都风貌

新的金中都共有三重城，外城内有皇城，皇城内有宫城。皇城位于中都城内中央偏西南处，东、西、南、北各有一门，分别为宣华门、玉华门、宣阳门和拱辰门。

宫城内最重要的宫殿是大安殿，殿宇面阔十一间，建在三层露台之上，周围环绕有曲水，登殿台阶有十四级，殿两侧各有配殿五间，殿后有香阁一座。大安殿北有大安后门，出了门是一小院落，为文武百官等待朝会之处。

宫城内的第二大宫殿仁政殿，面阔九间，是皇帝行拜日典礼之所。仁政殿是原辽南京旧有的宫殿。仁政殿东、西各有高楼一座，名东、西上门。仁政殿后是皇帝和皇后的寝宫昭明宫，内有皇帝所居的昭明殿和皇后所居的隆和殿。

中都城内的街道，多为从城门向城内延伸到对面的城门，但因城中有皇城，故而贯通城市的大街有三条，即南北向的景风门—崇智门大街（大致相当于今天的牛街、右安门内大街一线）、东西向的施仁门—彰义门大街（大致相当于今东起虎坊桥、西至广安门外湾子街）和阳春门—丽泽门大街（今已湮没无存）。

由于中都城是在辽南京城的基础上参照宋汴京城而建的，因而也就杂糅了两者的特点，在中国城市发展史上起着承上启下的作用，这突出体现在坊制上。宋朝之前的城市中，居民居住在四周围以围墙的坊内。由于北宋汴京商业的繁盛，商业活动已不限于固定的市内，旧的坊制被打破，形成了市、坊杂处的局面。迁都二十多年后，中都一派"女真人寝忘旧风""燕饮音乐，皆习汉风"的景象。

金中都，仅仅存在了六十余年，就被蒙古的铁骑踏破。后来的元朝建大都城，将城址向东北移，中都就完全处于大都城外了。随着岁月的流逝，中都城的一切几乎湮没无存。时至今日，我们仅能看到它的三处夯土城墙，即今北京丰台区高楼村的西城墙残垣、万泉寺村和凤凰嘴村的南城墙残垣。

1990年底，在北京市丰台区右安门外玉林小区，距凉水河（金中都南护城河）北50米处的一处住宅楼施工中，又发现了一处金中都的遗迹。此处水关遗址的发现，是金中都城考古的重大发现，为研究中都城的营建、规模、布局提供了重要的实物资料。如今，人们依托这个遗址建立了辽金城垣博物馆。

金中都在北京城市发展史上有着巨大的意义，尽管只存在了短短的六十余年，但它却为日后北京的辉煌奠定了基础。力主迁都北京的完颜亮，因为荒淫残暴和穷兵黩武而被杀，死后被废黜，成为历史上一个备受争议的人物，但他素有大一统理念，其迁都之举客观上促进了社会进步和民族融合。此后，历经元大都、明清北京城，北京成为全国的政治、文化中心，成为世界闻名的历史文化名城。

元明清古都兴替，见证生生不息的中华文明

王　军*

> 古代都城均有城市轴线。西方城市多强调东西走
> 向，而中国城市同时有南北、东西两条轴线。设计上的
> 迥异折射出完全不同的时空观念。

西方通过观察太阳在二十八星宿的位置得到时间，为了判断太阳处于哪个星宿，必须在东西向进行观察。中国则是以地平方位为坐标体系，观测天体的位置以得到时间，形成了时空合一的人文观念。

农业文明的发生，意味着人类不但驯化了作物和动物，还准确地掌握了农业时间，后者则以"辨方正位"（《周礼》）、"历象日月星辰"（《尚书》）为基本方法。

《周礼·考工记》记载了立表测影之法，即竖立一根垂直的表

---

* 王军，故宫博物院故宫学研究所副所长，曾任新华通讯社高级记者、《瞭望》新闻周刊副总编辑。

杆，以表杆的基点为圆心画圆。太阳东升时，表杆之影与圆有一个交点；太阳西落时，表杆之影与圆又有一个交点；将两点连接，即得正东正西之线；将此线中心点与表杆基点连接，即得正南正北之线。观测正午之时日影在南北子午线上的消长，即可测定一个太阳年的周期，进而掌握农业时间。

在这套观测体系中，表杆及以表杆为基点所画之圆，就是汉字"中"所象之形。也就是说，"中"表示了辨方正位定时的方法，关乎万事根本，这对中国建筑乃至城市以轴线对称的"中"字形布局产生了决定性影响。中华民族的先人是在一万年前发展种植农业的，对时间的测定是发展种植农业的前提，相关知识极为古老。

1972年，中国科学院考古研究所、北京市文物管理处元大都考古队发表《元大都的勘查和发掘》指出："元大都全城的中轴线，南起丽正门，穿过皇城的灵星门，宫城的崇天门、厚载门，经万宁桥（又称海子桥，即今地安门桥），直达大天寿万宁寺的中心阁（今鼓楼北），这也就是明清北京城的中轴线。经过钻探，在景山以北发现的一段南北向的道路遗迹，宽达28米，即是大都中轴线上的大道的一部分。"

中国历代皇帝为显示其权力的合法性，都会表现其受命于天。在规划元大都中轴线时，忽必烈将轴线北端的鼓楼命名为齐政楼，寓意他是尧舜传人，这是中国古代统一多民族国家发展历程中的一件大事。齐政楼取义《尚书·尧典》关于舜帝受天命记载："正月上日，受终于文祖。在璇玑玉衡，以齐七政。"即记舜帝观天象测定了历元，获得了天命。元大都的齐政楼就在今天鼓楼的位置。

明代改建元大都，嘉靖皇帝又将天地日月四坛分置都城南北东西，其中，日坛与月坛的连接线呈东西向，与南北向的中轴线相交于太和殿广场，形成子午卯酉时空格局，彰显紫禁城治朝乃"中"之所在，意义极为深远。太和殿的"建极绥猷"匾、中和殿的"允执厥中"匾、保和殿的"皇建有极"匾，皆表示了"中"字所代表的辨方正位定时之义，直通农业文明的原点，显示出惊人的文化连续性。

这种时空格局以中国固有之文化为根基，充分体现了统一多民族国家形成过程中海纳百川的高度包容性与适应性。

红山文化牛河梁圜丘、方丘与明清天坛、地坛，形制上高度一致，代表了贯通古今的天地观念及由此衍生的空间设计方法，高度诠释了五千年不间断的文明史。

牛河梁圜丘与北京天坛，祭坛平面皆为圆形；牛河梁方丘与北京地坛，祭坛平面皆为方形。正如《周髀算经》所言"方属地，圆属天，天圆地方"，而沟通天地、敬授民时，正是农耕时代统治者权力的来源。

《吕氏春秋》载："爰有大圜在上，大矩在下，汝能法之，为民父母。"这是传说中黄帝对颛顼的教诲。大圜即天，大矩即地，能沟通天地才能为民父母。这与太和殿乾隆御笔"建极绥猷"若合符节，清晰表明了农耕时代政治权力的构架基础，五千年一以贯之。

冯时先生对红山文化方丘进行复原，发现整个方形建筑是以内方为基本模数单位，不断向外扩充。

傅熹年先生指出，元大都是以宫城御苑为一个基本模数单位，整个大城的面积由此单位积累而成。明代北京内城亦是如此，是以宫城为模数单位积累而成。

元大都平面布局在遵从《周易》《周礼》所代表的农耕文化之时，又适应游牧民族逐水草而居的生活习俗，体现了农耕文化与游牧文化的融合。

元大都南设三门、北设两门，取法《周易·说卦》"参天两地而倚数"，以表征天南地北，天地相合。此种门制，经明初南缩元大都北城后依然如旧，并留存于今天北京街道格局之中。

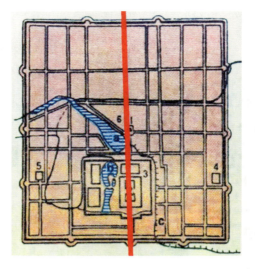

元大都子午中线与海子东岸相切示意图

　　在古代星土分野中，幽燕之地与十二次之析木相配，析木之次位于东宫苍龙之尾、箕二宿，是银河穿越之处。元大都将积水潭纳入城中与太液池、金水河环绕宫城，在其东侧以中轴线与之相切，正是对东宫苍龙跃出银河回天运行的表现，与幽燕分野之星象相合，是敬天信仰的经典体现。

　　元大都宫城充分利用积水潭水面这一大胆设计，不但是对银河穿越天际之效法，还与五行方位中水居北相合，是阴阳五行思想在都城营造中的具体应用。同时，与蒙古民族"以畜为本、以草为根、逐水草而居"的生存法则一致。

　　北京历史建筑与城市空间，展现了中华文化有容乃大的开放性与适应性，这是中国统一多民族国家不断发展壮大至今的重要文化根基。

《大清一统志》：昭示六合一家

李　然[*]

《大清一统志》是清朝官修地理总志，其编修是国家工程，历经康、雍、乾、嘉、道五朝，时间跨度近二百年，完成三部皇皇巨著。

康熙初修，昭示正统

时间线拨回到康熙帝亲政之初，康熙八年（1669 年），康熙帝剪除权臣鳌拜，掌控朝权。此时，大清入关已有二十余年，但多数省份尚未修纂志书，朝廷对各地山川、形势、人丁、田亩、风俗等基本信息尚未充分掌握。针对这一情况，保和殿大学士卫周祚上疏建言，朝廷应统领各省督抚，聘任宿儒名贤，编纂《通志》，上报中央，由翰林院汇辑为《大清一统志》。

---

* 李然，中南民族大学教授、博士生导师。

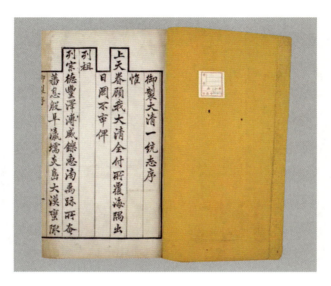

《大清一统志》武英殿刻本（故宫博物院　藏）

　　这一提议意义重大，有利于清廷全方位掌握全国各种信息，完成资源整合。但更为重要的是延续元、明两朝编纂"一统志"的传统。元朝修《大元一统志》，开编修一统志之先河，明朝依此例修《大明一统志》。"接古续今，纂辑成书"，修纂一统志不仅可以宣示清朝的治理权，更阐明了元、明、清前后接续的继承关系，修纂《大清一统志》便成为清朝获取天下正统的宣言。康熙帝对此提议欣然应允，然而，就在各部门紧锣密鼓为修志做准备时，"三藩之乱"爆发，举国震荡，修志工作暂且搁置。

　　平定三藩后，清朝先后在东南收复台湾，在北方驱逐沙俄。一时间，疆域恢弘，远迈前代。满怀豪情的康熙对大一统有了更为深刻的认识，要求将《大清一统志》（下文简称《一统志》）纂成"一代典制"。在康熙帝的授意下，由陈廷敬、徐乾学、高士奇等人组织成立一统志馆，专理编修事宜，且官修典籍、宫廷档册甚至满文舆图一应开放。

康熙二十二年（1683 年），皇帝对修志工作作出批示："至塞外地名，或为汉语所有，或为汉语所无，应察明编入一统志。"这里的"塞外"主要指"漠南蒙古"诸部。专设了《外藩蒙古统部》，书写边疆地区被纳入大一统体系的典范。

康熙二十七年（1688 年），厄鲁特蒙古准噶尔汗噶尔丹兴兵侵犯喀尔喀蒙古。次年，噶尔丹悍然进袭漠南，北方边关危急。京师面临威胁。很快，清军北上挫败噶尔丹。康熙三十年（1691 年），康熙帝亲临多伦诺尔（今内蒙古自治区锡林郭勒盟多伦县），与喀尔喀部首领及漠南诸王公会盟，史称"多伦会盟"。在盟会上，为喀尔喀蒙古诸部编制盟旗，定疆界，制法律。自此，漠北蒙古被纳入清朝版图。

同年，康熙帝自多伦返京途中登临长城，恰逢古北口总兵蔡元奏请修缮长城，康熙皇帝说出了一段耐人回味的精彩论断：自秦朝修筑长城以来，汉、唐、宋也常修理，却一直存在边患。明朝修筑长城，并没有挡住大清入关，可见守国之道，只在修德安民。人民心悦，本固邦宁，边疆自然稳定。这段话反映了康熙进步的疆域观、华夷观和民本观。长城不再是边疆与中原的界限，也不再是夷狄与华夏的分野，长城内外合为一家。这是清代大一统实践对前代"华夷之辨"观念的超越。

《一统志》的编纂充分体现了大一统的指导思想。康熙五十四年（1715 年），大学士嵩祝等上奏要求把喀尔喀、厄鲁特、唐古忒班禅、达赖喇嘛、哈密等地，凡沿革、风俗、山川、物产一并编入《一统志》。康熙六十年（1721 年），一统志馆编纂西海、西藏等地方志书。清朝统治者已经初具清晰的国家疆域概念，诸如蒙古、回部、西藏等地区被编入象征国家疆域主权的《一统志》中，成为中国领土不可分割的一部分。

雍乾续编，六合一家

雍正皇帝一登基，就迅速重启《一统志》纂修工程。雍正三年（1725年），为提高编修工作进度，又专门下诏慎重选拔贤臣，重组一统志馆。雍正帝还经常亲自检看各省所上通志。广西巡抚李绂所修《广西通志》令他十分不满，被下令重新编修。在朝廷的一再督令下，各省纷纷设立志局，各地修志情况渐有起色，各省通志陆续上奏。

雍正皇帝为使满汉士大夫走出"华夷之辨"的泥潭，专门撰写《大义觉迷录》，阐释了其"中外一家"理论。他说：华夷大一统，有德者居之，无德者弃之，与民族无相干。满洲虽然是"夷"，但只是地理区位的概念。蒙古、藏以及其他少数民族都是中华民族的一分子。华夷大一统成为雍正朝《一统志》编修工作的最高纲领。雍正帝去世后，乾隆皇帝继承了他的未竟事业。乾隆八年（1743年），《大清一统志》完成，次年颁行。清代第一部《大清一统志》编纂圆满完成。

乾隆二十九年（1764年），乾隆皇帝谕令军机处续修《一统志》。此时距初修《一统志》成书仅二十余年，乾隆皇帝为何大费周章，再次开启这项庞大的工程呢？此时西南土司相继归流，统一多民族国家得到巩固与发展。但更重要的是，乾隆时期取得统一准噶尔的最终胜利。康熙年间，准噶尔部占领天山广大区域，兵侵西藏、蒙古，甚至与沙俄勾结，企图分裂祖国。康熙、雍正两朝曾多次出兵漠北、青海、西藏等地打击准噶尔部势力，但准噶尔部仍盘踞西域，致使边疆不宁。所以康熙帝初修《一统志》对哈密以西广大地区并无涉及。

乾隆年间，准噶尔部因争夺汗位发生内讧，乾隆果断出兵，用四年时间彻底消灭准噶尔割据政权残余势力。此役战果丰硕，"拓地二万余里"，完全恢复汉唐以来对天山南北路的治权。乾隆帝把这片失而复得的疆域命名为"新疆"，并立碑纪念，在他看来，新疆应该被编入《一统志》。

续修《一统志》，精心谋划各卷编排体例，以突出乾隆君臣的疆域观。他们在初修《一统志》的基础上增加了"西域新疆统部"，将"外藩蒙古统部"改为"新旧藩蒙古统部"。并在卷末增补4卷，辑录朝贡诸国，明确指出朝鲜、安南、俄罗斯等为域外之国，与边疆地区做出区分。

如果说康熙帝早年初修《一统志》的目的是彰显明清易代的中华正统，那么，乾隆帝续修《一统志》则是宣告所有边疆地区被纳入王朝版图的权威合法性，昭示"六合一家"。

嘉道重修，维系一统

随着乾隆驾崩，大清百年盛世图景缓缓下落。作为接棒者，嘉庆帝自然希望盛世延续。此次重修《一统志》资料止于嘉庆二十五年（1820年），把全国各地的建置沿革、职官、户口、人物等划一记载，以进一步深化疆域一统观念。

从区域名称的变化来看，最大的改动在北部和西北边疆。此次重修《一统志》，增设"乌里雅苏台蒙古统部"，改"西域新疆统部"为"新疆统部"，改"新旧藩蒙古统部"为"蒙古统部"。

对东北地区的编写也打破了以往惯例。东北作为清朝"龙兴之地"，历来备受清朝统治者尊崇。此前编修《一统志》，都将盛京、兴京置于仅次于京师、直隶的位置以示尊贵。此次重修为彰显"疆域划一"，盛京、兴京不再单独成卷，而是统一划归到盛京统部之下。

重修《一统志》完成于道光年间。道光皇帝接手的是一个江河日下的烂摊子，内有起义叛乱动摇统治根基，外有列强环伺虎视眈眈，疆域一统的局面遭到破坏。但是，道光帝在《御制大清一统志序》里开篇却说："我大清之受天命有天下，增式廓而大一统者，于今二百年。"显然，面对内忧外患，道光皇帝希望通过编修官方志书的方式重新强调大一统，从某种程度上也是凝聚人心、振奋士气的一种策略。

总之，盛世修志是中华优良文化传统。《大清一统志》不仅是一部地理总志，清代五帝还通过三次纂修，不遗余力地共同抒发对大清一统的自豪感，不断凝聚人心，反映了清朝君臣在巩固疆土的过程中，中华认同的范围不断扩大，边疆与中原的关系被重新定义，这是中国传统疆域观的彻底变革。例如，乾隆时期续编《大清一统志》首先要测绘制作青海、西藏、新疆地区精确的地图，编写《西域图志》等边区图书，并动员各省官员收集、整理、上交有关《一统志》所需的资料。嘉庆时期重修《一统志》时，收集了更多的边疆地区图书，如《平定准噶尔方略》《西域同文志》《平定金川方略》《天下舆地全图》等书。

清朝五帝与士人勠力同心接力编修《一统志》，持续不断地对王朝上下、满汉官员进行"疆域合一、内外无别"的大一统理念宣传教育，泽被后世，由此铸牢的中华大一统观念，直接影响了近代中国仁人志士追求国家统一的上下求索。

《西域图志》：昭示一统的地方志

侯德仁 *

在我国，地方志的编纂一般由相应级别的地方官府进行。但在清代乾隆时期，一部地方志却出自中央朝廷之手。非但如此，乾隆还屡下谕旨，对编纂工作进行指导。书成以后，乾隆帝的谕旨更是以"天章"的名目出现在该地方志的卷首，开创中国地方志类书籍的先河。它就是《西域图志》。

戡乱定天下、治国求太平——《西域图志》编纂的由来

《西域图志》，全名《钦定皇舆西域图志》，该书编纂缘于乾隆朝平定准噶尔部叛乱、维护统一的战争之需。

清朝初年，准噶尔部势力扩张，天山南北为其所控，甚至流窜西藏、蒙古地区，一时间烽烟四起，边疆不宁，成为雄踞西北地区

---

* 侯德仁，苏州大学历史学系副教授。

《钦定皇舆西域图志》书影

的一支地方势力。该部首领噶尔丹竟然向康熙帝提出"圣上君南方，我长北方"的分裂主张，公然与中央王朝对抗。为了粉碎准噶尔部的分裂图谋，康雍乾三朝曾接连出兵进行打击。乾隆初年，准噶尔部为争夺汗位发生内讧。乾隆帝决定抓住有利战机，彻底消灭这股叛乱势力，维护国家统一。

1755 年，清军兵分两路进军西北平叛，准部首领达瓦齐率兵出逃，准部军队则望风归降，统一战争进展顺利。1757 年，平定准噶尔之役胜利告终。然而，大小和卓不久又在南疆发动了叛乱，清军再次前往平叛。1759 年，清军彻底平定了天山南北，重新统一新疆地区。为了将新疆置于中央王朝的强有力统治之下，乾隆二十七年（1762 年）清廷在新疆设立伊犁将军，总统南北疆事务，加强管理。

《西域图志》的编纂，就是在清军顺利进军西北、展开统一战争的历史背景下展开的。从清朝进军新疆开始，乾隆就调遣人力统计新疆户口、丈量新疆土地、测量新疆舆图，为军事战争求服务，也为平定叛乱后经营和治理新疆地区做准备。

早在康熙年间，清廷就在西洋传教士的帮助下，进行了全国性的大地经纬度测量，随后绘成了《皇舆全览图》。然而，由于当时新疆战乱没有平息，不能前往实测，故缺哈密以西的地形。

1755年，随着清军顺利进军新疆，测量不受阻碍，乾隆于是适时发布了实地测绘新疆舆图的上谕，趁"西师奏凯，大兵直抵伊犁，准噶尔诸部尽入版图"之际，测量新疆"星辰分野、日月出入、昼夜、节气时刻，宜载入《时宪书》，颁赐正朔；其山川道里，应详细相度，载入《皇舆全览图》，以昭中外一统之盛"。

在乾隆的亲自指挥下，左都御史何国宗与西洋传教士傅作霖、高慎思等组成测绘队，携带仪器三次进入新疆地区，在高山峡谷、湖泊河流、沙漠原野中进行大规模的实地测绘，获得了大量的第一手实地考察资料，为《西域图志》的编纂完成做出了重要贡献。1761年，新疆地区舆图绘制完成。由此可见，《西域图志》的编纂是在清朝统一西北战争的历史背景下展开，有着明确的弘扬国家一统的目的。

《西域图志》有初修本和增纂修订本两个版本。初修本编纂完成于1762年，即新疆舆图测绘完成的第二年。增纂修订本，完成于1782年，并改称《钦定皇舆西域图志》，录入《四库全书》。

平章协和、昭示一统——《西域图志》精彩内容面面观

在《西域图志》编纂伊始，乾隆就给其定下了昭示国家一统的重要使命。因而，在《西域图志》的编纂中，无论是体例设计，还是内容书写的安排，均彰显着国家一统的政治宗旨，具有非常自觉的中国认同意识与中华民族共同体观念。

从编纂规格上来看，《西域图志》是由乾隆谕令朝廷组织编纂而成，相较于历代关于新疆的方志类著作，《西域图志》的编纂规格最高。无论是该书编纂的组织工作，还是具体的内容编纂，乾隆都事无巨细亲自指导、督促、审核，堪称《西域图志》编纂的总负责人。

乾隆不仅多次发布上谕指导《西域图志》的编纂工作，还亲自撰写多篇文章对新疆的历史地理沿革进行考辨，对新疆各民族的语言、文化和风俗现象阐释分析，这些都充分表明了《西域图志》编纂的高规格。《西域图志》实际是一部省级方志，却由清中央朝廷来编纂完成，这是从国家层面明确了新疆作为统一多民族国家的不可分割的组成部分的历史事实，体现了清王朝的国家意志以及对大一统国家的政治认同。

从体例设计方面而言，《西域图志》综合了历代新疆方志的编纂方法，又根据清代新疆的实际情况予以分门别类，最终确定了比较完备的编纂体例。初修本厘定为十八门，最终增订编纂的定本厘定为二十门，包括天章、图考、列表、晷度、疆域、山、水、官制、兵防、屯政、贡赋、钱法、学校、封爵、风俗、音乐、服物、土产、藩属、杂录等。

从内容书写方面来看，《西域图志》的编纂内容体现出了对大一统国家的认同及自觉的中国认同。

首先，设置"天章门"，主要用以记载乾隆派兵平定西北过程中的大量诗文及咏赞西域的众多诗作，反映了清代平定新疆、统一西北的历史事实，如《冬月怀军前十四韵》："千军踰老上，五月定伊犁。尽抚准噶尔，生擒达瓦齐……露布重殷伫，永清绥狄鞮。"描述了1755年清军大举出关，连战克捷，取得祖国统一战争辉煌胜利的场景。对这些诗作的记载，当然主要是为了突出显示乾隆的文治武功和清军统一西北的赫赫战功，同时也显示出乾隆对西域地区的挚爱及对经营开发新疆地区的热情，更是清朝廷对新疆地区有效管辖的历史见证。

其次，具体的内容撰述中，如卷三十七中的乾隆《御制伊犁将军奏土尔扈特汗渥巴锡率全部归顺诗以志事序》中有云："准噶尔自底定以来，筑城安屯无异中国郡县。"再如，卷一《图考》有舆地图15幅，包括《皇舆全览图》一幅，《西域全图》一幅，以及安西南路、安西北路、天山南路、天山北路等各路地图多幅，其中的《皇舆全览图》是一幅全国性舆图，被置于其他地图之前，且包含了新疆地区的地理信息。这样的编纂安排从舆图的角度确立了新疆地区作为清朝大一统国家不可分割的组成部分的地位。

卷一载《皇舆全览图说》云："中华当大地之东北，西域则中华之西北，为大地直北境也。"在清代统治者的语境中，很多时候"中华"与"中国"的概念是通用的，而"中华"的概念更具有中华民族文化认同的意识，这里所说"西域则中华之西北"包含两方面的意思，一是阐述了新疆历来是中国西北地区的重要领土这一事实，二是包含了新疆各民族文化都是中华民族文化组成部分，各民族都存在着长期自觉的中华民族认同的思想。在这篇文字的其他表述中，也体现了清朝统治者自觉的中国认同意识。

最后，该书体现了清廷对中国道统、政统的继承，如书中说到"我皇上神灵天亶，举尧舜禹汤文武之所以为君者，集其大成以制寓内，夫固清和咸理矣"，使"中土之与西域，始合为一家"。

盛世华章、凝聚万族——《西域图志》中华民族共同体盛况小窥

清朝统治者自身就是少数民族，因而对边疆民族地区的治理十分重视。新疆自古以来就是一个多民族地区，清朝在新疆地区实施的因地制宜、因俗而治的民族政策，尊重各民族的风俗习惯，积极倡导民族团结。《西域图志》编纂的直接目的就是为清朝经营和治理新疆服务，因而其中对清朝经营治理新疆的统治政策有着较为全面的反映。这里主要阐述《西域图志》中所阐发的民族团结观念与中

111

华民族共同体意识。

《西域图志》特别重视宣扬民族团结思想，倡导各民族大团结观念，在《西域图志》中，对民族团结问题的重视有多方面的体现，如对各民族文化风俗的记述、对各民族英雄人物事迹的赞颂等，提醒清统治者尊重民族风俗，实行因俗而治的统治政策。其中，最为典型的体现就是对土尔扈特部回归祖国事件的详实叙述和大书特书。

土尔扈特部历尽千辛万苦毅然回归祖国，表达了对中华民族共同体的高度认同与真诚热爱。清廷对土尔扈特人回归祖国热忱欢迎与妥善安排，体现了中华民族的伟大凝聚力和温暖博大的胸怀。乾隆皇帝对此壮举深为感动，在避暑山庄设宴隆重接见土尔扈特部首领渥巴锡一行，亲撰《御制土尔扈特全部归顺记》《优恤土尔扈特部众记》详述土尔扈特回归祖国事件的经过，并刻石立碑永存纪念，记述和歌颂这一中华民族团结友好历史上的重要事件。乾隆帝还特意指出，土尔扈特部的回归"是归顺非归降也"，因为"始逆命而终徕服，谓之归降；弗加征而自臣属，谓之归顺"。换言之，乾隆帝认为土尔扈特部是真心诚意回归祖国。

乾隆皇帝曾写下多首赞颂的诗篇，其中《宴土尔扈特使臣》诗中"覆帱谁可殊圆盖，中外由来本一家"一句尤具深意。"中外一家"的表述，明确地表达出了清王朝一统无外的民族思想，具有着明确的中华民族共同体意识，具有重要的政治思想意义。这些史实都翔实记述在了《西域图志》一书中，早已成为中华各民族团结友好的历史见证。

从土尔扈特部万里归国的历史可以看出，中华民族共同体建设不仅是执政者、决策者的单方面行为，更是深爱这片土地的每一个中华儿女的愿景与行动。"今人不见古时月，今月曾经照古人"，古人今人皆一理，唯愿中华太平春。

112

《皇清职贡图》：推翻"清朝非中国论"谬论

苍　铭*

20 世纪 90 年代起，从美国兴起了一种研究中国清代历史的新流派——"新清史学派"，他们鼓吹清朝是满族征服汉人致汉人亡国而建立，有意忽视满、汉、蒙古、藏等各族人民在清代共融共生的局面，进而散布"清朝非中国"的错误主张。仅从清乾隆年间编纂的《皇清职贡图》一书，就可以对此进行有力驳斥。

西方学者所谓的"新清史学派"标新立异，认为清朝是满洲贵族所建立的，它不仅入关征服汉地，而且征服了新疆、西藏、蒙古，因此不能将清朝视为中国历史上一个与明朝相仿的王朝，更进一步认为清朝的准确表达应该是"满洲帝国"，不能和中国画等号，中国只是"满洲帝国"的一部分。这一论调传入中国后，被称之为"清

---

* 苍铭，中央民族大学历史文化学院教授、博士生导师，中国民族史学会理事。

朝非中国论"。如果按这个说法，满族就不能算中国人了！事实上，这个论调不仅当代中国人不认可，就连历史上的清朝统治者和那时的老百姓也不会同意，这可以从《皇清职贡图》一书中体现出来。

《皇清职贡图》（故宫博物院　藏）

大清神奇绘本《皇清职贡图》

《皇清职贡图》是乾隆十六年（1751年）由乾隆帝谕令军机大臣傅恒等组织编绘的一部图卷，该图卷描绘了全国各地、藩属国以及外邦官员的相貌和服饰，内容包括人物图像和图像的文字介绍。其中，中国境内的人物是按每族男女各一的规则由地方总督、巡抚组织当地画家绘制，图说是由地方官员书写，之后由朝廷汇总，随后，乾隆皇帝亲派大臣对文字重新修订，由宫廷画师再度进行统一绘制。一些新归附的族群，例如土尔扈特人、爱乌罕回人，乾隆帝更是亲自题诗作序、书写卷额。实际上乾隆帝就是这本书的总编辑。乾隆帝下这么大功夫，组织编绘《皇清职贡图》的目的肯定不是想做本"畅销书"，而是为了借助颂扬清朝大一统的盛世，显示自己所统治的王朝是中国历史上最值得夸耀的王朝。

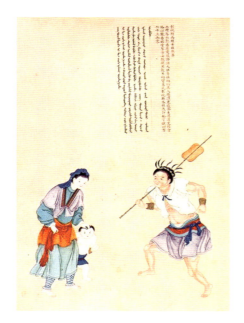
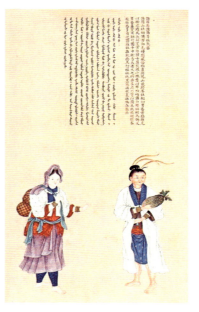

《皇清职贡图》彰化县　　　　　　《皇清职贡图》诸罗县
（今台湾彰化）西螺社熟番　　　（今台湾嘉义）诸罗等社熟番

　　彩绘本《皇清职贡图》共有四卷，北京故宫、台北故宫博物院藏有完整手卷本副本，国家博物馆藏有手卷第二卷原本。法国国家图书馆藏有册页本四册。读者所能看到的是四库全书本或武英殿刻本（九卷本）。

　　该图卷按地区进行编排，第一卷单独讲域外，主要有朝鲜、琉球、安南（越南，1803年由嘉庆帝赐名越南）、英吉利、法兰西等国家和地区；第二卷是西藏、新疆地区；第三、四卷分别是关东、闽台、两湖和两广；第五卷至第八卷为甘川黔滇四地；卷九为续图，收录该书编纂完毕后的新归附者。需要注意的是，在编纂描绘之时，清王朝统治的核心区域华北、华东、内外蒙古和东北的盛京地区没有入册。

　　从各卷的编排上，可以清楚地看出乾隆皇帝的中国意识和统辖范围，因为明确定义了朝鲜、琉球、安南为域外藩邦朝贡国，可与法兰西、英吉利相提并论，并将之称为"域外"，而新疆、西藏则是中国领土不可分割的一部分，与清王朝的核心统治区域在地位上并驾齐驱。

乾隆帝编绘本的深意：我们都是中国人

《皇清职贡图》中可以很明显地看出"清朝非中国论"的观点错在哪里，大体来说，可以从以下几点进行论证：

首先，它忽视了清朝统治者的自我中国认同。《皇清职贡图》的措辞中，谈及藩属国或欧洲诸国之时，清王朝以中国为自称，如谈到意大利时说"万历中，西洋人利玛窦航海来中国，自称意大里亚国人，本朝康熙六年通朝贡"；再来看传统藩属国安南，书中描述"安南，古交趾地，唐以前皆隶属中国，五代时，始为土人窃据，本朝康熙五年，黎维禧款附，因封为国王"。《皇清职贡图》这样的表述不仅说明清朝是中国正统王朝的身份，更阐释了唐宋元明清诸王朝的前后继承关系。如此，何来清朝是"满洲帝国"而不是中国历史王朝之一的说法？且"满洲帝国"是"新清史"学者的杜撰，清朝历代皇帝也没有这样称呼过自己。

其次，它忽视了清代中华民族共同体进一步形成发展的历史事实。在《皇清职贡图》中，凡涉及中国境内的少数民族时，清朝统治者用本朝、国朝、我朝自称，叙述了少数民族与中央王朝在历史上的关系，借以体现中央王朝对少数民族地区管理政策的持续性，显示出清王朝在中国王朝治权继承中的地位。如在描述贵州铜仁苗族时则说"元及明初分置长官司以领之，万历间铜仁、大万土司改土归流设铜仁县治，本朝雍正八年，平松桃红苗，复移驻同知"。该例说明元明清三朝对贵州铜仁地区苗族所施行的改土归流政策，正

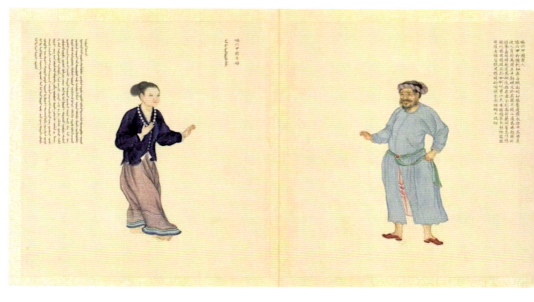

《皇清职贡图》嘛六甲（今马六甲，今属马来西亚）夷人

是在这样的政策下，乾隆帝极力强调了内地与边疆政治上的一体性，各民族之间的往来也因此日益频繁，中华民族共同体进一步形成。

最后，它忽视了清朝的统治核心是满、汉、蒙古三族力量的联合。如前所言，在编纂《皇清职贡图》时，没有将华北、华东、东北的盛京地区和内外蒙古收录在内，这是因为在乾隆帝看来，这些是清王朝统治的核心区域，它鲜明地表明了乾隆帝的政治意图，即将传统中原地区视为政治中心，而满、汉、蒙古则是维系国家治理的核心力量。如果真如"新清史学派"所言清朝是"满洲帝国"而非"中华"，那么乾隆帝应该很清楚自己的统治中心是关外满洲本部，何必将内外蒙古、华北、华东都视为核心呢？其实，在乾隆帝看来，满、汉、蒙古三族的联合才是清朝统治长久维持的法宝，而自己所认可的中国则必然是统合汉、满、蒙古、藏、回等各族的中华王朝。"新清史学派"以意识形态的偏见解读清代历史，其观点尽作笑谈罢了。

　　清代绘制的《皇清职贡图》是为颂扬其治下多民族国家实现大一统的盛况，为维护多民族国家的统一，在文化和思想宣传中极力强调内地与边疆政治上的一体性。清最高统治者为边疆入主中原的少数民族，他们反对"华夷之别"的思想，极力通过各种方式强化边疆与内地共为一家的民族共同体意识，即我们都是中国人。通过《皇清职贡图》，可以清楚看到清朝建设中华民族共同体的努力。虽然"中华民族"的概念是清末梁启超先生提出的，但在中华五千年历史中，历代中央王朝和边疆各民族对中华民族共同体的形成都作出了贡献。其中，尤以清王朝对大一统贡献最为突出，因为它奠定了今天中国的疆域基础。

　　《皇清职贡图》描绘的中国境内各族都为中华民族的形成作出了贡献，各民族通过交往交流交融形成一个共同体，共同推动着中华民族的进步与发展。

《皇清职贡图》书影

118

他乡变家乡：锡伯族万里西迁新疆

李宜蔓　焦建成　郑　茜 *

　　习近平总书记在 2019 年全国民族团结进步表彰大
会上指出："我们伟大的精神是各民族共同培育的。"锡
伯族万里西迁就是这样一段熔铸了以爱国主义为核心的
中华民族伟大精神的历史佳话。

　　1764 年 3 月 29 日，入清的朝鲜使团团长金祖正，在盛京（沈阳）遇上了一件令他难忘的大事：闻沈阳将有点兵送边之事，要到新疆极西之地，距北京一万多里。驻军集会西门外，亲戚送别，男女涕哭，惨不忍睹，俄而，三次炮响，哭声顿止。

　　三声炮响将锡伯部队送上万里戍边的征程。金祖正记载这段故事的信件，成为这次万里西迁的生动见证。

---

* 李宜蔓（采写），中国民族博物馆馆员；焦建成（受访），中央电视台节目主持人、编
　导、栏目主编，中国电视纪录片学术委员会会员；郑茜（受访），中国民族博物馆副馆
　长，"东归西迁展"策展人。

《西迁画卷》局部，翟跃飞作（中国民族博物馆　藏）

120

一封调兵信

锡伯族万里戍边是清朝统一后的一次重要移民迁徙。清廷平定准噶尔叛乱之后，为巩固刚刚收复的新疆，在伊犁设"伊犁将军"。乾隆二十七年（1762年），第一任伊犁将军明瑞视察边境时发现，伊犁地区各族人民遭受数十年战乱，地荒牧凋，生产力受到严重破坏，边防空虚。他便给乾隆皇帝写信，提出调1000名盛京锡伯兵屯垦戍边。

生活在白山黑水间的锡伯人彪悍忠义，善骑射，能打仗。康熙年间，锡伯族大部迁至盛京。严酷的自然地理、寒冷的气候条件、多次生计方式的转变以及百年戎马生涯的锻炼，培养了锡伯人豪爽强悍、兼容并蓄、吃苦耐劳和坚忍不拔的民族品格和心态。1764年，清廷从盛京各处，调遣年富力强的锡伯士兵1000名，防御、骁骑校20名，连同眷属3275名，历经一年多的长途跋涉，于乾隆三十年（1765年）七月抵达伊犁绥定一带。

万里西迁路

锡伯西迁兵众于乾隆二十九年（1764年）农历四月初十和四月十九分两批从盛京出发前往伊犁。告别家庙之后，他们毅然决然踏上万里征途。

清廷要求三年必须到达，而他们只用了一年零三个月。西迁队伍因按照规定走塞外路线，路途遥远，人烟稀少，且多崇山峻岭。他们在八月下旬到达乌里雅苏台时，蒙古高原已是严冬季节，青草无存，又逢暴风雪，人疲畜弱，被迫就地扎营过冬。其间，大批牲畜因缺乏草料、瘟疫流行等死亡。后经多方协调，锡伯兵民向乌里

锡伯渡石碑

雅苏台将军借用一批马驼牲畜，继续西行。队伍行至科布多一带，因阿尔泰山脉积雪融化导致山洪，被困数日，绕道科齐斯山而行。又逢额尔齐斯河汛期，只能用绳子拴着木筏艰难渡河。焦建成介绍现在那里可见一个叫"锡伯渡"的石碑，以纪念这段历史。

除恶劣的自然天气外，长途跋涉还面临粮食断绝，靠挖野菜充饥的困境。至今锡伯族每年开春时，仍要采摘一种名叫"乌珠穆尔"的野菜，来纪念西迁路途的艰辛。

这一路，他们顶着严寒酷暑，跋山涉水、风餐露宿、断菜绝粮，横穿漠北，最终克服了无数艰难险阻，提前两年抵达我国西部边陲，开启了锡伯族在伊犁200多年波澜壮阔的历史。

他们离开盛京时登记总人数为4295名，途中出生婴儿350余名，到达伊犁时，总人数为 5050 名。郑茜认为，这是一个象征，代表这群人不是走入绝境，实际是在完成一个新生的过程，这支戍边队伍的薪火相传从出发便开始了，有很好的象征意义。

他乡变家乡

抵达伊犁的锡伯族军民，于 1766 年被安排到察布查尔地区组建锡伯营，成为"伊犁四营"之一。作为集军事、行政、生产于一体的组织，锡伯营数次参加平叛斗争，为维护祖国统一和新疆安定作出了突出贡献。

19 世纪 20 年代，为平定"张格尔之乱"，锡伯营总管额尔古伦两次带兵赴喀什和阿克苏远征。1826 年 8 月，在喀什被张格尔围城多日、清军兵马粮草殆尽的关键时刻，额尔古伦带领 800 多人杀开一条血路，突出喀什城，并在之后的战斗中最终活捉了张格尔。锡伯族官兵据此创作的《喀什噶尔之歌》，流传至今。

从骑马射箭、保国戍边到修渠垦田、守护家园，锡伯族对新疆地区的防卫和发展做出了卓越的贡献。除了平息"张格尔之乱"外，锡伯族还立下许多军功：换防塔尔巴哈台、换防喀什噶尔、防守卡伦、驻守台站、巡查边界、抵御沙俄侵略、参加驱逐阿古柏侵略者的战役。1808 年，锡伯营军民经过 6 年多的辛勤，在伊犁河南岸挖出一条长 200 余里的人工渠——察布查尔大渠，让 8 万亩荒地变为粮仓。这是一条改变锡伯命运的大渠，西迁锡伯族从此真正地扎下根来，世代守护边疆，他乡成家乡。

焦建成提到他们还在察布查尔县复刻了一座形制与盛京家庙完全一致的锡伯家庙——靖远寺，意为镇守边疆。在焦建成看来，这是新疆锡伯族的精神寄托。东北家庙和靖远寺遥相呼应了 200 多年，两地之间的锡伯人远远相挂相望。至今，东北的锡伯人家里还保留着家谱。每一本家谱上都有一个临时记录的拨往伊犁的人名，可见念远情深。

"锡伯族一路走来，把中华文化的主体精神捆绑着背在包袱里带到了察布查尔。西迁是军人与国家利益休戚与共的毅然决然，是军人执行力的高度自觉，是中华民族的伟大精神。"焦建成形象地说。

石刻西迁路线（中国民族博物馆　藏）

民族文化传承

锡伯族戍守卡伦哨所，带来了一种民族文化的有机传承。新疆锡伯族家家户户都藏有很多手抄本的古典名著，最早期用锡伯文书写，后用汉文。焦建成讲述了"辉番卡伦来信"的故事：有一年在边境发现了一封当时驻守辉番卡伦的侍卫长的信件。他受命到这个卡伦带兵，到达后写了一封信给他的朋友，信上记述了伊犁的景色、战争准备的过程及他们驻守卡伦的生活，这是一份珍贵的历史档案。

锡伯族很多老人都有抄写古版名著的经历。这是因为士兵长年

锡伯族满文手抄名著故事

在哨卡，与家里没有联系，以书信表达想念，时间长了，书信内容增加了抄写经典故事的内容。久而久之，誊写古典文学在整个城堡和哨所蔚然成风，最后还形成了锡伯族一种特殊吟诵格式——朱伦吟诵，像演唱一样把古典著作一段一段地吟诵。今天，察布查尔县还能找到很多四五十岁很擅长朱伦吟诵的人。

为记录这段历史，并保护传承锡伯族文化，郑茜带领团队制作了"东归西迁"的展览。他们在新疆的锡伯族中征集到很多民间画家的作品、刻石以及民间诗歌，非常详细地描绘了西迁的故事。

"东归西迁展"创造了一个记忆载体。著名画家翟跃飞创作了锡伯族西迁长画卷，来完成历史的记录，生动再现了西迁的动人场景。展览中还有一些很重要的文物，如明瑞将军的信、"喜利妈妈"、家谱等。郑茜认为这段历史虽然留下的物质载体不多，但它的重大意义以个别物化的形式留在人们记忆当中，人们去理解这段历史，更多是感受万里戍边精神的传承。

为了融入当地，锡伯族将语言、文字进行了两次改写，并使自己成为精通新疆地区多种民族语言的民族。焦建成认为，东北和新疆的锡伯族，都以各自不同的方式来传承其文化，同时又将中华文化主体的内涵传承下来，共同守护着中华民族大家庭，这就是中华民族你中有我、我中有你的体现。

万里戍边精神

在采访中，两位专家对锡伯族的西迁充满敬意：他们服从国防需要，闻令而动；他们积极适应新的环境，以开放的心态既传承故土文化，又融入当地特色；他们军功卓著，抗敌戍边，同时改造了当地生态环境，泽被后代。

郑茜认为，锡伯族在国家需求中重塑自身，把国家需求变成自我需求。锡伯族万里戍边的精神留给子孙后辈的是一种深刻的生命记忆，同西方崇尚个体很不相同，中华各民族生活在中华大地这样一个地理空间，经过几千年文明相互浸染，集体主义精神深植中华各民族骨血，家国一体是中华民族真正的主体精神。

至今，每年农历四月十八"西迁节"时，在新疆、在东北，两地锡伯族，遥望远方，传唱起"西迁之歌"——

> 每一个嘎善都是一个英雄的城堡，
> 用生命和鲜血保卫了每一寸土地！
> 啊，二百年来的历史功勋谁来评说？
> 中华民族的史册上写进光辉的一页！
> 雄伟的乌孙山可以作证锡伯的忠诚，
> 心脏和着祖国的脉搏跳动在一起！

——节选自关兴才创作的锡伯族叙事长诗《西迁之歌》

126

和合交融

阳关内外，故人不绝

郑炳林 *

"劝君更尽一杯酒，西出阳关无故人"，唐朝诗人王维《送元二使安西》中这一脍炙人口、家喻户晓的诗句千百年来留给我们太多的遐想与释读，让阳关这个边陲官驿被世人所知。那么诗句中的"阳关"到底在哪里？它在历史上究竟有着怎样的地位和作用？

阳关就如丝绸之路上的一扇大门，它是中原经敦煌郡前往西域并与西方世界交往交流的重要关隘，门内门外络绎不绝的人来人往使得丝绸之路多元文化交流得以实现。

"阳关"名称的由来

关于阳关的得名，传世史籍与敦煌文献皆有记载，一般认为阳

---

* 郑炳林，教育部人文社会科学重点研究基地兰州大学敦煌学研究所所长、兰州大学教授、博士生导师。

关因在玉门关之南，故曰阳关。另外一说，称一杨姓官员追逃亡罪犯出此关，因名阳关。实际上它是因移民村落而命名的关塞。

西汉武帝太初四年（前101年）将玉门关西移至敦煌西，位置就在后世阳关一带，并将这一塞城改称为玉门关，作为一个军事和出使共用的关隘。

汉武帝后元年间（前88年—前87年）又将玉门关北迁到今敦煌西北小方盘城，而玉门故关改称阳关。

笔者认为，阳关的得名极有可能与所在地的移民有关。从西汉元狩二年（前121年）起，就有一批来自南阳、颍川郡的移民迁徙到这里，建立村落，因此其中就有一批来自颍川郡阳翟阳关聚的移民，以阳关聚命名新的关隘。

另外，也有一种可能，他们是根据成皋的玉门和阳翟的阳关的地理位置来命名敦煌西部的阳关和玉门关。阳关与玉门关分置之后，凡是与军事相关的事务都经由玉门关进出，阳关负责与西域地区通使和商业贸易往来。

沟通西域的要地

西汉的敦煌是经营西域的基地，也是与西域诸国商业贸易的都会。敦煌郡阳关在西汉经营西域的过程中、在与西方世界交流的过程中发挥着至关重要的作用。

敦煌郡的设置和阳关的设置与经营西域间存在着紧密联系。

西汉时期的敦煌郡是西域诸国客使进入汉地的首站。西域诸国客使一般经由阳关入塞，进入敦煌郡后，西汉朝廷或敦煌郡境内诸置（置为古代传递文书的驿站）会派专人护送往东行进；待从长安返回西域时，敦煌郡诸置还须派人将他们护送回国。

阳关实际上是出敦煌往西域的必经之关隘，《汉书·西域传》记载西域诸国的里程时，都要记载本国到阳关的距离，说明西域诸国之人行经阳关前往西汉长安，敦煌阳关是他们必须经过的关隘。阳关置关都尉，关都尉负责关隘的守护和检查过往行商使者，还负责护送外国使者和行商。

物资转运的枢纽

阳关是西汉经营西域的物资存储与转运的必经之地，位于西汉敦煌郡西行交通的西端，阳关附近的龙勒置是进入敦煌的第一个驿站。

敦煌郡的九个驿站，东起渊泉置，西行经冥安、广至、鱼泽、鱼离、悬泉、遮要、敦煌，最西到达位于阳关附近的龙勒置。西出阳关之后，行经白龙堆道，经过文侯障，往西到达楼兰附近的伊循，大概需要三十天时间。

西汉经敦煌运送到西域的各种军备物资以及屯田军队士兵、官员和家属，都是经过龙勒置出阳关前往西域地区的。

西域诸国客使向西汉朝廷贡献的名马、橐驼等物种，酒曲等特产也是经由阳关到达敦煌，然后前往长安等地的。

同时西域商团携带大量的商品物资赴敦煌、长安进行贸易；西汉在西域的行政管理机构西域都护与西汉中央朝廷间信息沟通，皆是经由阳关往来的。

西汉先进的铁器和冶炼技术、医药和医学技术、丝绸和纺织技术、纸张和造纸技术等也是经由阳关沿着丝绸之路向西传播的。

可见，在汉代敦煌发展过程中，阳关起了不可估量的作用。

文化交流的大门

阳关是西汉经营西域迎送接待往来使者的关口，是朝廷与西域通使和亲的关隘。细君公主、解忧公主经由敦煌前往乌孙，当时阳关和玉门关还没有分置。

甘露三年（前51年）解忧公主返回长安行经敦煌郡，根据敦煌悬泉汉简的记载，西汉迎接解忧公主是经由龙勒置驿站进行，用传马送解忧公主等人经过，就是说公主是经阳关入塞，而不是经玉门关进入的。

因此阳关设置的主要目的就是为了加强同西域诸国通使的需要，也可佐证阳关是中原与西域交往交流交融的关隘。

西出阳关有故人

唐代高僧玄奘从天竺取经归来，东进阳关返回长安。边塞诗人岑参于天宝年间两次赴西北边塞安西都护府和北庭都护府任职，也屡经阳关，更留下"阳关万里梦，知处杜陵田"的千年佳句。

随着海上丝绸之路的繁荣，阳关渐趋萧条，昔日繁华的边关，终至颓毁。

曾经，作为丝绸之路通往西域的重要关口，阳关长期发挥着极为重要的桥梁和纽带作用，迎送往来的使者，保护过路的商旅，见证了东西文化交流的辉煌历史。

今天的阳关，不再是王维笔下"西出阳关无故人"的荒凉之地，已然成为见证古代丝绸之路辉煌的重要遗迹，它代表着一个文化符号，是人类共同的文化遗产。

阳关遗址以及阳关博物馆等形成了新的组合，迎接来自世界各地的参观者，继续向世人展示着它昔日的辉煌。

中山国：拥抱中原文明的诸侯国

刘卫华 *

中山国，是春秋战国历史上一个富有传奇色彩的诸侯国。战国时期，"万乘之国七，千乘之国五"，中山国是战国十二强之一，而且是其中唯一一个由游牧民族建立的国家。

在列强争雄的春秋战国时期，中山国的命运几度沉浮，发展历程饱经风雨。中山国凭借威猛善战的雄风、不屈不挠的强大韧性、善于吸收的包容精神和灵活多变的外交策略，一度在群雄间纵横捭阖，创造了独特而辉煌的传奇。

白狄东迁

中山国的发展历程扑朔迷离，留下了许多待解之谜。当前比较

---

* 刘卫华，河北博物院二级研究员，河北省博物馆学会理事长。

一致的看法是：中山国由白狄鲜虞部发展而来。春秋前期白狄居住在陕北一带，过着逐水草而居的游牧生活，时而投向晋，时而倒向秦。

春秋时期，北狄分为赤狄、长狄、白狄、众狄等多个部族，一度南下同中原诸侯争夺生存空间，先侵邢伐卫，后又攻齐鲁，纵横中原大地。北狄势力的南侵，遭到了以齐国为首的中原诸国的强烈抵抗，"尊王攘夷"成为一时口号。

春秋时期狄部与晋国的关系曾一度比较密切，晋国公子重耳因受骊姬所害，流亡狄部12年并娶狄女季隗。晋文公继位并重振晋国后"作五军以御狄"，重创北狄部。晋文公去世后，白狄将晋文公在狄所生之子送回晋国争夺君位，被晋襄公挫败。后经晋景公的继续努力，曾经势力大张的赤狄和骁勇一时的长狄均被晋国消灭，而一向较为弱小的白狄却在陕北地区顽强地生存了下来。

在赤狄和长狄被灭的形势下，白狄部族的生存环境相当恶劣。它的邻居，一边是虎视眈眈的晋国，另一边是野心渐勃的秦国。白狄夹在秦、晋之间，时而是晋国用来反对秦国的长矛，时而是被秦国利用抵挡晋国的盾牌，进退维谷、战战兢兢。

春秋后期，由于遭受秦国的挤压，又受到晋国和戎政策的诱惑，白狄离开陕北东迁。他们一路征战，到春秋晚期东迁到今山西、河北一带。

东进之路，血火交织，白狄鲜虞部历经无数血雨腥风最终在太行山东麓立足，仿照中原诸国的政治、军事制度建立起了中山国，并与仇由、肥、鼓结成联盟。

公元前506年，"中山"之名首见于《左传》。在今河北省境内的太行山东麓一带，中山国与周边的强国相抗衡，成为一支彪悍的争雄力量，不断开疆拓土，于王厝在位时到了鼎盛辉煌，"错处六国之间，纵横捭阖，交相控引，争衡天下"。

雄强中山

中山国的发展历程也是游牧民族逐渐融入中原文明的历程。中山墓葬出土的五指形活动窗架、铜匏壶、提链铜壶、金盘丝、虎形金饰片等许多文物具有鲜明的游牧民族色彩。中山王墓出土的列鼎、编钟和众多青铜礼器则具有中原风范，总体上体现出游牧风格与中原气质相融合的特色。中山国造型别具一格的青铜器，分明透露出中山国的文化密码和独特风韵。

鹰柱铜盆，造型极富气魄。盆内中央的圆柱上站立一只昂首展翅的雄鹰，鹰的双目圆睁，长喙尖利，羽毛丰满，振翅欲飞。鹰的双爪正紧紧攫住两只蛇头。苍茫天空中展翅疾翔的雄鹰，是草原上一道美丽的风景。中山人来自草原，敬慕鹰的机敏和勇猛，渴望自己就是那只攫蛇在手的雄鹰。这件以鹰装饰的威猛器物，传达的是那裹挟着草原雄风的英雄意象。

虎，是百兽之王。错金银虎噬鹿铜屏风座是中山国的代表性文物，老虎身躯矫健，勇猛威武，正奋力将捕捉到的小鹿送入口中。猛虎吞噬小鹿的造型，鲜活地展示出中山国的虎虎雄风。一代代中山人在开疆拓土的奋斗中，多么希望自己就像这猛虎，威风八面，征服弱小。

中山国长期在乱世中争雄，在列强的夹缝间顽强生存，几度兴亡，又一次次奇迹般地复兴，支撑起不屈斗志的正是如猛虎般的无畏精神和勇武血气。

错银铜双翼神兽，是中山国独一无二的文物。这套神兽共有4件，两两成双，威风凛凛。神兽似狮非狮，大口张开，獠牙外露，利齿交错，长舌伸吐，显得相当凶猛。神兽的身躯壮硕，利爪有力，身体两侧有一双翅膀，似乎即将腾空而去。

错金银虎噬鹿铜屏风座，
出土于河北省平山县战国中山王厝墓

错银铜双翼神兽，出土于
河北省平山县战国中山王厝墓

这神兽到底是什么动物，至今难有定论。但比较明确的是：神兽是多种动物形象和多重文化意象的完美组合——它是兽与鸟的融合，是刚与柔、力与美的融合。神兽所反映出的交融互化的整体风格，是草原文明融合中原文化的生动写照。

生存智慧

春秋战国时期列国争雄，血火交织。在那样的环境里，弱小的白狄部立足发展、由弱变强需要足够的生存智慧。而中山国的发展历程也证明，它有足够的智慧，那就是积极学习和吸收中原文明。

中山国虽然长期被当时的中原诸国视为戎狄，但却一直表现出融入中原文明的强烈渴望，这从中山国遗址和墓葬出土的诸多文物可以看出。

白狄在陕北时期开始就不断与中原通婚。写于公元前578年的奇文《吕相绝秦书》中，就有"白狄及君（秦桓公）同州（同属雍州），君之仇雠，而我婚姻之"。大名鼎鼎的晋文公的母亲是大戎狐姬，其妻子季隗也是狄部主动献予的。

东迁后的中山人定居、务农，制作青铜礼器，吸收中原思想文化。中山王墓出土的"中山三器"——铁足铜鼎、刻铭铜方壶和铜圆壶均刻有长篇铭文，不但记录了中山国的重要史实，而且文辞优美、书法精湛，具有高度的文化内涵。

在"三器"铭文中，"克顺克卑""纯德遗训""穆穆济济""驭右和同，四牡汸汸"等大量语句是对《左传》《周书》《礼记》《乐记》《诗经》《春秋》《国语》等的直接引用或改造。另外如"慈孝宣惠，举贤使能""籍敛中则庶民附""惟德附民，惟义可张""夫古之圣王，务在得贤，其即得民"等，也明显表现出对儒家重仁、重民、重贤等思想的吸收和宣扬。

中山国地理位置优越，西倚太行山，既享山林之利，又有丰富的矿产资源；东临广袤的华北平原，土地肥沃，农业发达。境内商业繁昌，以"多美物"著称，铜铁冶铸、制玉、制陶工艺均达到很高的水平。

中山国兼收并包、富于探索，在发展中既保持了游牧遗风，具有崇尚勇武、刚强豪放的精神，又积极融入中原文明，成就了一时强大，也为后人留下了当时民族融合的宝贵资料。

鹰柱铜盆，出土于
河北省平山县战国中山王厝墓

"中山三器"之一刻铭铜方壶，出
土于河北省平山县战国中山王厝墓

137

命运变奏

中山国前期的发展得益于其在空中走钢丝般出色的平衡能力，这包括文化吸收与保留间的平衡、在诸多诸侯国间的周旋平衡、崇儒与尚武间的平衡等。但是，中山国却没有能将这种平衡保持长久。王𰙓去世之后，中山曾经的辉煌与荣耀像风中的烟雾被吹散得无影无踪。中山国成败兴亡的历程，颇让人深思。

铜质胡服俑，出土于河北省平山县战国中山王𰙓墓

在中山王𰙓墓前的平台上，当地农民曾发现一件铜质胡服俑。这件铜俑是一名武士形象，身材短小精悍，头发披散结小辫，面部突起，双足并拢，身体下蹲，上身扭向左侧。

值得注意的是，胡服俑的服饰与中原地区的宽袍广袖显然不同，上身穿左衽长衣，立领、盘纽，腰系宽带，袖口窄紧，具有典型的游牧民族特点，非常适合作战需要。这也为我们研究赵武灵王胡服骑射改革提供了参考。

睿智的赵武灵王在与北方民族的作战中，发现传统的宽袍大袖的华夏服饰不适合骑兵作战，而游牧民族的简洁服装便于行动，因此决心改穿紧身窄袖胡服。公元前307年，赵雍下令在全国穿胡服、习骑射。胡服骑射改革打破了服饰的民族界限，便利了人们的生产劳动与社会活动，对文化融合发展产生了积极而深远的影响。

与赵武灵王推行胡服骑射相对应，中山国的服装却日趋华丽。从中山成公墓出土的银首人俑灯服饰上可以窥见当时中山国上层人物的服装风格。这件银首人俑铜灯的主体形象是一名男子，身着当时华夏地区流行的深衣。其所着深衣交领右衽，曲裾缠身多层并呈"燕尾"状曳地，衣服还上饰有红黑相间的华丽卷云纹。

深衣改变了过去服装将上衣下裳分开裁制的做法，其基本特征是：交领、右衽、系带、宽身大袖，上下相连接但又保持一分为二的界限，穿着方便，飘逸洒脱，是对服装的一种改良。

这件男俑的服饰固然不能完全代表中山国的上层服饰，但连侍俑都着宽袍大袖的华服，中山王的衣着应该更为华丽。战国时期上层贵族尤其是君王的喜好对服饰的潮流有非常大的影响，如"齐王好穿紫衣，举国皆服紫"。

赵武灵王通过胡服骑射改革，吸收了来自游牧民族的灵活与野性，增强了军队的战斗力。而中山国对武备的荒怠，出现了"战士怠于行阵""农夫惰于田"的局面。

当赵武灵王换上英武的胡服，巡走在赵国与中山的边界，把虎视眈眈的目光投向中山国灵寿城的方向，王厝看不见紧衣窄袖的赵武灵王已经做出了进攻的姿势。

赵武灵王十九年（前307年）起，赵国连续发动对中山国的进攻。面对赵国的进攻，中山国进行了苦苦抵抗，但可惜已无力回天。公元前296年，赵国攻陷中山国都灵寿古城，中山国遂告灭亡。

在历时二百余年的征战与融合中，中山国演绎了一段段可歌可泣的动人故事，创造了交互融合、独具特色的文化，在春秋战国时代的民族文化融合中具有典型意义。

银首人俑铜灯，出土于河北平山县战国中山成公墓（戚佳　摄）

《三国志》最早的手抄本出现在新疆

阿迪力·阿布力孜 [*]

要想真正了解三国历史，就要读西晋陈寿的《三国志》。《三国志》写于公元 3 世纪末，仅仅几十年就传入并流行于西域地区。

现藏于新疆维吾尔自治区博物馆的《三国志·吴书·孙权传》和《三国志·魏书·臧洪传》抄本残卷，是我国现存最早的《三国志》抄本残卷。

成书不久，即传西域

1965 年 1 月 10 日，一位农民在吐鲁番市南郊英沙古城一座废弃的佛塔下层发现一个陶罐。罐内装着《三国志》残抄本两卷，还有《妙法莲华经》等佛经残卷、桦树皮汉字文书、梵文贝叶两片、

---

* 阿迪力·阿布力孜，新疆维吾尔自治区博物馆研究馆员。

回鹘文字木简 25 枚及其他文物。

《三国志·吴书·孙权传》手抄本纵 23 厘米，横 72.6 厘米，本卷为纸本，作乌丝栏，残存 40 行，墨书 570 余字。第一行仅存一"巫"字的左侧残画，是原文中"是岁刘备帅军伐至巫山秭归"中"巫"字左半部分；最后一行是"敕诸军但深沟高垒"中的"高"字。与传世的宋刊本《三国志》核对，其内容完全相同。

《三国志·魏书·臧洪传》残卷为纸本，纵 24.5 厘米，横 34 厘米，作乌丝栏，残存 21 行，每行 28—29 字。首行仅存"不蒙观过之贷"的"贷"字。最末一行到"救兵未至，感婚姻之义"的"感婚姻"三字。全段文字除有两处个别字缺损以外，余皆清晰可认。字作隶书八分体，比较同出的《吴书·孙权传》字迹较小，捺笔也没有那么重，显然不是同一人的书体。

这两件《三国志》手抄本出土后，引发国内学界关注，郭沫若对《三国志·吴书·孙权传》进行了深入研究，有关部门对其纸张的物理化学结构进行了检测和分析，得出这本《三国志》的抄写年代为 265—420 年，而陈寿的《三国志》写于公元 3 世纪末，可见其成书后迅速出现在西域，从中不难看出魏晋时期中原和西域有着非常密切的交流，当时的文化传播速度之快，超出了今人的想象。

"经生体"《三国志》抄本

当我们仔细观察吐鲁番出土的《三国志·孙权传》和《妙法莲华经》残卷，会发现两件文书的字体是一致的，既不同于当时流行的隶书，也与当时兴起的楷书不同，因而被专家们称之为"经生体"。

"经生体"就是抄写佛经时使用的字体，也叫"抄经体"。汉代，佛教传入西域，到魏晋南北朝时期逐渐兴盛。在印刷术还未出现或者未普遍使用时，抄写佛经是一种必然的选择，也被认为是一件功德无量的事情。由于需求量大，而且对抄经的质量要求较高，后来人们大都委托寺庙的僧侣来抄写。于是，抄写佛经的"经生"在佛门形成专门的行业，而抄经的字体也逐渐形成"经生体"（"抄经体"）。

《三国志·孙权传》抄本残页中记叙的吴国国主孙权的传记，与佛教没有什么关系。那么，为什么当时的抄写者要用"经生体"抄写《三国志》呢？

我们是否可以推测，《三国志》传入西域高昌后（吐鲁番当时称为高昌），深受当地居民的喜爱，所以佛寺的僧侣们在抄写佛经之余，也为人们抄写《三国志》？

这件文书用笔丰腴、字距紧密、使转灵活、富有动态，可见其书写速度较快，我们从中可以领略到1700多年前吐鲁番人书法艺术的风采。

吐鲁番市英沙古城遗址出土的《三国志·吴书·孙权传》抄本残卷

见证中原文化对西域的影响

三国时期，魏、蜀、吴之间征伐不断，但中原与西域的政治、经济、文化的联系并未中断，特别是魏国与西域的联系比较密切。

陈寿在《三国志·乌丸鲜卑东夷传》序中说："魏兴，西域虽不能尽至，其大国龟兹、于阗、康居、乌孙、疏勒、月氏、鄯善、车师之属，无岁不奉朝贡，略如汉氏故事。"可以看出，西域的龟兹、于阗、康居、乌孙等视魏国如同汉朝，每年都派遣使者到魏国进贡。

三国时代，以魏最强。魏文帝黄初三年（222 年），重置掌管西域屯田事务的戊己校尉，以张恭领其职，继续号令西域。晋承魏制，置戊己校尉于高昌，西域长史于海头（楼兰古城西南）。可见魏晋之世，中原政局虽纷扰不宁，今新疆东部的高昌、楼兰、伊吾（哈密古地名）三地仍隶属于中央王朝的有效治理之下。

20 世纪初，英国探险家斯坦因在尼雅遗址发掘出两枚晋简，两者文义相连，读作"晋守侍中大都尉奉晋大侯亲晋鄯善、焉耆、龟兹、疏勒、于阗王写下诏书到奉"。表明西晋之诏令已通行于塔里木盆地五国。

魏晋时期，很多中原官兵驻守楼兰、高昌等地，在西域屯田，将先进的生产工具和耕作技术带到西域，促进了当地的经济发展。与此同时，中原的传统文化也传入西域。

汉代以后，新疆与中原地区的联系就非常紧密，例如启蒙教育使用的教材与中原地区保持高度一致，中原地区用《仓颉篇》，新疆也用《仓颉篇》；中原地区普及《千字文》，新疆很快也用《千字文》。

经鉴定，新疆出土的晋唐时期的纸本和敦煌出土的古纸一样，均使用中国传统造纸原料。除了汉文纸质文书和木简之外，考古人员还在民丰县和若羌县楼兰等遗址墓葬中发现了大量汉晋时期丝绸。

丝绸、简牍、纸张都是不易保存的有机物质，《三国志》能够历经 1600 余年保存至今，主要得益于新疆干燥的气候条件。

吐鲁番英沙古城遗址发现的《三国志》残本，虽然不够完整，但纸质精良，书写的文字规整清晰，为中国古文字对比研究提供了十分珍贵的实物资料，有极高的学术研究价值。除此之外，1924 年在新疆鄯善县出土的《三国志》残卷，残存《三国志》卷五十七《虞翻传》至《张温传》部分内容，共 80 行，1090 余字，原件流入日本，现藏于东京台东书道博物馆。

新疆发现的这三件《三国志》写本的字体都比东晋、十六国时期简纸所见的字体更早，应该都写于西晋时期。也就是说，在陈寿成书之后到西晋灭亡（315 年）之前的短短 20 年内，《三国志》已传入新疆，可见当时中原文化在新疆地区传播速度之快、影响之深。

回鹘佛教：汉传佛教的"翻版"

杨富学*

佛教传入中国后与儒、道思想融合，形成了具有民族特色的汉传佛教。此后汉传佛教传到日本、朝鲜、越南等地，或回传中亚、印度。我国古代少数民族也大多受到汉传佛教不同程度的影响。其中，曾对我国北方诸族（如党项、契丹、女真、蒙古）产生过重要影响的回鹘佛教，就是在汉传佛教直接影响下产生的。

回鹘佛经大多来自汉文佛经，深受汉文影响，回鹘佛教承袭汉传佛教信仰传统。可以说，回鹘佛教是汉传佛教的"翻版"。

回鹘文佛经大多来自汉文佛经

回鹘与佛教的接触，最早可追溯到 7 世纪上半叶，但影响甚微。

* 杨富学，敦煌研究院人文研究部部长、研究员，敦煌研究院学术委员会副主任。

唐宋时代，中原佛教兴盛，对回鹘产生了强大的影响。史籍记载高昌回鹘、甘州回鹘，都不断派遣僧尼入贡宋朝。965 年，高昌回鹘和甘州回鹘分别派遣高僧为使入宋朝贡。998 年，甘州回鹘遣僧人法胜入贡宋朝。1004 年，甘州回鹘遣进奉大使、宣教大师宝藏等来朝贡。1007 年，甘州回鹘遣尼僧法仙来宋朝贡。1068 年，高昌回鹘向宋朝遣使乞买金字《大般若经》，宋朝皇帝下诏赐予一部《大般若经》。这都表明中原与回鹘的佛教文化联系紧密。

9—15 世纪，众多佛教经典被译为回鹘文。从吐鲁番、敦煌、哈密等地发现的回鹘文文献看，《大藏经》中的经、论主要内容都已被译成了回鹘文，回鹘文佛经大多译自汉文佛经。

北凉至唐西州时期，吐鲁番佛教壁画都是以汉人为主体创作的，曾受到以敦煌莫高窟为代表的中原佛教艺术的强烈影响。人物造型丰肌秀骨，线条刚劲，色彩鲜丽，画面生动，与敦煌莫高窟唐代壁画的风格十分接近。回鹘高昌时期，吐鲁番佛教艺术在唐西州佛教基础上继续发展。吐鲁番回鹘壁画，大多数取材于汉传佛教的大乘经典，艺术表现形式无不体现出中原文化的濡染。

北庭回鹘佛寺的壁画又直接源于吐鲁番的回鹘佛画，许多题材来自中原，具有明显的唐宋佛教画风。这里发现的为纪念高僧而修建的影窟，也是照搬中原地区埋葬习俗。北庭佛寺遗址残存，不但有一定数量的汉文题记，壁面光胎和塑像的泥胎上还留下了汉族工匠的手迹。

回鹘佛教语言深受汉文影响

回鹘人不仅翻译汉文佛经，而且还翻译中土僧人的传记，如慧立、彦悰所撰《大慈恩寺三藏法师传》就被回鹘著名翻译家胜光法师译为回鹘文。净土宗创始人慧远传记及玄奘所撰《大唐西域记》

也被译为回鹘文。

本不为历代大藏经所收、由中土汉僧伪撰的佛经，也在回鹘广泛流传。《父母恩重经》是中土僧人编撰的，一般被视作伪经，但这并未妨碍它在民间的流传，其劝人行孝、通俗易懂而深受民间欢迎。此经被译为回鹘文，也在回鹘社会广为流传。

回鹘人对汉文佛经的翻译很灵活。有的采用对等直译，如《华严经》《金光明最胜王经》《阿毗达磨俱舍论》；有的不顾回鹘语的语序习惯，完全照搬汉文文体，如《俱舍论实义疏》的译本就是如此。

还有一些汉文佛经，虽未翻译，但却用回鹘文字母为其注了音，如《四分律比丘戒本》《圣妙吉祥真实名经》。更有甚者，有些佛经本非译自汉文本，但在遇到难解术语时，直接用汉字注明，说明在当时的回鹘佛教界已形成崇尚汉文的风气。

因为回鹘文佛经大多译自汉文，故有不少汉文佛教术语直接进入回鹘佛教语言，或直接取汉文原文，如大乘、小乘、佛僧、僧、布施、莲花、三藏、弟子、道人、慈、宗、法师、维摩经、金刚经等。

还有一些词，取汉语词为词干，联缀附加成分构成新词，如"慈悲"这个词就是以汉语慈（tsi）作为主干加上回鹘语附加成分 –yurka 构成的。

回鹘佛教的五台山信仰与文殊崇拜

汉传佛教多种法门宗派中，对回鹘影响较大的有禅宗和天台宗。净土思想在回鹘也有不小影响，汉传佛教所特有的十殿阎王崇拜在回鹘民间相当流行。回鹘对弥勒净土的崇拜也很盛行，这在哈密、吐鲁番等地出土的回鹘文《弥勒会见记》有集中反映。

回鹘佛教长期存在五台山信仰与文殊崇拜。五台山是文殊菩萨显灵说法的道场，文殊菩萨深被回鹘佛教徒尊崇，这从 19 世纪末

20 世纪初以来相继出土、刊布的回鹘文文献中可以看出。在敦煌发现的回鹘文献中也有《五台山赞》。

回鹘的五台山信仰，最早可追溯至宋代。《宋会要辑稿·蕃夷四》记载：僧人法仙作为甘州回鹘可汗的使者入宋朝贡，请求瞻仰五台山，得到宋朝皇帝的允准。至元代，五台山信仰在回鹘（畏兀儿）中依然十分流行。《佛祖历代通载》记载，高昌回鹘高僧舍蓝蓝毅然辞别宫廷远赴五台山修道，并于五台山修建普明寺，备置佛教经典一藏。无独有偶，元末镌刻于北京居庸关过街塔西壁的回鹘文《建塔功德记》，同样体现出回鹘人对五台山的景仰之情。

文殊释号称"智慧第一"，还有护国护王的功能。敦煌、吐鲁番出土的回鹘文文献表明，《佛说文殊师利法宝藏陀罗尼经》《大方广佛华严经》《文殊师利成就法》《文殊师利行愿经》《文殊所说最胜名义经》等经典是回鹘佛教徒所熟知的。直到明嘉靖年间，仍可以从河西地区回鹘文游人题辞中窥见回鹘佛教徒对文殊菩萨的景仰之情。当时回鹘佛教式微，只有河西走廊西端肃（酒泉）、瓜（瓜州）、沙（敦煌）地区，回鹘人在崇奉藏传佛教的蒙古豳王家族的护持下，始终保持旧有的佛教信仰，一脉独存。

苏巴什佛寺：见证佛学大师的隔空对话

王　瑟[*]

出新疆阿克苏地区库车市东北 23 千米，来到却勒塔格山南麓的一片台地上，就看见一片残垣断壁的土墙和各种各样造型的房屋遗址。这就是闻名中外的苏巴什佛寺遗址。

苏巴什佛寺是由佛塔、僧房、佛殿、禅房组成的庞大佛教建筑群落，总面积约 18 万平方米，被库车河分为东、西两寺。佛寺规模宏大、布局错落有致、气势磅礴，依稀可以想见当年佛教昌盛之时，寺院的雄伟与繁华。

这座当年的龟兹国佛寺，200 多年间，有两位佛学大师曾在此隔空开坛讲经。他们就是东晋时期的鸠摩罗什和唐朝的高僧玄奘。

魏晋南北朝至隋唐时期，地处丝绸之路中道的龟兹，扎根中华

---

* 王瑟，《光明日报》记者。

苏巴什佛寺遗址

文明沃土，秉持中华文化尚和合、求大同的思想，海纳百川、兼收并蓄，不断吸收东西方文化的精髓，造就了龟兹文化的繁荣。

　　龟兹文化博大精深，内涵丰富，它的核心与主流体现在佛教文化上。龟兹一度成为西域佛教文化的中心。

　　苏巴什佛寺即史书中记载的昭怙厘大寺，是学术界公认的龟兹历史上著名的雀离大清净寺，也是《出三藏记集·比丘尼戒本所出本末序》中所记的致隶蓝。它是龟兹常年经营的国寺。雀离、致隶、昭怙厘都是同名异译。它始建于魏晋时期，隋唐时期达到鼎盛。

　　公元 344 年，鸠摩罗什出生在龟兹。他的母亲是龟兹王的妹妹，所以他得到了在国寺出家的便利。7 岁时，随母亲在苏巴什佛寺出家。9—12 岁，他随母亲到罽宾，也就是今天的克什米尔地区，师从盘头达多诵读杂藏、阿含等经。3 年后，他随母亲一起返回龟兹。途中，他在疏勒、莎车、温宿等地学习、讲经。龟兹王，也就是他的舅舅听说他学成归来，亲自远迎，并专门为他造了金狮子座，以大秦锦褥铺之，并请他升座说法。

公元 382 年，即前秦建元十八年，前秦苻坚命部将骁骑将军吕光统帅七万大军征伐西域，降服焉耆、龟兹等西域绿洲城邦。之后吕光与其幕僚商议后决定东归，并将鸠摩罗什一起带往东返。鸠摩罗什在凉州（今武威）一住就是 18 年。在此期间，鸠摩罗什通习汉语，遍览汉文古籍及各类佛学经典。公元 401 年，即后秦姚兴弘始三年，后凉投降后秦，鸠摩罗什被后秦国主姚兴迎入长安，拜为国师，并请他在城北渭水之滨逍遥园的草堂寺内讲授佛学，同时主持佛经翻译。

鸠摩罗什到长安的那一年，已经 58 岁了。在后秦主姚兴的大力支持下，组成了一个有 800 余人参与的译经团队，鸠摩罗什的佛学译经生涯达到了鼎盛时期。在这个时期，鸠摩罗什和他的团队翻译佛经 35 部约 300 余卷。

鸠摩罗什一生佛经译著很多，诸如流传后世的著名佛学经典《金刚经》《法华经》《阿弥陀经》等，共译出经、律、论三藏 74 部 584 卷。由于他精通梵文、龟兹文、汉文，又在凉州居住生活了 18 年，对中原民情非常熟悉，所翻译的经文准确无误、简洁流畅、生动而契合佛法妙义，对中国佛学传播有着划时代的影响。一些我们现今都耳熟能详的佛学词汇，诸如"菩萨""神通""清净""极乐""菩提""舍利""罗刹""涅槃"等，就是由鸠摩罗什根据梵文原作创立和音译出来的。这些音译词汇精准表达了佛学概念，丰富了汉语词汇，增强了译文的通畅可读性。其译经成就斐然，且早于玄奘、真谛 200 余年，堪称中国三大佛经翻译家之首。

时光走过 200 多年后，唐朝高僧玄奘从长安而来，在苏巴什佛寺讲经说法。"荒城北四十余里，接山阿，隔一河水，有二伽蓝，同名昭怙厘，而东西随称。佛像装饰，殆越人工。僧徒清肃，诚为勤励。"《大唐西域记》里，他浓墨重彩地介绍了昭怙厘大寺。

贞观十九年（645年），玄奘西天取经回到长安。他从印度及中亚地区带回的佛典非常丰富，共657部，对佛教原典文献的研究有很大的帮助。回国后的第二年，他就开始组织翻经译场，首先在弘福寺翻经院进行，其后在大慈恩寺、北阙弘法院、玉华宫等处举行，直至麟德元年（664年）圆寂前为止，共19年，先后译出佛典75部，1335卷。所译之经，后人均称为新译。

他还口述，由辩机笔受完成《大唐西域记》。全书记述高昌以西玄奘所经历的110个和传闻所知的28个以上的城邦、地区、国家的情况，内容包括这些地方的幅员大小、地理形势、农业、商业、风俗、文艺、语言、文字、货币、国王、宗教等。

玄奘又奉敕将《老子》等中国经典译作梵文，流传到了印度。

一个学成后从西域来到中原的佛学大师，一个由中原前往西天取经的佛学大师，同时在一座佛寺里开坛讲经，将自己所学所思传授给他人，本身就是一次文化的碰撞，一次学术的探究，为世界留下了一段不朽的历史。苏巴什佛寺见证了两位佛学大师的隔空对话，留下一段动人的故事。

遗憾的是，曾见证了两位佛学大师的这座规模宏大、高僧云集的苏巴什佛寺，随着佛教的衰落，在9世纪遭战火所焚，13—14世纪逐渐被废弃，只留下一片断壁残垣，诉说着这片土地曾经的辉煌和信仰。

2014年6月22日，在卡塔尔多哈召开的联合国教科文组织第38届世界遗产委员会会议上，苏巴什佛寺遗址作为中国、哈萨克斯坦和吉尔吉斯斯坦三国联合申遗的"丝绸之路：长安—天山廊道的路网"中的一处遗址点成功列入《世界遗产名录》。

唐蕃古道：赓续千年的"黄金桥"

李　然　林婵娟*

唐蕃古道，起于长安（今陕西西安），终于逻些（今西藏拉萨），曾是大唐与吐蕃往来的交通孔道，也是中国连接尼泊尔、印度等地的国际通道。这条跨越今陕、甘、青、川、藏五省区的古道，全长3000余千米，距今至少有1300年的历史，被后世誉为各族人民友好往来的"黄金桥"。

关山千万重，天路变通途

这条古道始于关中平原，贯穿河湟谷地，抵于青藏高原，是见证和亲、会盟、文化交流和民族交融的重要文化线路。

古羌人是西藏与中原交通最早的开拓者之一。羌人首领无弋爰剑及其族人世居的河湟地区，是中原与西藏的过渡地带。无弋爰剑

* 李然，中南民族大学教授、博士生导师；林婵娟，中南民族大学民族学与社会学院研究生。

后裔曾赴东周洛阳拜见周显王，后"出赐支河曲西数千里"，迁往今青藏高原。可见，秦汉以前，青藏高原与内地之间已经存在一条比较畅通的交通路线。

汉代以后的历代中原王朝格外重视经营河湟地区。汉王朝为拱卫河西地区，一直维持着河湟道的畅通。西汉张骞出使西域，便多走此路。公元609年，隋炀帝亲率40万大军，以西巡狩猎为名，进攻吐谷浑，进一步稳固了河湟道、丝绸之路青海道的军事通道地位。

唐太宗贞观十五年（641年），文成公主自长安入吐蕃和亲。唐蕃古道以鄯城（今西宁）为中点，可分为东段唐域线路与西段蕃域线路两段。长安这座当时世界性大都市，是唐蕃古道的起点，文成公主与金城公主入藏都是从此处出发，借道丝绸之路南线一路向西。

唐始平县（今陕西省兴平市），唐中宗在这里为金城公主设宴告别，并对吐蕃迎亲使者"谕以公主孩幼，割慈远嫁之旨"，又下令赦免始平县死罪以下的囚犯，免除百姓一年税收，改此地为金城县，又改其乡为凤城乡，地为怆别里，以示对金城公主出嫁的纪念。

继续西行约310千米，便抵达唐蕃古道的第一座重镇天水，中国四大石窟之一的麦积山石窟便坐落于此。

告别天水，再过临洮至临夏，渡黄河，进入青海境内，再经过古鄯、乐都、西宁，抵达湟源。再翻越日月山，进入当时的吐谷浑境内。

再过倒淌河，经切吉草原、大河坝、花石峡、黄河沿，就到了文成公主与松赞干布会合的柏海（今青海省玛多县的扎陵湖地区）。

一路向南，即进入如今的玉树藏族自治州。再翻过巴颜喀拉山，过玉树清水河，西渡通天河，到玉树结古巴塘，溯子曲河上至杂多县，越唐古拉山口，经西藏那曲的聂荣县、嘉黎县，最终抵达逻些（拉萨）。

金玉绮绣，问遣往来

唐蕃古道贯通后，大唐与吐蕃之间的使臣不绝于路。从634年唐蕃初次交往到850年吐蕃王朝衰败，蕃使至唐125次，唐使入蕃65次，平均一年半就有一次使臣往还。其中，围绕文成公主和金城公主展开的以求婚、送亲、主婚等和亲使节往来达13次，围绕报丧、吊祭、朝贺、报聘等展开了30余次交往活动，为"偃兵息甲""和睦邻好"的划界、请兵、罢兵、会盟等军事往来40余次。特别是公元823年长庆会盟所立的唐蕃会盟碑，以汉藏双语重申了"舅甥亲近之礼"，镌刻着"崇姻继好""患难相恤""社稷如一"的会盟誓词。

那么，这条历史大道在后世何以赢得了"黄金桥"的美称呢？

根据汉文史籍记载，吐蕃多次以黄金向唐朝进贡。仅迎娶文成公主，吐蕃便"献黄金五千两"。以"金二千两，马千匹"求娶金城公主后，也多进金物，其中便包括"高七尺，中可实酒三斛"的金鹅，载有狮子、象、驼马等动物形象的金城以及金币、金胡瓶、金盘、金碗、金颇罗（金球）等。

2017—2021年，在陕、甘、青、藏、川、粤等8省区的10所博物馆单位同承共办的"唐蕃古道"大型文物展中，以黄金制成的唐代文物也不计其数，如唐镶金兽首玛瑙杯、唐鎏金仕女狩猎纹八瓣银杯、唐骑马射猎形金饰片、唐錾指金杯等。这说明，黄金是沿唐蕃古道朝贡的重要方物，于是在沿线人民的口口相传中，便引申出"黄金流动的道路"之意。

之所以称为"桥"，一来唐蕃古道一半以上的路程穿行在青藏高原上，用"桥"来隐喻高海拔地区行路之艰难；二来用"桥"寓唐蕃古道为"沟通的桥梁"。作为唐蕃双方往来的产物，唐蕃古道承载着文成公主入藏的姻亲感情，还蕴含着汉藏民族在经济、文化交流中的情比金坚的友谊，自然在后世便有了"黄金桥"的美誉。

唐蕃古道上频繁往来的使臣推动了农耕技术的传播。中原地区的农业技术随着公主、使臣及其随从工匠传入青藏高原。根据藏族民间传说，文成公主曾在今天的玉树地区传授农业生产知识，西藏广泛种植的芜菁，也是文成公主带去的种子；吐蕃人原本没有施肥习惯，而文成公主留居时间较久的山南地区，逐渐开始使用草木灰积肥。唐蕃古道沿线地区的农业生产水平几乎与中原地区一样，可谓"蕃人旧日不耕犁，相学如今种禾黍"（王建《凉州行》）。

古道沿途藏族同胞歌谣中，流传着赞扬文成公主传授医药卫生和生产技术的动人故事，如"求神打卦多年，疼痛总不离身，公主带来的曼巴（医生），治好了我的病根"（《公主带来的曼巴》）。

道路相望，欢好不绝

这是一条佛教文化传播之路。松赞干布引进并大力弘扬佛法，文成公主入藏带去了释迦牟尼 12 岁等身像和大量佛经。藏族同胞将唐蕃古道称之为"迎佛路"。

唐蕃古道也是中原地区高僧入天竺等地的求法取经之路。唐代玄奘入天竺、王玄策至泥婆罗（尼泊尔）便多走此路。元朝时，应八思巴之请至西藏的尼泊尔僧人也经此道而来，其中善于绘画和铸造金佛的阿尼哥还被邀请至大都（今北京）参与白塔寺的修建。

"自从贵主和亲后，一半胡风似汉家"，这是一条文化交融之路。自松赞干布时期开始，吐蕃人"释毡裘，袭纨绮"，还常派贵族子弟入长安国子监学习。吐蕃的天文、历法逐渐与中原一致，《西藏王统记》中有"时八十种博唐算经已流入藏地"的记载。

大唐乐舞杂技也在吐蕃广为流传。长庆二年（822 年），唐使刘元鼎前往逻些会盟，吐蕃赞普设宴款待，席间"乐奏秦王破阵曲，又奏凉州、胡渭、录要、杂曲，百伎皆中国人"。在金城公主入蕃一百余年后，吐蕃仍流行《秦王破阵乐》等风靡大唐的乐曲，说明了中原文化对吐蕃的影响之深。

吐蕃文化也逐渐渗透到中原人民的生活中。曾在长安风靡一时的马球便是从吐蕃传入的。吐蕃在迎娶金城公主时，唐中宗为示友好曾在梨园设置唐蕃马球赛，甚至派未来的玄宗皇帝李隆基以及杨慎交、武延秀等大唐马球高手上场，与吐蕃使臣酣畅比拼。唐玄宗即位后大力推广，马球走出宫廷，民间掀起空前的马球热潮。"球惊杖奋合且离，红牛缨绂黄金羁。侧身转臂著马腹，霹雳应手神珠驰"（韩愈《汴泗交流赠张仆射》），便是马球比赛热闹场景的生动写照。

吐蕃女子的锥髻、赭面、佩戴念珠璎珞等装扮方式，成为大唐女子的时尚。"元和妆梳君记取，髻堆面赭非华风"（白居易《时世妆》），生动再现了大唐女子以赭面化妆的潮流。

情比金坚，赓续千年

唐以后，唐蕃古道逐渐成为茶马古道的一条重要干线。元代，以唐蕃古道为基础，从内地至西藏地区建有乌思藏、朵甘思、朵思麻三条驿道。唐蕃古道沿途设有驿站、兵站，变为元朝廷统一规范化管理青藏高原的"国道"。今天，在唐蕃古道基础上发展起来的青藏公路、川藏公路、青藏铁路等现代化道路交通，仍然发挥着连接西藏与各省区、沟通沿线各族人民的"黄金桥"作用。

互市：经济互补中的交往交流交融

孙　琳[*]

　　互市是古代中央王朝与周边地方政权之间一种重要
的经济贸易形式。宋朝时期的榷场和明朝时期的马市，
都是互市的具体形式。

宋代的榷场

　　榷场最初设立于宋、辽政权之间的边境地带，此后逐渐成为宋、
辽、金、西夏各政权在边境地带所设的互市场所。"榷"意为专卖、
专利，"场"则是指场地、场所。榷场贸易历时 300 多年，是这一时
期隶属于不同政权的地区之间开展经济交流的重要形式。

　　宋太祖赵匡胤建立北宋政权之后，制定了"先南后北"的战略。
也就是说，宋朝与北部的辽朝保持良好的关系，维持北方局势相对
稳定，从而全力解决南方的问题，榷场因此成为维持双方关系的一

---

* 孙琳，北京师范大学历史学院讲师。

159

个双赢选择。对于辽朝而言，榷场贸易也是其获取资源的重要途径。由于受到自然地理条件、农业技术水平等多方面的限制，辽朝面临物资供应紧张的局面，通过榷场贸易，可以获得自身亟需的生产生活物资，从而大大缓解压力。

公元 1005 年，在经历了 25 年的战争后，北宋与辽在澶州（古称澶渊郡，今河南濮阳）订立和约，史称"澶渊之盟"。和约的主要内容包括双方互约为兄弟之国，以白沟河为界，宋朝每年向辽朝交纳岁币白银十万两、绢二十万匹，双方于边境地带设置榷场，开展互市贸易。此后，宋、辽之间百余年间没有爆发大规模战事。在此之前，榷场贸易曾经零星出现过，但是"澶渊之盟"标志着双方榷场贸易的常态化。不过，随着双方关系的恶化，宋辽之间的榷场贸易也逐渐萎缩。

榷场贸易不仅缓和了宋朝与辽朝之间的紧张关系，也促使宋朝发展了与其他政权的经济关系。宋朝与西夏建立了榷场贸易后，双方首先在边境地区的延州（今陕西延安）、保安军（今陕西志丹）设置了榷场，此后陆续设置了其他榷场。

宋朝与金朝的榷场贸易始于宋、金之间的一次政治性盟约——"海上之盟"。12 世纪初期，居住在东北地区的女真人势力逐渐强大，形成了可以与辽朝对抗的局面。为了联合力量夹攻辽，宋、金双方决定合作。由于辽在地理上阻隔了宋和金，导致双方需要绕经渤海往来，该盟约由此得名。盟约规定，宋朝将原来纳贡给辽朝的岁币交纳给金朝。辽朝灭亡之后，宋、金之间的榷场贸易逐渐发展起来。

随着宋朝统治中心南移，宋、金达成"绍兴和议"，确立双方并立的格局。虽然宋、金之间有"战"的情况，但是"和"仍然是双方交往的主旋律。"和"的主要表现形式之一，就是榷场贸易的运行。具体来说，宋金榷场分布于秦州—淮水沿线，在宋境的盱眙

军（今江苏盱眙）、光州（今河南潢川）、安丰军（今安徽寿县）花
靥镇、枣阳军（今湖北枣阳），在金境的泗州（今江苏境内）、寿州
（今安徽凤台）、蔡州（今河南汝南）等地设置榷场。

两宋时期，多个政权并立，商品流通并不十分畅通，榷场的设
置为商品交易提供了途径和场所。交通是榷场选址的重要参考指标
之一。一般来说，榷场的位置通常处于交通要道上或者驿站附近，
以便商人往来和商品运输。

榷场贸易的商品主要有中原地区生产的农产品、手工业品和边
疆地区的特产。比如，中原地区的茶叶、药材、布帛、瓷器等，边
疆地区的牲畜、皮货、玉石、毡毯等。但是，并非所有商品都是被
允许贸易的。宋朝方面禁止交易的商品有可以用来制作武器的硫黄，
书籍虽然允许交易，但是仅限于《九经》。辽朝管制的商品是马匹，
以防止宋朝将其用于军事。

作为中原政权与周边政权的贸易窗口，榷场贸易一般是在和平
时期进行的，秉持着平等交易原则，受到严格管理。榷场不仅受所
在地监司和州军长吏管理，而且设专官查验货物、征收关税，此外
还有官牙人来评价货物的等级、收取牙税。

榷场和榷场贸易在中国历史上存在了 300 多年，具有重要意义。
首先，在榷场贸易中交换的生产生活资料，弥补了双方物资方面的
不足。其次，榷场贸易是友好的象征，它的存在是以休战为基础的，
有利于维护不同政权之间的友好关系。此外，榷场贸易加深了中原
地区与边疆地区的经济联系，促进了文化交融，为再次实现大一统
积累了力量。

明代的马市

马市是明朝与边疆地区互市的固定场所，以交换或买卖马匹为

主。明朝时期的马市主要有两处，一处是设置于辽东地区的辽东马市（今辽宁抚顺和开原），另一处是设置于宣府（今河北张家口）、大同（今山西大同）地区的宣大马市。

马政是明朝的重要政治议题。马政制度是指国家对马匹的管理制度，包括马匹采办、牧养、训练、使用等内容。在中国古代，马匹尤其是战马具有非常重要的作用，历代统治者都高度重视马政。明朝初建时，受到来自北方游牧势力的军事威胁，明太祖朱元璋深知马匹的战略意义，多次强调"马政，国之所重"，推动马政建设。明朝中期以后，随着国力的下降，马政也出现松弛与衰退。

起初，马市交易内容较为单一，随着时间的推移，马市逐步发展成为综合市场，形成以"官市"为主、"民市"为辅的格局。马市的重要性在于它不仅关涉边贸，还涉及政治、军事、经济等方面，是明朝对边疆少数民族所采取的一项十分重要的安抚政策。

辽东马市在明朝诸多马市中占据重要地位。在政治层面，明朝官方希望借助东北地区女真人的势力，压制北迁到蒙古高原的北元后裔和其他蒙古诸部。在经济层面，辽东马市贸易密切了中原地区与东北地区的经济关系，构成了沟通蒙古、女真、朝鲜的贸易圈，这也是辽东马市与其他马市的显著区别。

辽东地区最重要的马市交易地之一是开原（今辽宁开原）。明朝初年，在开原设立了三处马市，其中，新安关为与蒙古互市之所，镇北关和广顺关为与女真互市之所。与明代的其他马市一样，辽东马市的政治属性极为突出，这集中表现在明朝向少数民族首领颁发官职任命书——敕书，作为在马市中进行贸易的凭证。没有敕书的人不能入市交易，敕书的数量也有限制。以女真部为例，整个女真部持有的敕书数量不超过 1500 张。同时，敕书与纳贡紧密相连。只有持有敕书的人才有资格向明朝纳贡，明朝也相应地给予其超过贡品价值的答礼。敕书与纳贡也成为明代马市具有官方属性的主要表现。

从"官市"到"民市"的转型，是明朝时期辽东马市的一大特点。"官市"是指明朝官方购买商品的交易活动。"民市"是指在"官市"结束之后，当地百姓自由买卖商品的交易活动。明朝初期，马市中马匹的交易数量很大，官方买马是辽东马市最主要的商业活动。据相关文献记载，辽东马市上最大的一笔马匹交易量达到3000匹。在"官市"交易中，明朝官方组织开展的商品交易以军事物资战马及其配件为主。相比之下，"民市"是"官市"的补充，交易的商品以满足周边各民族所需生产生活资料为主，规模较小，相关商品包括边疆地区生产的土特产品，如木材、人参、貂皮、木耳、蘑菇、松子等，以及中原地区生产的作物种子、盐、绢、缎、布等。其中，在马市上交易人参和貂皮，成为女真部获取财富的重要途径。

作为边疆治理的重要环节，榷场与马市是中原地区与边疆地区经济往来的一种方式，有助于提升经济互补性和一体化。互补性建立在各民族生产生活趋同的基础上，具备独特的经济优势，满足了彼此的经济生活需求。举例来说，中原地区出产的盐和布匹有助于满足边疆地区人民的基本生活需求。同时，边疆地区出产的土特产也为中原地区的经济发展和人民生活提供了补充和更多选择，如皮毛为生活在中原地区的人们提供了冬季御寒的另一种选择。更重要的是，商品的流通使中原与边疆的经济一体化程度加深，进而增进了文化认同。可以说，从榷场到马市，展现的不仅仅是中原与边疆的经济交流，也是中华各民族之间的经济交融以及蕴含在经济交融背后的文化交融。

孟子思想在西夏广为流传

彭向前 *

用西夏文翻译的汉文典籍，称为"夏译汉籍"，是研究西夏的重要资料。译自汉文的儒家经典，是"夏译汉籍"中的重要组成部分，"四书"之一的《孟子》，名列其中。

《孟子》传入西夏实证

西夏王朝统治者主张儒佛并重，在利用佛教净化民众思想的同时，也大力汲取中原的儒家文化，如三纲五常、圣人名教等，以维护统治。西夏第二位皇帝谅祚（1048—1068 年在位）执政后，广泛推行以儒学为主的汉学，开始向宋朝求赐大批经、史书籍。

西夏拱化元年，即北宋仁宗嘉祐八年（1063 年），宋朝"以国子监所印九经及正义《孟子》医书赐夏国，从所乞也"。出于向

* 彭向前，宁夏大学民族与历史学院（中华民族共同体研究院）副院长。

"四夷"传播圣道，实行教化的目的，宋朝显得特别慷慨，在诏赐《九经》的同时，连《孟子》也一并赐予西夏。《孟子》一书首次传入西夏社会中，之后多次被译为西夏文。

西夏文《孟子》现存三种写本。夏译《孟子章句》是西夏天盛九年（1157年）的本子，为卷子装，草书，内容为赵岐的《孟子章句》卷十三《尽心上》。就目前所见，可以算是中原正统经学在西夏传播的唯一实证。夏译《孟子传》文中有"传曰"字样，充满了北宋新经学派风格，现存有22叶，内容属《孟子》卷八《离娄下》。夏译《孟子》是现存三种西夏文《孟子》中分量最大的，内容为卷四《公孙丑章句下》、卷五《滕文公章句上》、卷六《滕文公章句下》。夏译本只有经文，赵岐注已为译者所删。

三种西夏文《孟子》，在1908—1909年与大批文献均出土于黑水城遗址（今内蒙古额济纳旗），被科兹洛夫率领的俄国皇家蒙古四川地理考察队携往圣彼得堡，现藏于俄罗斯科学院东方文献研究所。

多种西夏文写本《孟子》，通过叙述题材的同一性，构成一个整体，又通过各自叙述的差异性记录了西夏文字乃至西夏儒学思想的发展状况。《孟子》中，如尧舜、孔子、孟子、曾子、周公、管仲、君子、小人、仁义等的翻译在西夏文中是惊人一致，这也从侧面表明当时西夏人对儒家典籍的熟悉程度。

法国藏敦煌西夏文献中也有汉文写本《孟子》，是伯希和于1908年在莫高窟P.181号窟发现的，现藏于法国国家图书馆。字头相对，属于缝缋装，内容为《孟子》卷十里面的部分内容。不同出土地点，不同文本，不同装帧形式，足见《孟子》一书在西夏传播之广，西夏人重视《孟子》可见一斑。

西夏文《孟子》

亚圣思想对西夏的影响

《孟子》一书传入西夏后，对西夏社会产生深远的影响。西夏人在对宋交往中，就曾不止一次地引用孟子的话以维护本国的利益。

在《宋大诏令集》中的装叙西夏誓表部分，有一段记载："非不知畏天而事大，勉坚卫国之猷，背盟者不祥，寅懔奉君之体。若乃言亡其实，祈众神而共诛；信不克周，冀百殃而咸萃。自敦盟约，愈谨守于藩条；深愧悆尤，乞颁回于誓诏。"

大意为：并不是不知道畏惧天威而侍奉大国，所以我们尽力地坚持保住国家的准则；背弃盟约的一方将会遭逢不祥，因此我们敬畏地谨守侍奉君主的规矩。若我西夏的行为不符合我们承诺，那请众神共同来诛灭我们；如果我们的承诺不能做到完备周全，那就让百种的灾殃都聚集降临到我们身上。本来就应当尊崇盟约，今后一定会谨守藩条；深愧于（以前的）罪过，乞求天朝颁赐誓诏。

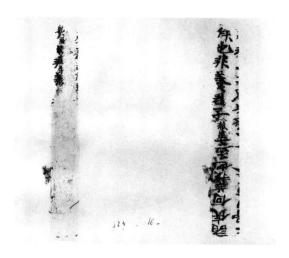

法藏西夏文献汉文《孟子》

《孟子·梁惠王下》中有："齐宣王问曰：'交邻国有道乎？'孟子对曰：'有。惟仁者为能以大事小，是故汤事葛，文王事昆夷。惟智者为能以小事大，故太王事獯鬻，勾践事吴。以大事小者，乐天者也；以小事大者，畏天者也。乐天者保天下，畏天者保其国。'"西夏其实是在表白，要"以小事大"，向宋投出橄榄枝的同时，言外之意也希望宋朝能够"以大事小"，双方达成和议。

可以看到，中原王朝传统的"天下观"已为西夏王朝所接受，西夏主动承认自身是"天下"的一个组成部分，在空间上西夏与北宋纳入同一个"天下"之中。

《续资治通鉴长编》中记载，元丰五年（1082 年），西南都统昂星嵬名济在永乐战役大获全胜后，想趁势求和，在致书宋朝官员环庆路经略使卢秉时，直接提到《孟子》，谈到"况夏国提封一万里，带甲数十万，南有于阗作我欢邻，北有大燕为我强援，若乘间伺便，角力竞斗，虽十年岂得休哉？即念天民无辜，受此涂炭。《孟子》所谓'未有好杀能得天下'者也"。

意思是自诩西夏疆域广大，兵力强壮，西方、北方邻国有于阗、辽等作为外援。现在趁机钻空子与你们宋朝不断地争斗，势必旷日持久，即使长达十年恐怕也不能休止吧？这样徒使双方百姓生灵涂炭。其中的"未有好杀能得天下"一句，显然为化用《孟子·尽心下》"不仁而得国者，有之矣。不仁而得天下者，未之有也"，以此指斥宋朝五路伐夏为"好杀""不仁"之举。

西夏天盛十三年（1161年），金国皇帝完颜亮仗恃金朝的强盛，发动兼并战争，宋朝将领吴璘檄告契丹、西夏、高丽、渤海、鞑靼诸国合兵讨伐。西夏仁孝帝从唇亡齿寒的利害关系出发，在回书中一面对金朝大加口诛笔伐，一面慷慨声援南宋，称此抗金之举为"以至仁伐至不仁，因多助攻其寡助"。

前句便出自《孟子》卷十四《尽心下》："吾于《武成》，取二三策而已矣。仁人无敌于天下，以至仁伐至不仁，而何其血之流杵也？"后句出自《孟子》卷四《公孙丑下》："得道者多助，失道者寡助。寡助之至，亲戚畔之；多助之至，天下顺之。"可见西夏在官方文书中对《孟子》一书的征引，娴熟而贴切。

中华和合的纽带

西夏译自汉文的儒经除《孟子》外，还有《论语》《孝经》等。对儒家典籍的重视，实际上是对中原传统文化认同的一种体现。

这种文化认同，是中国之所以成为一个历史悠久的、统一的多民族国家的思想基础，也是中华民族凝聚力的内在底蕴。尤其是在民族势力对峙时期，西夏还有辽、金等少数民族政权所表现出的这种文化认同具有十分重要的意义，为后来的元朝实现统一创造了条件。

儒家典籍的广泛传播，值得深入研究，对理解中华民族共同体形成过程意义深远。

《番汉合时掌中珠》：汉文、西夏文对照珍贵古籍

赵天英*

> 销声匿迹近千年后，黑水城遗址发现的珍贵辞书
> 《番汉合时掌中珠》又重见天日。这是一部什么样的典
> 籍？为何学者们如此重视？

1909 年，俄国考古学家科兹洛夫在我国内蒙古额济纳旗发现了著名的黑水城遗址，从此，"西夏"这个存在近两百年又从历史中消失得近乎无影无踪的神秘王朝，再次进入人们的视野。

黑水城遗址发现了数量庞大且珍贵的西夏文物，包括佛像、典籍、陶瓷、丝织品等，其中一部汉文、西夏文对照的辞书《番汉合时掌中珠》尤让学者关注。该书出土后，科兹洛夫将其捐献给俄罗斯科学院东方学研究圣彼得堡分所收藏。中国学者罗振玉曾先后向

* 赵天英，兰州文理学院副教授。

俄国汉学家伊凤阁借得其中几页的照片，1922 年终于借得全书照片，即命其子罗福成抄写印行。中国学者们得以窥见《番汉合时掌中珠》的摹抄本。

　　20 世纪 70 年代末，美国学者陆宽田访问苏联时用先进摄像机拍摄下《番汉合时掌中珠》的全部内容，1982 年以《合时掌中珠》为书名将两种版本的影印件刊布，由此掀起了史学界对西夏文研究的热潮。

《番汉合时掌中珠》封面

一部兼具蒙书辞书功能的工具书

　　西夏（1038—1227 年）是党项人建立的一个地方政权。历史上党项人有许多部，其中拓跋部最为强大。早期主要分布在今青海省东南部、四川省西北部的广袤草原上。后来逐步向内地迁徙，最后以兴庆府（今宁夏银川）为中心，占领了今宁夏大部及陕西、内蒙古、甘肃局部地区。1038 年拓跋部首领李元昊称帝，改姓"嵬名"，国号大白高国（ꝺꝺꝺꝺ），由于地处西北，史称西夏。

西夏被蒙古军所灭后，文献典籍遭到了破坏，西夏文化也逐步淹没于历史的长河之中。有望复原那段历史的钥匙就是出土的西夏文献与文物，其中最重要的一部便是《番汉合时掌中珠》。

西夏境内有党项人、汉人、吐蕃人、回鹘人、契丹人等，是一个多民族共居的王朝，先与北宋、辽抗衡，后与南宋、金鼎立，在中国历史上产生过重要影响。

西夏十分注重与周边地区的交流，博采众长，兼容并蓄，尤其积极学习汉文化，借鉴汉字创立了西夏文字，推进教育，翻译佛经，刊印典籍，在法治建设、科学技术、经济贸易、宗教文化等方面卓有建树。

西夏曾多次向宋求取儒家经典和佛经，并将其翻译成西夏文。许多吐蕃文佛经也被翻译成了西夏文。在这样的背景下，一部帮助人们更好地学习西夏文汉文的工具书便应运而生。

1190 年，正是西夏仁宗执政末年，此时西夏完成封建化历程，社会生产力迅速提升。仁宗注重文教，学习中原王朝的科举制度，开科取士，文化事业繁荣。在此背景下，文人多著书立说，西夏人骨勒茂才是其中一位佼佼者。

当时西夏境内西夏文、汉文、吐蕃文三种文字都通行。骨勒茂才精通西夏文、汉文，也通晓儒学、佛学。他认为缺乏沟通和相互的学习，是西夏人和汉人产生隔阂的原因。因此西夏人需要学习汉文化，汉人也需要学习西夏文化。他还指出，西夏文化和汉文化虽然外在表现形式不同，但内核是一样的。在这一思想的指导下，他编纂了西夏文、汉文双义双音对照的工具书——《番汉合时掌中珠》（以下简称《掌中珠》）。

《掌中珠》既有蒙书的性质，又有辞书的特点，反映出当时西夏独创性的编辑能力和卓越的学术水平，在辞书编辑、出版史上具有重要地位。

一种民族交融文化认同的意识

《掌中珠》卷首有西夏文序、汉文序各一篇，内容基本相同。汉文序言仅230字，言简意赅地表达了骨勒茂才提倡民族交流、互相学习的观点。序言共分4个部分，其意如下：

首先，骨勒茂才提出儒家积极入世、经世致用的思想。因为他本人生于大力提倡儒学的仁宗时期，深受儒学熏陶。

> 凡君子者，为物岂可忘己，故未尝不学；为己亦不
> 绝物，故未尝不教。学则以智成己，欲袭古迹；教则以
> 仁利物，以救今时。

其次，骨勒茂才认为西夏文和汉文虽然外形不同，但本质是相同的。

> 兼番汉文字者，论末则殊，考本则同。
> 何则先圣后圣其揆未尝不一故也。

他的观点既是历史事实，也体现出他对中国文化多元共生、一脉相承的深刻认识。党项语言是汉藏语系中的一种，与汉语有着亲缘关系。11世纪初期西夏景宗元昊命大臣野利仁荣借鉴汉文创制了西夏文，在字形上和汉文一样同为方块字，内容上也有许多是用来表达汉文化的。骨勒茂才认为西夏文和汉文两种文字"考本则同"的结论，是符合实际的。

再次，鉴于西夏当时各民族杂居、相互通婚的状况，骨勒茂才认为，西夏人和汉人应该互相学习彼此的语言文字，加强交流，消

除隔阂。他认为，之所以会出现汉人不尊敬西夏的智者、西夏人不崇尚汉人贤士的现象，就是因为语言不通、缺乏学习交流导致的。

> 不学番言，则岂和番人之众；不会汉语，则岂入汉
> 人之数。番有智者，汉人不敬；汉有贤士，番人不崇。
> 若此者由语言不通故也。如此则有逆前言。

最后，骨勒茂才仿照中原常用的文体结尾，指出自己身为读书人，有责任为番汉文化交流作出贡献，故编著这本易教易学的双音双义《掌中珠》。

> 故愚稍学番汉文字，曷敢默而弗言，不避惭怍，准
> 三才集成番汉语节略一本……语句虽俗，学人易会，号
> 为《合时掌中珠》。

文末的"贤者睹斯，幸莫哂焉"，明显深受汉儒自谦的文风影响。

《番汉合时掌中珠》的汉文序言

一部尊崇儒学、文明互鉴的双语词典

《掌中珠》至少有 3 个版本。其中保存最为完好的甲种本为刻本，蝴蝶装，37 页，高 23 厘米、宽 15.5 厘米，版框高 18.7 厘米、宽 12 厘米，四周双栏，版心页码用汉文标记。书中收录词语依据三才（天、地、人）分部，每部又分上中下三篇，即天体上、天相中、天变下；地体上、地相中、地用下；人体上、人相中、人事下。

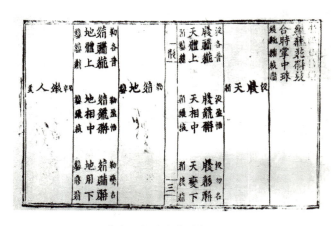

《番汉合时掌中珠》局部

每一个词条都由 4 行组成，中间两行是意义相同的西夏字和汉字，左、右边上的两行分别是西夏文给汉文注音和汉文给西夏文注音。如西夏文"𘏨"左边为汉文"地"，是义的注释；右边是"勒"，是音的注释。汉文"地"的左边是西夏文"𗁅"，是西夏文对汉文"地"的注音。

这种双义双音的编纂方式是西夏人的独创，十分新颖，方便西夏文和汉文的学习。在内容选择和结构安排上，则效法中原王朝一些蒙书编纂的结构。

《掌中珠》的"天"部包括日月星辰、雷雨风云、四季五行、天干地支、日月年岁等。从其内容看，与中原地区所用词语几乎一样。可见西夏的天文学知识来源于中原地区。

在"地"部中，收录了山海江河、宝物矿藏、花果蔬菜、五谷杂粮、野兽禽鸟等。其中一些并非西夏的地名与物产，如唐朝时杨贵妃才吃得上的南方荔枝，都在此书被列入，显示出作者有着超出西夏范围，囊括中原王朝的大中国观，也折射出西夏对大中国认同的理念。

"人"部中收录的词汇更加贴近生活。尤其是"人事下"占了全书差不多一半的篇幅，内容包括人的身体名称、道德品行、日常生活、社会活动、宗教信仰等一系列的词汇与短句。其中，"学习文业，仁义忠信，五常六艺，尽皆全备""孝顺父母，六亲和合""君子有礼，小人失道"等词句证明西夏尊崇儒学的忠孝礼仪，完全继承了儒学的精髓。《掌中珠》中的"圣人""圣典""圣道"的"圣"直接借自汉语，在西夏文"刹"（圣）字右面注音的汉字为"圣"字。

西夏立国前后，将儒学作为西夏社会和文化的主导思想。西夏曾经多次向宋朝求取儒学典籍，翻译成西夏文字，供人们学习。西夏仁宗更是重视儒学，尊孔子为文宣帝，将儒学推上了崇高的地位。

《掌中珠》中反映的西夏职官系统，几乎全部借鉴中原王朝的体制，在西夏王朝的政治层面效法中原成熟的制度，达到高度交融、趋同。同时，也多方位反映了西夏境内各民族间的文明互鉴。

一部泽被后世的珍贵古籍

《掌中珠》几经翻刻，成为当时在西夏流传较广的常用辞书。黑水城遗址同时出土了甲乙丙三种刻本，现存的不同版本小有增改。甲种本残存的封面上有西夏文和汉文的书名，即《𘌞𗊁𗬬𘆡𘂤𗏇》

《番汉合时掌中珠》。书名右下角两行汉字，第 1 行为"茶坊角面西"，第 2 行大部分残失，上部第 1 字据其残存笔画应为"张"字。这两行字应该是刻印此书的书坊标志，具有牌记性质。另外，在甲种本第 7 页左侧有汉文和西夏文对照的两行字："此掌中珠者三十七面内更新添十句"，可见在甲种本之前早已有一种版本，甲种本只是一个增补本。

乙种本第 21 页右端有西夏文手写草书一行，依稀可辨识为"属者□□光定丑年二月"。所谓"属者"即持有此书的所有者。中国的读书人自古就有将自己姓名写到书上以标识权属的习惯，后来的姓名印、收藏印就是这种习惯的延续。看来西夏读书人也有着同样的习惯。

除了在黑水城遗址出土的《掌中珠》，1989 年敦煌莫高窟北区发现了《掌中珠》第 14 页的左面残页，1990 年在宁夏宏佛塔的天宫也发现了附在泥块上的《掌中珠》残片。这样，在西夏首都中兴府（今宁夏银川市）地区、河西走廊的沙州（今甘肃省敦煌市）以及北部的黑水城地区都发现了《掌中珠》的刻本，说明此书不仅多次刊刻，而且在西夏流传地域范围广泛，受到读者的青睐。

1986 年，史金波、黄振华、聂鸿音依美国学者陆宽田影印件对《掌中珠》进行整理，并做西夏文和汉文两种索引，连同影印件一同刊布，大大方便了国内学者的研究。1999 年出版的《俄藏黑水城文献》第 10 册中将《掌中珠》置于蒙书类之首，至此，《番汉合时掌中珠》全貌以清晰的图版形式重见天日。

《掌中珠》里有西夏文常用字 1000 多个，对于识读西夏文起到基础性的关键作用。目前，在学习西夏文时，《掌中珠》仍然是必备的入门工具书。总之，《掌中珠》不愧是一部利于当时、泽被后世的珍贵古籍。

盐：一把了解中华民族历史的"白金"钥匙

苏　醒[*]

> 盐在人类生存发展和日常生活中不可缺少。而人类
> 的盐文化，对社会的文明进步发挥了重要的作用。可以
> 说，盐是了解中华民族历史的一把"白金"钥匙。

盐资源的开发与利用

中国人对盐资源的开发与利用究竟起源于何时，至今学界并无定论。

明代旧志载："考盐名，始于禹，然以为贡，非以为利也，至周在始与民共利之。"但其描述内容，仍需进一步考证。夏时无文字，是否已经有盐出现，不得而知。但汉代许慎所著《说文解字》中已出现"盐"字。

在《广韵》注中就有"古者夙沙初作煮海为盐"的记载，《太平

---
* 苏醒，云南省社会科学院历史文献研究所副研究员。

御览》中也有"夙沙作煮盐"的说法。即在远古神农时代，黄帝手下这位名为夙沙氏的诸侯就煮海为盐，成为人类文明史上第一位有姓名可考的盐工，被后代尊称"盐宗"。直到现在，很多地方还建有供奉盐宗的庙宇。

20世纪50年代，福建出土了仰韶文化时期的煮盐器具，说明在史前时期，我国东部沿海地区即已开始煮制海盐。殷商时期，商人胶鬲售盐，成为历史上第一位盐商。春秋时期齐国的管仲则是早期官府控制食盐专卖制度的创始人，可谓第一位盐官。在古代，许多名人都曾贩卖过私盐，例如几乎推翻唐朝的黄巢、曾与朱元璋争夺天下的张士诚等都是私盐贩子出身。

纵观历代文献典籍，与盐及盐业相关的记录数量十分可观。通过这些文献记录，我们可以清晰地看到人们对盐资源开发利用的历史以及我国盐业文化的源远流长。可以说，在古代，除了农业和纺织业，其他行业都无法与盐业相比。

盐与国计民生和王朝兴衰

民族史学家任乃强先生认为："上古民族文化最先形成之地区，即必为自然产盐之地区，或给盐便利之地区。"[①] 比如长江流域及北方早期文化遗存，就多集聚于天然盐池、盐泉的周围；尧、舜、禹都曾相继在河东盐池附近建都；"天府之国"的由来与蜀中盐铁之利的开发利用密不可分；西藏东部的昌都一带自古就有人类繁衍生息，也和当地分布丰富的盐泉不无关系……这些都是盐和文明之间具有共生关系的典型例证。

历史学家、国学大师钱穆在《中国文化史导论》一书中提出，

---

① 任乃强：《四川上古史新探》，成都，四川人民出版社，1986。

解县（今山西省运城市盐湖区解州镇）盐池是当时古代中国中原各部族共同争夺的一个目标，谁占据盐池，便表示他有了担任各部族共同领袖的资格。由于黄帝先占有并控制着盐池，其部族日益强大，最终成为中华人文始祖。

盐文化遗产记录各民族交往交流交融的历史事实

千百年来，人们在制盐、运盐、管盐、售盐、用盐的过程中积累了丰富经验，留下许多宝贵的历史文化遗产。尤其在我国滇、藏等多民族共同聚居和开发的地区，更是留存着丰富而独特、承载民族历史记忆的盐文化遗产。

诺邓盐井。位于云南省大理白族自治州云龙县，明代之前主要居住着傣、阿昌、布朗、德昂等民族。传说当地先民在渗出盐卤的地方放牧羊群，羊群因屡屡舐食被风干的盐末而体壮鲜疾，遂引起放牧者的注意。盐井的发现，吸引了来自江苏、福建、江西、河南、四川等地的人，他们或为盐民，或为商贾，在盐井开采开发、贸易交换和通婚通好中逐渐融合，形成了今天当地白、汉、彝、傈僳、阿昌、傣、苗、回等20多个民族共同聚居生活的现状。

芒康盐井。位于西藏自治区昌都市芒康县纳西民族乡，毗邻云南迪庆藏族自治州德钦县和四川甘孜藏族自治州巴塘县，是滇藏茶马古道的必经之地。在盐业生产中，藏族、纳西族盐民相互学习、彼此借鉴，共同开发盐井。

据《蛮书》记载，早期吐蕃主要采用的制盐方法为炭取法，同一时期南诏则主要采用从蜀地传入的煎煮法。而芒康盐井周边既无煤矿，又无柴薪，若使用煎煮法等制盐方法，则会使成本激增；且芒康盐井地处峡谷，空间有限，没有平地可供晒盐，无法像沿海地带那样修筑大面积的晒盐场。因此，藏族、纳西族盐民利用盐井四季气候温和且常年多南风的有利自然条件，巧妙地依山架设盐楼，修筑盐田晒盐。藏族、纳西族盐民们共同创造和完善了一整套独特的制盐工艺和生产工具，时至今天，芒康盐井仍保留着这套世界上独一无二的古老制盐方法。

芒康盐井的藏族、纳西族盐民在井盐的生产制作中，以其独有的生产秩序，体现了各民族间交融和睦的相互关系：古盐田位于澜沧江东西两岸，西岸的盐田主要为藏族妇女在制盐，而东岸的盐田则主要为纳西族妇女在制盐。盐井一带的纳西族与其他地区的纳西族在生活习俗上差别较大，他们虽然还保留着"祭天"等部分纳西族东巴仪式，但在服饰上多着藏装，语言上可使用藏、汉、纳西三种语言，因食盐贸易常与川、滇汉族群众交往，一些风俗习惯也受汉族影响。

黑盐井。位于滇中地区，今云南省楚雄彝族自治州禄丰县境内，在清代前一直是云南第一大井，盐产量颇丰。元代，黑井地区大量回、汉、彝族群众均参与到井盐的生产经营活动中。为处理好各族群众的关系，平衡各族群众的需求，时任黑盐井千户总管兼三道河政教总管的马守正在长期的盐政管理实践中，总结出一套有效的运行机制：回、汉、彝各族群众按次序错开时间下井背卤煮盐。每月逢农历一、五、七，为回族下井日；二、四、八，为汉族下井日；三、六、九，则为彝族下井日。这套运行机制既保证井盐生产经营活动高效有序地进行，也推动盐井地区各民族和睦相处、和衷共济、和谐发展。

盐的交换和贸易体现了各民族经济上的相互依存

西藏芒康盐井所制之盐，被周边群众称为"藏盐巴"。清代、民国时期主要靠马帮运送，沿滇藏和川藏茶马古道跋山涉水，销往

180

滇、川、藏等地。据文献所载，晚清时期，西藏以察隅县为界，以上多用察盐，以下则多用芒康井盐。

西藏波密一带还常有汉族商贩运井盐与当地群众交换黄连。民国时期，云南德钦一带不产食盐，日常生活所需食盐都从芒康盐井运来。这些在茶马古道上从事运输和贸易的马帮，有的来自云南德钦，有的来自西藏芒康、昌都，也有的来自四川巴塘等地，交易的物资涉及各民族的特色产品，如藏族的羊毛、羊皮、绒毛、青稞、黄连等，汉族的茶叶、瓷碗、布匹、红糖、白砂糖、粉丝、大米等。

芒康盐井所产盐的交换范围还延伸至云南贡山一带，与当地各族群众交换黄连、贝母、茯苓、麝香、熊胆等药材以及獭皮、飞鼠皮、火狐皮等山货。通过交换和贸易，有效满足了汉、藏、纳西、独龙、怒、傈僳等各族群众的基本生活需求，也大大加强了各民族间的交往沟通。

滇西北地区有弥沙、乔后、啦鸡、诺邓等众多盐井。其中兰坪县境内啦鸡井（后称啦井）所产井盐，由马帮运输翻越碧罗雪山，同生活在怒江峡谷的怒、傈僳、独龙等各族群众进行交换，向北进入维西、中甸等地，同藏族群众进行交换。诺邓盐井所产井盐运往腾越地区（今云南省保山市腾冲市），早期甚至远达缅甸一带。从事运输和贸易的既有汉族马帮，也有藏、回等民族群众组成的马帮，因此，至今在一些村落附近仍留下"古宗坪""回族坪"等地名，即当年藏族马帮、回族马帮扎营露宿之处。

历史上井盐的交换和贸易，把各民族社会生活内在的需求紧密结合在一起，为各民族关系的日益密切奠定了坚实的基础。

文化共享

天地观是中国文化的重心

王　蒙[*]

　　　　　　天行健，君子以自强不息；地势坤，君子以厚德
　　载物。

中华天地观

　　《周易》上的这两句话，可以说是中华文化传统天地观的总纲。首先，它是物质的，天象、天气、天文、季节、寒暑、昼夜时时在运动变化之中，而地上，承载着万物的重量，承载着各种地形地貌地质结构，承载山川、大漠、丘陵、盆地、城乡、道路、舟车、建筑……这是不言自明的。

　　自强不息，强调的是进取，是动态，是勇敢向上；厚德载物，强调的是容养，是静态，是沉稳担当。二者互通、互济、互补，又各有侧重。

*王蒙，作家，学者，文化部原部长，中国作家协会名誉主席，茅盾文学奖得主。

从天地衍生的更大概念是阴阳，阴阳包括了天地与万有的一切，包括了实存的天地，与未必实存的神鬼、气数、命理、灵魂、符瑞、报应、吉凶，包括伟大的天地与一切对于天地、终极、"上帝"的质疑、反叛、突破的幻念与冲击。

将天地的特色与功效总结为自强不息与厚德载物，就赋予天地大自然的存在以美德符号、美德表率、美德源头性质，赋予天地以人文性、教化性、终极性，成为儒家仁义道德的标尺与根据，又赋予道德教化以先验性、崇高性、宏伟性、必然性乃至绝对性，是道德教化的范式与信仰崇拜的对象。天地自然、道德教化、神性崇拜，三位一体，循环论证，互相补充演绎。

天地是原有的、终有的、总有的存在，而中华文化特别注意去发现、去解读天地诸现象诸状态诸变化对于人的符号——哲学符号、道德符号、政治符号、命运符号乃至军事符号——的意义，意蕴深长、韵味淳厚。

观星象，可以预知王朝气数、战役胜败、人物吉凶。体四时百物，可以感苍天之辛苦周全、自强坚定、生生不息、刚强沉稳有力。观地貌，感动于大地之坚忍负重，沉静有定，负载承担、提供万物存活的必要支持与条件。

从天地的变化与不变，变去又变回，有因与无因，有果与无果中，体会感悟万事万物的逝者如斯、不舍昼夜、与时俱化、有常无常、大美不言、变而后返的道法、道术、道心。

天命

孔子讲"五十而知天命"（《论语·为政篇第二》）。古代典籍与荀子、屈原、陶渊明、欧阳修等大家的著述中多用此语，是指上天决定着、干预着与安排着人的命运。国人还喜欢说"尽人事，听天命”，说明人的努力还是要的，但“谋事在人，成事在天”，认为有一个不依人的意志为转移的天—天命—世界—大道，主宰着推动着一切。人为的努力，合乎天道天命则事半功倍、兴旺发达、功成事就、如有神助，违背天道天命，则事与愿违、八方碰壁、自取其辱。

天命云云，极接近现在的说法，叫做客观的与历史的规律，它们起着重要的关键的决定性作用。我们古人讲的“天命”或者天心、天意，在当年苏联的说法中，差不多就称为“时代的威严命令”，你必须听取、必须服从、必须把握，顺之则昌，逆之则亡，知之者慧明，不知者愚晦。人们在世界上立论与行事行文的主体，应该是天命，是历史规律，是时代的威严命令，所以牛气冲天，所以战无不胜。

天行健，地势坤，这个说法极高妙有创意，别具特色。它像是文学修辞，比兴想象、形象思维。从四时四季，万物生长，联想到自强不息的健美品质，从承载众物、支撑万有，联系到厚道积德、忍辱负重的品性。这又像是数学的编码，从本来未必有序有定的变化与数量互动关系中，托出规律、法则、大数据来。

这还可以视为直观、灵感式判断，猜测式、猜谜式接受暗示、影射式判断，是绝妙的、有趣的、启发性开放性的，却又是非逻辑非唯一非必然的。四时行焉，是健康的阳刚之气，但也可以从水旱灾害里体会天怒的无常与冷酷，负重无言，是厚德沉稳，但也可以体会成无奈无觉无语无力无能。天何言哉？

人何知乎？

天命至高，离不开人的努力

荀子的天命观就更积极、更富于人的主体性。他提倡的是“制天命而用之”（《荀子·天论》），令人想起的是俄国早期马克思主义理论家普列汉诺夫提出的"越是掌握客观的社会与历史发展规律，越能够充分发挥人的能动性"，与荀子理念相近。

天最伟大，天让人努力奋斗；天性善良，人更要仁义道德。天人合一，讲起来不费吹灰之力。

子在川上曰："逝者如斯夫，不舍昼夜。"说的是地上的大河，这也是孔子对人、对天地的观感。这里包含了面对时间的流逝，人们所产生的对于生命的珍惜与嗟叹，天地在催促圣贤、君臣、士大夫、君子，做好自己应该做的事情。这里有一种悲情的使命感，富有一种绝对的，不仅是自在，而且更重要的是自觉与自为的责任担当及对人生内涵的把握。

孔子又在说到颜渊死的时候长叹："噫！天丧予！天丧予！"（《论语·先进篇第十一》）他在悲天、怒天、怨天。当然，这只是一种民间化的情感表达方式，是抒发悲伤，或许并不代表什么不同的认知与见解。但孔子在此仍然流露出对于生者的督促与劝诫。那么好的颜回去世了，我们这些幸存者应该怎样地珍惜生命，多做修齐治平的好事情啊！

感慨天地，千言万语

中华传统文化不太讲究学科分类，中华诗文中，对于天地的感受思考，包含着多方面的内容。中华文化讲天地观，更抒发千千万万的天地感。感中观，观中感，是中华文化的特色。

"前不见古人，后不见来者。念天地之悠悠，独怆然而涕下。"陈子昂著名的《登幽州台歌》讲的是天地的无穷大性质，在无穷大面前，人生显得渺小，令人充满对于天地的悠悠感。悠悠是什么？长远、悠久、遥远、众多，因其终极与无穷而显得刺激乃至荒谬。而且陈子昂还将空间与时间的两个悠悠并且幽幽的感受，统到一起来了。

"海上生明月，天涯共此时"（唐·张九龄《望月怀远》），"海内存知己，天涯若比邻"（唐·王勃《送杜少府之任蜀州》），明月在天，沧海、知己、天涯与比邻在地，初唐王勃与盛唐张九龄早已有了地球村感慨，不是因交通与信息的高速公路，而是因月光与友谊。但是考虑到地球的形状与时差的存在，共此时说或有科学上的瑕疵。天文科学可能不利于月光诗情，但愿科学能唤起新的诗意。

"行到水穷处，坐看云起时。偶然值林叟，谈笑无还期。"王维的诗句则是从水之终于穷尽，云之经常升空，获得超脱与淡定。酒色财气，喜怒哀乐，生离死别，胜负通塞，都可以视如天象，可能是自然现象，也可能是神学符码；都可以观赏、理解、猜谜、消化、注意或根本不必注意。更聪明的办法是从生活中、点滴中、人事中、变化中摸索天道天命，豁然开朗，永远明白，至少是自以为明白。

天与地的一切表现与变动，有尽与无尽，理解与费解，如此与如彼，都可以在人的接受中有所等待、旁观、预防、警惕、淡化、付诸一笑，也都可以在摇头与难以接受中先平静面对；可以设想水穷处的水并不一定消失，而可能是转为地下水，升高的也并不一定是云，而是两分钟后就会被风吹散的虚无缥缈的薄雾。

而最后两句呢，把淡定与超脱心态扩展到人事，对于一个好静的老人来说，遇到林间老叟，也只是偶然碰上罢了。生活赶上什么算什么，水就是流着流着就没了，云霞升起更是天晓得升起或不升起是怎么回事，反正升完了也就没有了，不但没有成年累月之云，也少有三四个小时以上之云。谈笑了吗？谈笑的最高境界是与没有谈笑一样，没有话题，没有目的，没有预设，也没有备案，也就没有得失成败、希望失望、快活不快活，更不会说完了又后悔，也很少有必要说完话留下备忘录。

这里引用的王维诗句是《终南别业》的后四句，诗意偏于虚静与禅意。王维是一个诗意包罗宽阔多样的诗人，百姓的艰难、平民的生活、乡村生活的闲适、亲情与相思、山水的美丽迷人，他都能写透写美，类似的晚年半官半隐、平静淡化之作，只是他的诗作之一小类，作为天地观照，却也别成一格。

对于天地，人应该保持敬畏也保持亲和，保持从顺也保持奋斗，保持关注也保持自立，保持轻松也保持淡定质朴的老农式的喜悦。

天地境界

大哲学家冯友兰人生的四个境界说，第一是自然境界，其实今日人们会说是本能境界：吃喝拉撒睡，食色性也，这曾经被认为是最低的境界。现在讨论起来，人们的观感会有些不同。长时期以来，工农庶民，一辈子为温饱而奋斗，为不至于饿死、冻死、淹死、晒死，即因缺少基本生活资料而死，为生存权而奋斗，为活着而吃尽苦头，为活不下去而革命造反。这个境界究竟算低还是不低，恐怕还要研究，恐怕还可以有更多的探究空间与角度。

而从道家的"道法自然"观念、从现今世界执着于环境保护的人士的"后现代"对于工业文明的批判的观点、从唯物主义的观点来看，"自然"是一个日益崇高化伟大化根本化的范畴。

第二个境界是功利境界，这应该是基本解决温饱之后的事。追求所谓鼻子底下的蝇头小利，也仍然有饿死苦死的阴影在身后驱动。这与本人的智力、教育程度、能力有关，在正常的社会环境下，大批人士是功利境界的人，他们的功利当然利己，但有时也依赖于并有功于利人利家利国。

第三个境界是道德境界，窃以为具有道德境界的人也多半是解决了温饱并小有生存与事业资源的人，还有就是为了道义理念不惜放弃与牺牲已有的一切的人。他们做到了视道德高于生命，视道义使命和奉献精神高于一切，杀身成仁、舍生取义、公而忘私、一腔热血、先人后己、匹夫有责、民胞物与、视死如归、万古流芳、浩气千秋、舍己为人、高风亮节、为民请命、以身许国、春秋大义、精忠报国，种种美德，脍炙人口。

应该说道德境界，是君子境界，是国士境界，是士大夫境界，是公卿境界，是国之干城境界，是为政以德、以德治国、得民心得天下、王道仁政境界，乃至于是唐尧虞舜夏禹商汤文武周公仲尼的境界，是内圣外王的境界，是中华传统主流文化的境界。

道德境界也是苦行境界、献身境界、圣贤境界、舍身境界，不管在什么样的恶劣环境、俗恶世风下，总有一些这样的人，黄钟大吕、彪炳永世，照亮黑暗、振奋人心，使人们看到希望。

第四也就是最高的，乃是天地境界。就是说不仅是人文的，而且是扩而大之、饱而满之、周而全之、遍而及之、久而永之的境界。是天上三光日月星，地上三山五岳峰，人民万物全有致，内圣外王永太平的使命、责任、义务、关注、思考、劳作境界。

天地者，这里不但有人伦道德、仁者爱人，而且有天地义理，爱天补天，护地惜地，日月光华，四时吉庆，也有各种灾异，一切的一切都在启示你砥砺你，也可能谴责你警示你，你的重任在肩，良心良知良能在身，天正降大任于斯人，你需要的是对天地负责，对日月负责，对万物负责，对天下负责，对生民负责，也要对祖宗与子孙万代负责。

天地境界说极有感染力冲击力，它是更高的道德感受，是哲学直至神学的伟大崇高范畴，是数学的通向无穷与永恒的时间空间范畴，是科学的面对世界与人生的真理范畴，是诗学文学的感情化审美化语言符号的升华扩展与再升华再扩展，是悠悠此生此情、永生永情的诗性词眼，它也是一种中华式的神性幻想与崇拜。它略显宏泛、大而化之，然而既可视可触可感，又可以无所不包，找不到更合适的词来代替。

天地境界的说法教育我们，人生虽然短促，人身虽然渺小，人的境界是可以提升与扩大的，人不应该仅仅为了自己而活着，人应该默默地体察世界、天地、天地间的一切对自己的期待，默默地完成自己对于天地、世界、人类、同胞、祖国、故乡、生灵万物的义务担当，有所发展，有所贡献，有所创造，有所事功，有所播种、影响与遗爱。

"禾""田""国"三个字藏着国泰民安

彭兆荣 *

文字镌刻着历史的印记，积淀着情感和认同。
"禾""田""国"三个字蕴含了中华文明根性，对于理解中华文化具有启导意义。

"禾"

中国自古以来讲"家国天下"。但无论讲什么，首先都得讲粮食，也就是我国古代所说的"禾"。

中国古人特别强调"天时地利人和"。这六个字中就有两个字是"禾"旁，"从禾"。除此之外，汉文字中关于"禾"的字真不少，"年""种""税""私""秩""科""秀"等也皆从"禾"。历史上第一个统一"中国"的封建帝国名曰"秦"，"秦"也从"禾"。

这下明白了：人要活，家要立，国要兴，都得有禾粮。没有粮

---

* 彭兆荣，厦门大学教授、博士生导师。

食，所有的道理都是空谈。"禾"可亲可爱，至重至要，古代称之为"嘉禾"，是吉祥之物。它既泛指予民以生计的农事，也指生长茁壮的稻谷。

说来也巧，笔者家乡江西泰和之名正好源自"嘉禾"。有案可稽：泰和，古作"泰禾"，因"地产嘉禾，和气所生"而得名。江西是公认的水稻发源地之一，嘉禾之乡因稻谷生长而得名。中国第一部稻作农书《禾谱》的作者曾安止就是泰和人。《禾谱》是农史上继北魏贾思勰《齐民要术》后的又一部重要古代农书，是中国第一部水稻品种专著。苏东坡认为："文既温雅，事亦详实。"可惜《禾谱》只剩下了残卷。

泰和正好在井冈山地区。中国共产党建立的第一个革命根据地井冈山，就建立在吉泰地区（吉安—泰和）这一"嘉禾之地"。1927年，毛泽东、朱德等老一辈无产阶级革命家在井冈山开辟了农村包围城市、武装夺取政权的胜利之路。笔者也是到老这才悟到，原来那里就是"嘉禾—泰和—吉祥—胜利"之处。当然，人民才是胜利之本！所以，古代要当帝王的人，先得把"禾—农"的关系处理好，否则人民不可能拥戴。这也是为什么古代也把"嘉禾"比喻成王者的德绩，太平的象征，繁荣的景象。

禾又是灵秀的天物。何以给予这么高的评价？原因是，禾是天时地辰完美结合的产物。中国人的生命、生活、生计都是以年来计量的。就像我们在春节的时候放开嗓门喊：过年啦！为什么？因为"年"是四季之总称，是禾的形态，也属于禾族。过年其实就是谷物熟了，收成了，一年的辛苦有了收获，一年的生活有了保障，"考试"通过了！

陈梦家在《殷虚卜辞综述》中将"年"之"禾"释为"稔，谷熟也"。"年和稔同训谷熟。以年为谷熟，是假借为稔字"。所以，历代帝王在祭祀中向天申报时都要祈求"五谷丰登"。正是因为五谷大熟就是大丰年。丰年是太平盛世的标志，也是"王政"的业绩。即使在今天这样的价值和评价仍然不变，也不会变。

其实，这也是我们今天所追求的"和谐社会"。"和"从禾。"和"与"禾"同音，伴口。"口"为Ｕ，原是一种古代的置器——向神祷告祝辞的祭器。"和"有和平、和谐的意思。在殷商卜辞里，"禾"经常与"年"交替使用。由此可知"年"的计量以"禾"为据，追求丰年、韶年。

一年的辛勤劳作，全部的美好期待，诚挚的丰收祈愿，全部化在"和"中。最通俗的解释，"和"就是有粮食吃。"和"（禾＋口），明摆着就是"开口吃饭"。也只有建立了这样的"唯物主义"基础，才会有中国哲学最高境界的"道"的转化。难怪《中庸》这样告诉我们："和也者，天下之达道也。"

当我们把"禾"（嘉谷）—"年"（丰年）—"礼"（登尝）—"祀"（神祝）—"和"（达道）放到一起的时候，我们终于明白，原来"和"从地上一直通天。这也是为什么我们中华民族讲求"致中和"的道理。

"田"

禾从何来？回答：从田中来。天下的粮食都来自于"农业"。农业之重在于"田"，这也是为什么《齐民要术》的第一章名之为"耕田第一"。"田"在《释名》被解释为："田，填也，五谷填满其中。"这其实是最为朴素的道理。粮仓充实了，就富裕了，就有礼了。"仓廪实而知礼节，衣食足而知荣辱"，讲的就是这番道理。

老百姓追求什么？四个字可概括：富裕幸福。人们常用富甲一方来表示地方的富裕。在我国的古代典籍里，田、富、福是串在一起的。用今天的白话说，有了田就可以种粮，有了粮食就富裕，富裕了就是幸福。难怪，在这些字里面有"田（富、福）"，有"谷（裕）"。笔者就在想，难道人民所有的追求目标不都是这样的吗？中国人的主体是农民，当然把"富裕幸福"看成终极目标。

说起"田"，那还真不简单。按照我们的祖先认识的"田"，有点像今天的网络。甲骨文中的田，意思就是在一大片垄亩口上画出三横三纵的九个方格，这也是我们平常所说的阡（竖向田埂）陌（横向田埂）。有的甲骨文畾像畸形的地亩。有的甲骨文将阡陌简化为一纵一横十。无论什么样的形态，都表示阡陌纵横的田地。金文田、篆文田与我们今天使用的"田"已经完全一样了。

田在传统的文字造型中不是一个简单的单体字，还包含着小农经济的社会分工。我们古代讲究男耕女织（"牛郎织女"的故事原型也是从这里来），这就是说，男人的本职工作就是耕田。这也是为什么"男"的构造是"田＋力"，原来就是在田里卖力的人。《说文解字》："男，丈夫也。从田从力。言男用力于田也。凡男之属皆从男。"

说"田"不简单，还因为它几乎把中国古代的道理、治理都包含进去了。与之发生关系的有里、甲、佃、亩、畋、甸、畿、稷、苗、畕（"疆界"之意）、畴、疄等；而这些又都与田地、里甲、国家、边疆等历史和制度关联在一起。

我们在读古代典籍的时候，经常看到有这样一个概念：井田。在我国古代社会，"井田"完全可以编列出一系列相关的社会关系。比如，"井"是"家"的代表，"背井离乡"被描绘成失去家园的凄惨情状。"井"是乡土观景至为重要的生活必需，久之，也变成了"家乡"代表性符号。

所以，我们所听说的"井田制"，无论作为政治制度是否真正

196

存在（学术界有争议），都不妨碍中华民族传统文明的"道理"：包括宇宙观（天圆地方）、政治制度（井田制）、都城形制（城邑—国）、管理制度（里甲制度）、乡村聚落（邻里关系）、王城街区（街坊区划）等，都与"田"有着千丝万缕的交织。至少，井与家联系在一起。《说文》说"八家一井"。

有井就有田，有田就有里（理），里这个字其实就是"田＋土"，表示赖以生存的住宅与田地。《说文解字》："里，居也。从田从土。凡里之属皆从里。"说明"里"与"家"同构。而家不只一户，是不同的农户组成的亲属共同体（汉族的村落最为典型），所以就有了"邻里"关系。"里"不仅指邻里关系，也是行政单位，是计量单位，还是管理制度，比如里甲制度。可以说，古代的"农村基层干部"不是什么"书记""村长"。我们古代（迟至清代）地方基层组织的"管事"称长官里尹，诸如里吏、里正、里君、里长、里胥、里宰等。在大的历史范畴中，皆属于里、甲制，反正都是管"田"的——这两个字一眼就能看出"田"的身影。

"国"

有田才有国。这是中国传统"社稷国家"的终极解读。《管子》曰："后稷为田。"后稷为周朝始祖，也是农神。我国自古便将"社稷"作为"国家"。"社"就是祭拜土地，"稷"是粮食的总称。

这样的逻辑很明晰：有了田地，有了粮食，就有了国家。所以，国家的首要政务来自于"农正"。而"政"这个字就是从"农正"来的。《说文解字》解得很清楚："政，正也。"这也是古代政治以"田"为"政"的基础，即田政。这下理解了，为什么国家每年的"中央第一号文件"（非常时期除外）都是针对农业的，原因就在这里。

那国与田有什么关系呢？关系可谓密切。简单地说，我国古代的城郭（其实就是"囗—國"）营造形制正是以"田"为模范。《周礼·考工记》中有这样的句子："匠人营国，方九里，旁三门，国中九经九纬，经涂九轨。左祖右社，面朝后市，市朝一夫。"

其实，这样的城郭结构都是模仿田畴的形制——阡陌格式（设计界通常用"棋盘式"）来复制。在《周礼》中的王城建制，可以很清晰地看到城郭与田垄之间的紧密关联，包括方形或长方形，以及"坊市""里坊"等，都与传统农耕作业的井田制相互配合。长安作为中国为数不多保持其最初布局的城市之一，保留下了棋盘式的街道布局。

这也形成了我国古代城郭建制的第一个特点：都市设计采取方形。"田—囗—國"的形制都是方形（长方形）。从大的原则上说，这也是"天圆地方"的照映。北京皇城的建制基本上按照《周礼·考工记》王城规划理念设计的：首先，"择中"立宫，对称布局，确立南北中轴线；其次，"前朝后市，左祖右社"布局；再次，城中有城，即内城和外城的古代"城郭"形制；又再次，布置城门以配合经纬垂直的道路。

"田—囗—国"的田地形态成了城郭的第二个特点。具体地说，城郭的营建无不以井田之秩序和格局为模本，与传统农耕作业的井田制相互配合。《考工记》对这个说得很详细，后人注疏也清晰地说明城郭的形态是按照农田的形态仿制的。

"建城"的目的是什么？建国。"城"与"国"同构。这成了国家第三个特点。《周礼》："惟王建国。"按照我们老百姓的理解：要当国王的人，就要先建国；要建国的人，必须先建城。因为城是国的标志。

那么，维持国家靠什么呢？"农政"——主要就是征收税赋。这是第四个特点。"政"的本义是"征（徵）"，就是征收税赋。具体的情况是，通过田地的大小、土壤等级的高低、农户的农作情形实行税收。"税"者，从"禾"也。就是用禾谷兑换田赋。而"田赋"的另一种形式，"租"亦从"禾"（税的省略），加上"且"（组织、征收），也是指征收作为赋税的谷物。无论如何，国家的主要政务就是通过征收田税来维持国家运转。（农）正—政（治）—征（徵）的线索把国家政治（治理）给挑明了。

所以，要当好国王，当好"家长"，就要下地干活，起表率作用，哪怕是象征性的。这也是为什么我国古代的帝王无不亲耕。具体的方式是通过特殊的礼仪"耤田礼"——专门为天子举行"下田干活"的皇家仪式。这种农政的表示和表演，从周代一直延续到清末。古籍上说："天子亲耕之田也。古者耤田千亩，天子亲耕用供郊、庙齍盛，亲躬天下之农。"那意思是，天子亲耕，虽为表率，实为政务。这种耤田仪式在几千年的演变中，逐渐演变成了繁缛的皇家礼仪。

以清代为例：皇帝身为表率，亲率大臣躬耕，为表达对农业生产的重视，每年一、二月在先农坛祭先农神，行"耕耤礼"，皇帝在天田亲率众臣扶犁耕地。此时演奏的音乐，即《御制律吕正义后编》中的《三十六禾词》乐章，词谱共三十六句。据记载，歌词由清代三朝元老康雍乾时期大学士蒋廷锡撰写。

匡之太平谓之和。"和—禾"首先是粮食。而致中和作为中国古代所追求的最高哲学理念及自然界和社会秩序和谐的理想状态，正是脱胎于传统的农耕文明的原型，也是中华文明贡献给世界的伟大智慧。

汉字是中国人的文化底气

张利国 *

汉字是世界文明史上的一大奇迹，它是古老文字中唯一未曾间断、沿用至今的表意文字，蕴藏着中华民族博大精深的文化基因，形塑了中华民族共同体的基质结构，成为中国人文化自信的深厚底气。

汉字确证了中国古代的历史叙述

汉字起源于远古刻画符号，历经商朝的甲骨文、周代的金文、秦朝的小篆、汉代的隶书、唐代的楷书等演变过程，形成今日所用的规范汉字。

我们最常使用的"人"字，甲骨文是象形字，字形是垂臂直立的动物形象。金文承续甲骨文字形。篆文突出了弯腰垂臂、面朝黄土背朝天的劳作形象，展示的是中国古代的重农传统。隶书变形较

* 张利国，大连民族大学中华民族共同体研究院（学院）院长、教授。

大，弯腰垂臂的形象完全消失，演变成独立行走顶天立地的人。

"武"字中的"止"指的是"脚"和"戈"会意，表示要行军动武。这从甲骨文中看得很清楚。许慎《说文解字》注释"武"字时，引用典故说明了这样一个道理：打仗的目的不是耀武扬威，而是为了停止兵戈。《说文解字》的阐释，借"武"的字形，讲"以战止战"。"止戈为武"这一训释从文化的角度反映出中国人对"武"的理解，体现了中华文明坚持合作、不搞对抗的和平特性。

2008年，北京奥运会开幕式上以汉字"和"的演变过程展现活字印刷术；2022年，北京冬季奥运会"冬梦"会徽更是将中国汉字、书法艺术与冬季运动完美融合，展现了厚重的东方文化底蕴，展示了中华民族不断追求文明交流互鉴而不搞文化霸权的文明色彩。

汉字赋能各民族文化交融

随着各民族交往交流交融的深入，汉字从中原地区传播到边疆地区，成为形塑中华民族共同体的符号密码。一些少数民族起初没有自己的文字，他们在汉字基础上增减笔画、变更字形或借用汉字为注音标码，创造出"汉字系文字"，如契丹字、西夏文、女真大字、方块壮字等。

历史上以汉文、满文和蒙古文书写的土默特金氏蒙古家族契约文书，在内蒙古自治区科右中旗出土的以梵文、乌金体藏文、汉文、蒙古文、八思巴文、波斯文书写的六体文夜巡牌，承德外八庙内清朝皇帝以汉、满、蒙古、藏4种文字镌刻的题额、匾联以及碑文等，都实证了汉字在各民族交往交流交融中的重要作用。

众多由少数民族用汉字创作的优秀作品共同书写了中华民族灿烂悠久的历史文化，如鲜卑人元好问创作的《遗山乐府》、契丹人耶律楚材创作的《庚辰西域清明》、畏兀儿人贯云石创作的《酸斋乐府》。

元代天字拾二号夜巡铜牌，俗称六体文夜巡牌
（内蒙古科右中旗博物馆　藏）

　　诚如任继愈先生所说："维系这样一个大国的统一，主要的文化工具是汉字。有了汉字，才把全国众多民族紧紧团结在一起。假若中国没有'书同文'这样得力的措施，古代中国采取拼音文字，中国将不会是今天统一的形势，也许分成多少个独立割据的小国。"汉字正是发挥了横向的超方言功能和纵向的超时空功能，成为维系中华文明、塑造中华民族共同体的重要文化资源。

　　秦统一六国，下令推行"书同文"政策，以小篆作为标准文字，结束了战国时代文字混乱的局面，为大一统格局提供了重要的文化支撑。至汉代，形成了以原秦晋方言为基础的"通语"。隋唐以来，通过科举考试普及、推广汉字，学习、继承优秀传统文化。元代虽然是少数民族建立的政权，但是在语言文字方面，依然将京城大都

202

（北京）为代表的方言作为通用语。清代同样是少数民族建立的政权，但清初开朝者入关前就已经有非常高的汉语文素养，清朝统治者坚持儒家文化的主导地位，通过编修《康熙字典》《古今图书集成》《四库全书》等大型文化工程实现了古典文化的复兴。

一以贯之的汉字系统传承了中华文明

"今天一个普通的英国人几乎看不懂三百年前的本国文献……但对于中国人来讲，数千年的文献都能大概了解；他们对本国古代文化的无比热爱和理解，源于他们文字的这种特殊性质之故。"瑞典汉学家高本汉如此感叹。

世界上已发现的最古老文字中，有中国商朝的甲骨文、两河流域的楔形文字、古埃及的圣书字和美洲的玛雅文字。然而在历史长河中，唯有中国的汉字至今仍保持着旺盛的生命力，根源在于汉字当中潜藏着博大精深、源远流长的中华文化。

汉字不仅有力推动了中华文明发展，同时也为亚洲文明乃至世界文明作出了重要贡献。从春秋战国时期起，汉字就陆续传入日本、朝鲜等地，并在很长一段时期内充当这些地方的官方文字，在其历史发展进程中留下了闪亮的文明印记。

当今，"汉语热"在全球各国兴起，汉语爱好者的规模不断壮大。作为中华文明的使者，汉字的传播与应用，拉近了国家之间的情感，促进了世界上不同国家、民族之间的文化交流，成为联通中国与世界的桥梁和纽带，成为民心相通的独特载体。

多种版本的《千字文》

陈　辉 [*]

明代思想家吕坤曾说："初入社学，八岁以下者，先读《三字经》以习见闻，读《百家姓》以便日用，读《千字文》以明义理。"南北朝时期，梁武帝差人从王羲之的书法作品里选取 1000 个不重复的汉字，再命散骑侍郎周兴嗣编纂成文，是谓《千字文》。

作为中国古代三大童蒙读物中的"高阶读本"，《千字文》格式上四字为一句，内容涵盖天文、地理、社会、历史、人伦道德等各个方面的知识，对仗工整、音韵和谐、文采斐然，被世人称作"绝妙文章"。

它诞生于公元 6 世纪，却在历史长河中被争相翻译成若干种文字，在各民族中广泛传播。迄今已经发现西夏文、回鹘文、藏文、

* 陈辉，中央民族干部学院民族干部教育研究中心副研究员。

满文等多种文字版本的《千字文》。如此众多版本的流行，意味着历史上各民族的交流交融。

西夏人摹仿《千字文》

1038—1227 年，党项人在河西一带建立起西夏政权。李元昊命令大臣野利仁荣仿照汉字创制了西夏文，紧接着为了推广新文字，刊布了大量文献，用西夏文大量翻译佛教经典及汉文典籍如《论语》《孟子》《孝经》《贞观政要》等，还包括学习番汉双语用的《番汉合时掌中珠》。

后来，西夏仿照《千字文》编写字书《碎金》，全称《新集碎金置掌文》，将 1000 个不重复的西夏文编成长达 200 句、100 联的五联诗，全诗一气呵成，中间没有明显章节，内容丰富，编排方法和叙事列名的顺序明显受《千字文》的影响。

1909 年，黑水城遗址出土两种《碎金》写本，可惜被俄国探险队劫往圣彼得堡，现藏于俄罗斯科学院东方文献研究所。1999 年，敦煌莫高窟出土《碎金》残片，行楷字体。

值得一提的是，西夏文《大藏经》模仿汉文大藏经的"帙号法"（佛经排架的方法）做法，保留了以《千字文》为帙号加以标注的传统，也就是在每 10 卷经书题目下分别标"天、地、玄、黄"等字。

丰富而稚嫩的回鹘译本

已知的回鹘文《千字文》残片多达 12 件，涉及 4 种抄本，分别收藏在柏林、圣彼得堡等地。8—15 世纪，回鹘作为游牧民族，主要活跃在漠北蒙古高原、河西走廊、吐鲁番等地，使用回鹘文书写。840 年，漠北回鹘汗国瓦解后，部分回鹘部众西迁至吐鲁番盆地，建立起高昌回鹘，他们在这里接触了许多传世汉文典籍，也从汉文翻译了大量佛经。

《千字文》在吐鲁番一带流传甚广，当地一座唐墓里便出土过汉文《千字文》，大约是学生习字本。吐鲁番交河故城出土的一件汉文写本残片，尾题中记录着天禧年十三年岁次辛未，交河一个名叫胜泉都通的回鹘人阅读了《千字文》的事情。

回鹘本《千字文》译者采用直译、意译、音译相结合的方法，甚至为了方便读者，直接在回鹘文中夹写汉字，尽力还原汉文《千字文》的风采和原意。如现藏圣彼得堡的回鹘文译本，"骸垢想浴"至"晦魄环照"一段，可见"阮籍、蔡伦、西施"等夹写的汉字。

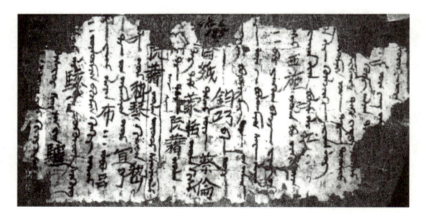

夹写汉字的回鹘译本

用藏文字母标音的《千字文》

敦煌藏经洞所出的杂写类《千字文》多达 140 余件，其中有一份别开生面的文献，是在汉字的左侧附上了藏文的读音，学界称之为汉藏对音本《千字文》，反映了藏汉之间在语言文化方面学习和交流的深度。

这份残卷从"而益咏"起，止于"徘徊瞻"，存 53 行，每行 13

206

个字，除两行完整外，余均残缺，第2—44行都附记藏文对音。

学者推测它是在11世纪初写成的，当时吐蕃人占据陇右和敦煌，上面的注音应当是操藏语的吐蕃民众为了方便诵读汉字，用藏文来记录汉语的发音。如果我们试着将一组藏文对音用字母模拟出来，可以发现"夫唱妇随"读成了"pu qon bu sui"，这恰恰符合唐代西北方音的发音特点，夫妇读成"pu bu"，说明当时当地的古人尚不会发"f"这个音，而是相对应地发成b或者p，这也是"阿房宫"之"房"读如"páng"的原因所在。

汉藏对音《千字文》（巴黎国家图书馆　藏）

内容齐整、字体纤长的满文本

清代统治者十分崇儒尚道，不仅大量刊印汉文本经史书，还专设翻书房，将汉文典籍译成满文，刻印流传。康熙年间，翰林院的编修尤珍书写了满文本《千字文》。

同其他译本相比，此文献的内容相当完整，无汉文对照，字体纤长秀气，颇具美感。其千字不重样的字书意义得以彰显，非常适合用作识字教育，有力推动了以儒学为代表的中华传统文化在民间的传播。

满文本《千字文》后收藏于日本早稻田大学，在文献《历朝圣贤篆书佰体千字文》开篇中出现。

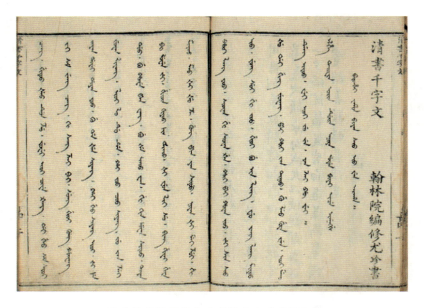

清代翰林院编修尤珍书满文本《千字文》

（日本早稻田大学图书馆　藏）

一烙千年：鏊子

司　卫[*]

鏊（ào）子，是做烙馍和摊煎饼的主要工具。明代《正字通》记载："鏊，今烙饼平锅曰饼鏊，亦曰烙锅鏊。"清代《说文句读》也记载："鏊，面圆而平，三足，高二寸许，饼鏊也。"

鏊具不断更新，烙焙技术久远

在古代，鏊子是把薄石头打磨成龟背状，再磨制光滑，下可烧火加热，上可烙馍、摊煎饼，专用于烙饼的炊具。在我国新石器时代遗址中，经常出土一种边沿有三足的盘形陶器。起初，文物专家对此没有统一的认识，直至1981年春，河南省郑州市博物馆考古工作人员在河南省荥阳市广武镇青台村仰韶文化遗址发掘出一件完好无损的陶器，呈覆盘状，有三个瓦片形足，外表光滑，内壁粗糙且

附着厚厚的烟炱（烟气凝成的黑灰）。经专家考证，这就是沿袭了几千年，现今仍然使用的烙制食物的工具——鏊子，因其质地为陶，称之为陶鏊。

河南省荥阳市广武镇青台村仰韶文化遗址出土的陶鏊

曾有人认为我国的面食技术是汉代从域外传入，但是陶鏊的发现和确认，证明新石器时代我国已掌握了传统的烙焙食物技术。

随着青铜器、铁器的出现，陶鏊逐渐被替代。1989年3月，河南省焦作市嘉禾屯林场砖瓦窑发现一座汉代铜器窖藏，出土了一件极为罕见的带盖弦纹青铜鏊。

青铜鏊由盖和体两部分组成，盖呈伞状，上饰两组弦纹，顶部有一桥形钮，钮下饰以梅花形饰片，钮上套一圆形提环。体为圆形浅盘，平底，下附三蹄足。盖周边有和鏊面扣合的子母口，上下合体十分严密。据考证，这是我国考古发现最早的带盖青铜鏊，是研究古代饮食文化的珍贵实物资料。

在我国内蒙古、辽宁及河南、山西、山东等地的窖藏遗存中，铁鏊是辽金时期的常见器物。1982年10月，内蒙古自治区准格尔旗准格尔召镇西夏窖藏出土一件铁鏊，鏊背饰有一朵八瓣莲花纹；

河南省焦作市嘉禾屯林场出土的汉代窖藏青铜鏊

1996 年 8 月，辽宁省岫岩满族自治县发现一件金代铁鏊，背面铸有一朵九瓣莲花纹。

烙饼图：展现古人用鏊场景

考古发掘中，古人用鏊子烙饼的图像不仅保存了珍贵的文化信息，更弥补了实物信息的不足。这些图像生动活泼，直观地反映了使用鏊子的情景，记录并展示了古人的劳作场景。

在甘肃省河西地区，发掘出大批魏晋时代的壁画砖墓，其中多幅"烙饼图"引人注目。1972 年，甘肃省嘉峪关市魏晋壁画墓发掘的一幅烙饼图中，一名女子正手持面皮往鏊子上放。1993 年，甘肃省酒泉市果园乡西沟村魏晋墓也发现了"烙饼图"，一女子头梳发髻，跪坐在三足平底鏊子前烙饼，身后放有两个大盆。

2003 年，河南省登封市高村发掘了一座宋代壁画墓，其中的"烙饼图"非常生动写实。画中有 3 位女子，左侧女子正在鏊子前持物翻饼，其右置一圆盒，内有烙好的煎饼。鏊子呈穹庐状鼓起，同现在常见的铁鏊无异。中间女子正在矮案前持两头尖、中间粗的擀面棍擀制面皮。右侧女子双手托盘，似走却又回首观望。整幅壁画色彩艳丽，人物各具情态，栩栩如生。

甘肃省酒泉市魏晋壁画墓 "烙饼图"

甘肃省嘉峪关市魏晋壁画墓 "烙饼图"

河南省登封市宋代壁画墓 "烙饼图"

多民族相互借鉴的饮食文化

通过上述介绍不难发现，我国与古代鏊子相关的遗存大多出现在北方，因为北方主食多为品种丰富的粗粮，经过简单加工后就可用来制作烙馍、煎饼等食品。

烙馍是一种特色传统面食，源自中原，有两千多年的历史。烙馍在各地叫法不一，如"饼馍""烙饼""单饼""薄饼"等。

相传楚汉时期项羽兵败，被韩信围追堵截，饥饿劳累。韩信为毁坏项羽名声，让人设计"把面捋捋摸摸，弄薄弄熟"，尽快做出些吃的，摆放在楚军必经之路。楚军虽饥饿，但无钱购买，便忍饥离去；项羽路过，也因未带钱离去。后来兵去饼留，百姓效仿制作，并因"捋捋摸摸"而称之为"烙馍"。

煎饼的由来也有一个传说。三国时期，刘备被曹操追杀，来不及做饭，诸葛亮让伙夫支起铜锣，把玉米面和成面糊，将支起的铜锣用火烤热，再把面糊倒在铜锣上，摊平烙熟，能快速充饥，后传至民间，成为传统食品。

历史上，不少文人对煎饼甚是喜爱。五代王定保在《唐摭言》中记载："段维晚富辞藻，敏赡第一……好吃煎饼，凡一个煎饼成，一韵灿然。"意思是做成一个煎饼，即可赋诗一首。清初著名文学家蒲松龄写了一篇《煎饼赋》，夸赞煎饼形色"薄似剡溪之纸，色似黄鹤之翎"，赞美其味道"味松酥而爽口，香四散而远飘"。清代袁枚在所著《随园食单》中记载："山东孔藩台家制薄饼，薄若蝉翼，大若茶盘，柔腻绝伦。"

摊煎饼需要以下几个工具：鏊子是烙煎饼的专用工具；笓子呈板状弧形，有手柄，持柄推抹面糊，有的地方叫"池子"；油擦子，土话叫"油搭子"，多层布缝制，上面渗着食用油，用来擦鏊子，防止煎饼与鏊子黏住，以便揭取。

当鏊子烧热后，用勺子舀上一勺面糊倒在鏊子上，用筢子沿着鏊子摊平抹满。面糊受热迅速凝固，烙熟成为煎饼。若要摊好煎饼，面要细，糊要稠稀适当，火候要好，手要麻利。饼摊好后，就可以把各种肉蛋蔬菜放在煎饼上卷起来吃。

煎饼因为在烙制时烘干了水分，可以较长时间储存，是人们出门远行必备的干粮。抗日爱国将领冯玉祥将军不但爱吃煎饼，还把煎饼称作"抗日饼"，专门写了《煎饼——抗日与军食》一书，详细介绍制作煎饼的原料、方法和煎饼的营养价值等。解放战争时期，山东沂蒙山区妇女还摊煎饼当军粮来支援前线将士。

研究人员发现，鏊子为饮食文化的传播发挥了巨大作用。从新石器时代陶鏊的出土范围看，覆盖了广大中原地区。而鏊子在辽金时期大量出现，表明各民族间不同文化的融合与互相影响，反映出少数民族对中原饮食文化的吸收和借鉴。

在一些特殊的节令，比如人日（农历正月初七），北朝和唐代都有在此日食煎饼之俗，这种别样的节日饮食习俗被契丹人继承下来。《辽史·礼志六》中记载："人日，凡正月之日……其占，晴为祥，阴为灾。俗煎饼食于庭中，谓之薰天。"在庭院中进食煎饼，叫做"薰天"。

在新疆维吾尔自治区巴里坤哈萨克自治县，过年还有"家家支鏊子，户户烧干粮"的传统习俗。随着时代变迁，如今鏊子不仅简化成厚板铁焊接的平底鏊子，食品也从单一的烧干粮扩展到烘烤肉制品。比如，巴里坤的鏊子肉被称为"肉中之王"，可以加入刀豆、茄子、红薯等蔬菜，与肉混合在一起进行炒制。

就这样，一"烙"几千年的鏊子，烙出了中华各民族从古至今不断交融的饮食文化。

鲁班：各民族共享的中华文化符号

熊　威 *

热播剧《唐朝诡事录》，随着幻术杀手沙斯骑着木鸟、飞上参天楼，最后被乱箭射死而画上句号。"木鸟"这一颇具文化想象力的飞行工具，并不是小说的原创，而是有着历史原型。《墨子·鲁问》早就记载："公输子削竹木以为鹊，成而飞之，三日不下。"公输子是谁呢？他就是我们所熟悉的鲁班。

鲁班是中国古代劳动人民智慧的象征，也是不断传奇化、符号化的中华文化标志。近年，以鲁班的"大国工匠"形象为依托而在多个国家设立的"鲁班工坊"，搭建起中国制作文化和工匠精神与世界沟通的桥梁。值得注意的是，鲁班不仅是中国制造文化的重要

---

* 熊威，华中师范大学文学院副教授，兼任湖北省非物质文化遗产研究中心（华中师范大学）秘书长。

符号，也是西南少数民族地区民间传说、民俗仪式、民族信仰的共同链接，是中华民族交往交流交融的典型案例。

鲁班传说

鲁班又名"公输般"，是春秋时期鲁国著名工匠。在《礼记·檀弓》和《墨子》中，较早记载了鲁班的发明事迹。相比于历史典籍中的文字记载，民间流传的鲁班传说更为多样、丰富。也正是凭借历代口耳相传的鲁班传说，塑造出一个妇孺皆知、享誉天下的巧匠形象。在各地流传的鲁班传说中，发明创造工具、解决建造难题、修建名胜古迹等是较为常见的情节。

关于锯子的发明，就有不同的说法。有说鲁班走路不小心滑了一跤，右手掌心被草划破。于是，鲁班观察草叶形状，根据其锯齿状边缘造出了锯子，提高了工效。也有说鲁班徒弟用鲁班扔掉的缺口刀子削木头，两人各执一端，一拉一送，很快就把木头削得整齐美观。受此启发，鲁班将刀片切出更多口子，于是便发明了锯子。

关于解决建造难题、修建地方建筑的传说也很有趣。传说某地要修建一座规模雄伟的文庙，他们准备用黄荆树做大梁，整块朱砂石做亭盖。木匠师傅好不容易找到材料，但却不知道如何将大块朱砂石顺利盖上，加之遭到同行暗算，导致大梁长度不够，无法完成工程。于是，鲁班化名为鱼日，用筷子、碗、鱼、饭模拟修建方法，最终帮助工匠师傅顺利完工。

现在，很多著名古迹，都有与鲁班相关的传说。比如，在河北的民间传说中，赵州桥的修建就与鲁班密不可分。传说鲁班和他的妹妹鲁姜路过赵州城南洨河时，见河上无桥，百姓深受其苦，于是决心修桥架路，为百姓解决出行难题。于是，兄妹二人分工合作，鲁班造桥身，妹妹做雕刻，一夜之间就建好石桥，并顺利通过了张果老的考验。

这些关于鲁班的神奇传说，语言生动活泼、情节丰富有趣，深受老百姓的喜爱。明清以来，伴随着内地与边疆的人口流动、社会交往和文化交流，鲁班传说开始大规模传入西南地区，水族、壮族、布依族、瑶族、白族、土家族、彝族、苗族等少数民族均产生了丰富多彩的鲁班传说。

西南多民族的鲁班传说

西南地区有丰富的木匠技艺，这些地区也流传着大量鲁班传说。比如，剑川木雕凭借其精湛的技艺和博大精深的艺术成就而享誉海内外。剑川木匠手艺精湛，起房盖楼，建亭造阁，出角架斗拱，雕龙刻凤凰，无有不会，无所不能。在大理州白族的传说中，鲁班不仅将木工技艺传授给剑川木匠，而且还将《鲁班经》《木经》倾囊相授。另外，鲁班还将"木匠之乡"的美名封赠给剑川。

更多的鲁班传说是与房屋建造有关。在水族传说中，洪水过后，水族人要重建家园，但是苦于头人欺凌，要求民众先修建好自己居住的高楼，然后才能修建各自的房子。鲁班将手艺传给水族徒弟，帮助民众修建好各自的房子，却一直拖着头人的工期。几天以后，又一场洪水来的时候，头人没有房子住，遭受了严重的损失，而其他人都有了新房子。

虽然也是帮助建造房屋，但在布依族传说中，认为鲁班是受布依族始祖盘古王的委托。看到人类住在树上和山洞里面，不仅遭受风吹雨打，而且还经常被野兽袭击，盘古王于心不忍，于是就派鲁班来建造房屋。鲁班去海里找龙王三太子借龙宫，模仿龙宫在地上修建房屋。后来，龙王三太子就找鲁班决斗，鲁班法力强大，将龙王三太子捆在柱子上。这就是布依造房中有龙柱一根的原因，而龙王三太子的虾兵蟹将也就顺理成章变成了造房子的鱼鳞梁和龟脚柱等。

这些丰富多彩的鲁班传说，不仅赋予了西南少数民族生产生活物资以神圣来源，而且深刻影响了西南少数民族同胞的道德情感和文化审美。鲁班无私奉献的品格、帮扶弱者的精神被各民族世代传颂。

各民族共享的中华文化符号

在跨民族、跨地域的流传过程中，鲁班形象不仅反映在传说故事层面，同时也深度融入西南少数民族日常生活之中，成为西南少数民族节俗文化和民间信仰的重要组成部分。

鲁班节是云南蒙古族的特有节日。据传，鲁班弟子旃班学成归来后，教会了蒙古族建筑工艺。在旃班晚年，有许多人来拜师学艺，但他只在每年四月初二收徒弟，因为这是鲁班送给他《木经》的日子。每到这一天，旃班不仅给新收的徒弟讲解《木经》，还让出师的徒弟进行各项技艺表演。为了纪念鲁班，旃班用最好的檀香木精雕了一座鲁班师傅像放在讲堂里，以此鼓励学徒努力学好各种技艺。旃班去世后，嘎卓人民在每年的四月初二集中到村中的庙里做会，过鲁班节。

祭祀鲁班是建房仪式的重要环节，这一传统在西南少数民族地区延续至今。比如，布依族建造新房时，要在鸡叫头遍时，先将围席、衣服、梳子等东西放在堂屋，祭奠鲁班和他的母亲。等到天亮以后，才把新房子的柱头立起来。蒙古族盖房子的时候，要在正堂屋里摆上一平升米，米上插一把戳子和一把弯尺，以此纪念鲁班和旃班两位祖师的高贵品德，并且祈愿新房在鲁班尺的庇佑下，永远坚固。当房子建成后，他们还会赠送木匠师傅一平升米和一套新衣服，祝愿他像鲁班和旃班两位祖师爷一样品德高尚、技艺精湛。

西南少数民族地区流传的鲁班传说，注入了地方社会想象和民族文化特性，进一步丰富了鲁班传说的艺术特色和文化内涵。在这些传说中，鲁班或作为技艺传授者，到不同民族中带徒传艺；或与少数民族共同劳作，帮助其解决建造难题；或扶危济困，帮助少数民族中的弱者等。这些传说生动展现了鲁班与西南各少数民族的友好交往，也映衬出内地与边疆各民族的密切互动，是中华民族交往交流交融历史的生动见证。

广泛流传于西南地区的鲁班传说，在赋予各自民族社会文化事项以神圣象征的时候，其中也蕴藏着大量跨民族的文化因子。比如，壮族的鲁班传说展现出瑶族、苗族和壮族共源的关系。区域内各民族形成共享的"同祖共源"记忆，进一步加强了西南民族之间的情感联系、文化认同与现实交往。另外，在中国文化传统中，"一日为师，终生为父"的伦理思想十分浓厚。鲁班被手工业者视为行业祖师爷，各民族工匠都是他的弟子，大家同出一门。这种"同门"情感，自然而然拉近不同民族的心理距离。

就像祖先作为一种符号，以血缘方式凝聚区域内各族群一样，鲁班同样作为一种文化符号，以拟血缘的方式，加强各民族之间的文化纽带关系，增强各民族之间的亲密感和文化认同感，进而为增强中华文化认同提供重要助力。

总之，在跨民族、跨地区、跨文化传播过程中，鲁班的人物形象日益饱满、传说故事更为精彩、艺术特色愈加鲜明。在西南少数民族地区流传的鲁班传说中，既塑造出与其他地区鲁班传说一致的艺术形象，比如机智巧妙、敢于创新、不畏艰险、乐于助人的巧匠形象，又带有浓郁的地方性和民族性文化特征。可以说，鲁班传说是各民族共同创造的文化符号，凝结着各民族的文化结晶，充分彰显出中华文化的多元一体性。

"三月三"：多民族众声欢歌

焦玉琴 [*]

每年"三月三"，广西、浙江、福建、贵州、海南等地都推出丰富的文娱活动，各族群众把这个节日过得有滋有味、有声有色。这一有着 2000 多年历史的传统节日一路传承下来，内容和形式日渐丰富，已成为中华民族大家庭众声合唱的欢歌。

"三月三"的起源、发展与衍变

"三月三"是一个多民族共有共享的节日，这一民族节庆盛事有着深厚的文化意涵，其悠久的历史渊源，可追溯至先秦时期的上巳节。

上巳，又称"修禊日"，即夏历三月上旬的第一个巳日。这一时节，万物复苏、生命萌动、百草竞发，对于古老的农耕社会而言

---

* 焦玉琴，中央民族大学中国少数民族语言文学学院副教授、硕士生导师。

具有重要意义，因此先秦时，上巳日在人们心目中已是一个与生活、生命息息相关的重要日子。又据考证，"上巳"的"巳"即"子"字，"上巳"即"尚子"，表明上巳日渗透着浓厚的生命意识，此时举行的活动多与"生"的内涵密切相连。

中华先民在三月上巳日进行祭祀、祝祷活动，祛邪避灾。《韩诗外传》记载："溱与洧，三月桃花水下之时，众士女执兰被除。郑国之俗，三月上巳之日，此两水上招魂，被除不祥也。"这是说人们在三月上巳日相约至溱水、洧水边，手持兰草洗濯祈禳、祛除邪疾。由此可知，于水边祭祀先祖之灵，在先秦时已成习俗。同时也表明，早期上巳日具有原始信仰的痕迹。

汉代将上巳定为节日，中原地区从官家至民间，在此期间皆举行"被禊"仪式以驱邪祈福，去除陈旧污秽。《后汉书·礼仪志上》明确记载："是月上巳，官民皆洁于东流水上，曰洗濯被除，去宿垢病，为大洁。"一些富贵人家还在郊外临水张设帐幕、摆上美酒佳肴，一边饮酒，一边被禊。

我国古有"二月二，龙抬头；三月三，生轩辕"的谣谚，以"三月三"为轩辕黄帝的诞辰，于中原地区尤盛。同时，"三月三"亦是真武大帝的诞辰。真武大帝既是水神，又是司命之神，在民间享有普遍奉祀，由是上巳节逐渐与"三月三"合流。魏晋后，出现"但用三日，不以上巳也"（《晋书·礼志下》）的情形，实现了从"上巳"到"三月三"的流转。

此时的上巳节庆衍生出更为丰富的活动内容，如临水宴饮、郊游踏青等，其中尤为人所称道者，莫过于文人高士"曲水流觞"的雅事。宋人吴自牧的《梦梁录》称："三月三日上巳之辰，曲水流觞故事，起于晋时。"魏明帝曾在洛阳御苑专门建流杯亭，用于上巳节流杯饮酒。文士于清流潺潺的河水边相聚，饮酒赋诗，抒怀言志。

把盛着酒的觞置于上游水中，任其顺流而下，酒杯停在谁面前，谁就取而饮之，并赋诗一首。

东晋书法家王羲之的《兰亭集序》便是这种雅集的产物。那是永和九年（353 年）暮春之初，时任会稽内史的王羲之与友人谢安等雅集于会稽山阴的兰亭，"群贤毕至，少长咸集"。面对如此盛况，在"天朗气清，惠风和畅"的美好春日，王羲之生发出"死生亦大矣"（死生是一桩大事啊）的深沉感慨，于是作《兰亭集序》，为上巳曲水流觞、文人雅聚谱写了一段千古佳话。由于此次雅集是为"修禊"（举行禊礼）而举办，故《兰亭集序》亦称"禊帖"。

至唐代，"三月三"已成为重要节日，宫廷和民间皆十分重视。其娱乐色彩胜过初起阶段敬重生命的信仰内涵，从唐人诗句"三月初三日，千家与万家。蝶飞秦地草，莺入汉宫花。鞍马皆争丽，笙歌尽斗奢……"来看，俨然一场春天的盛宴。杜甫诗句"三月三日天气新，长安水边多丽人"（《丽人行》）也是对这一节俗胜景的再现。

宋朝已降，由于强调礼教的理学兴起，风气开放的"三月三"上巳风俗逐渐不被接纳，加之"三月三"与清明节、寒食节的时间节点相近而走向融合，上巳节俗在中原地区日渐式微。

多民族众声合唱的欢歌

与中原地区上巳节俗日渐式微不同的是，南方少数民族地区，上巳节的许多文化风俗与活动事象得以保存、延续，上巳"三月三"由是发展成为南方众多民族的传统节日。其中以壮族、布依族、侗族、黎族、仡佬族、瑶族、畲族、仫佬族等最具代表性，产生了"壮族三月三""畲族三月三""黎族三月三""布依族三月三""报京三月三"等一批国家级非遗项目。

"壮族三月三"，又称"歌圩节""歌节"，是壮族祭祀祖先、倚歌择偶的重要节日。节日期间，青年男女相互对歌，并通过对歌寻觅心上人，因此"壮族三月三"也是一个表达爱情、寻求爱情的社会性活动。这种传统古已有之，南宋周去非在《岭外代答》中就对这种活动有所描述："上巳日，男女聚会，各为行列，以五色结为球，歌而抛之，谓之飞駞。男女目成，则女受駞而男婚已定。"駞，绣球，壮族传统工艺品。

"壮族三月三"也是祭祖敬神、祈求丰收的日子。人们不仅祭拜始祖，还祭祀真武大帝、神农，有的乡屯还祭祀村寨共同的神灵"布苏"。祭祀之后，开展一系列文体娱乐活动，如对歌、碰蛋、唱戏等。2014年，"壮族三月三"经广西壮族自治区人民政府批准为广西法定节假日，扩大了广西各族人民参与节日活动的机会和范围，也使得"壮族三月三"被国内外更多的人了解，成为独特的民族文化符号。

"畲族三月三"，又称"乌饭节"，有"三月三，吃乌饭"的传统习俗。节日期间，家家户户用乌稔树叶汁液泡糯米、蒸乌饭，并互赠，据民间传说是为了纪念唐代民族英雄雷万兴，也含有祝祷丰年之意。"畲族三月三"，对歌是不可或缺的。有"落寮盘歌""山哈歌会"，对歌的题材广泛、内容丰富，既有巫歌、讲古歌、史歌，也有情歌和习俗歌。人们或在田间地头，或于竹林深处，以歌为媒，传情达意，将节日的村庄变成歌的海洋。"畲族三月三"也是人们缅怀祖先、祈求福祉、准备春耕的时节。"畲族三月三"是活态传承的民族文化，进入新时代，其节庆活动也由祭祖祈福向着娱乐性、文化性方向转化。

"黎族三月三"，黎语称为"孚念孚"，是海南黎族、苗族同胞祭祀祖先、祝福新生、歌颂爱情的吉祥节日，以昌江黎族自治县和东方市为盛。每年农历三月初三，人们穿着节日盛装，携米酒、竹筒饭，从四面八方汇集到一起，祭拜祖先。之后，人们或是载歌载舞，或是开展具有民族特色的趣味体育活动，热闹非凡。1988年海南建省后，"三月三"节庆文化活动更多地与当地经济发展相结合，如与"椰子节""香蕉节"融合在一起，使传统节日增加了促进商贸交流的功能，从而焕发出新的活力。

"侗族三月三"，各地节庆形式不一。贵州镇远的"报京三月三"，也称"播种节"，节期5天。青年男女常于此时以葱、蒜定情，此外还有跳芦笙舞、走亲串寨、集体欢宴、对歌等民俗活动。广西侗族农历三月三要过"花炮节"。花炮声响有团结、幸福、吉祥的寓意。花炮升空后，来自各村寨的芦笙队、狮子队争抢花炮圈，夺得者为胜。此外还有唱侗戏、赛芦笙、射箭、斗鸟等文体活动。活动精彩纷呈，吸引附近的苗、瑶、壮、汉等各族百姓纷纷参与进来。

此外，布依族、瑶族、仫佬族、毛南族、水族、土家族等，皆有富于浓郁民族特色的"三月三"节日习俗。

"三月三"当代的价值和意义

从上巳节到"三月三"，一系列传统节庆活动、文化习俗能够在我国南方诸多民族中传承并延续至今，与中原地区和南方各民族自古以来频繁的往来交流密切相关。如广西地区的"三月三"是融合中原上巳节习俗与壮族歌仙刘三姐的传说，以及诗歌、祭祀、稻耕等多种文化于一体而形成的传统节日。如今，在多种力量的推动下，"壮族三月三"这一传统文化被赋予更多的现代意涵，同其他民族的"三月三"一样，成为带动地区经济发展、促进各族人民交往交流交融、增进认同的文化符号。"黎族三月三""畲族三月三"等同样如此，其中，祭祖祈福等习俗与中原上巳节祖先崇拜同宗同源，而在传承过程中，节日内涵不断丰富升级，以真实而质朴的方式表达人们的美好期盼。

　　无论是古代中原的上巳节，还是今日活态传承的各民族"三月三"，无论是汉族的水滨宴饮、郊外踏青，还是少数民族的歌舞海洋、情定当下，其内在机理是一致的，都表达出中华民族对生命的热望，对自然的敬畏，对美好生活的向往和追求。

　　跨越两千余年的传承发展，如今的"三月三"，形式和内容都发生了诸多变化。它早已不像魏晋时期那样为贵族或文人雅士专属，而是走向田间地头，走入村村寨寨，与普通百姓的日常生活、情感诉求密切相连，与地域文化、民族文化及时代精神相碰撞、相融合，实现多种元素的互动、互联和互通，生动体现了各族文化交相辉映、中华文化历久弥新，彰显着中华文明的多彩魅力。

龟兹高僧鸠摩罗什与佛经汉译

后秦弘始三年（401 年）十二月二十日，古都长安
（今陕西西安）迎来了一位特殊的客人——58 岁的鸠摩
罗什（344—413 年）。后秦国君姚兴如获至宝，将其尊
为国师。不久，鸠摩罗什先后在西明阁、澄玄堂、逍遥
园、大寺等地译（佛）经讲道。从 403 年开始，鸠摩罗
什又在姚兴的帮助下进行了多次大规模的佛经翻译活动。

鸠摩罗什不是印度人而是龟兹人

鸠摩罗什的家世渊源的确来自如今的印度次大陆。祖上世世代
代都担任"国相"。按婆罗门教（印度教的前身）的种姓制度，这
些世俗官员大概属于第二等的"刹帝利"种姓。他们虽然次于最高
贵的"婆罗门"，但比"吠舍"（普通自由民）与"首陀罗"（工匠

及卑贱的奴隶）两个种姓的地位要高得多。只不过，鸠摩罗什的父亲鸠摩罗炎厌倦了世俗的奢华生活，来到西域的龟兹国（今库车一带）。龟兹国王听说鸠摩罗炎不惜放弃相位来到龟兹，"甚敬慕之"，亲自出城来到城郊迎接，不但尊他为国师，还把王妹嫁给了他。鸠摩罗什就是鸠摩罗炎与这位龟兹王妹所生的"混血儿"。

公元 344 年，即东晋建元二年，鸠摩罗什在龟兹出生了。从这个角度来说，他当然又不能算成印度人（何况他的母系也是龟兹血统）了。鸠摩罗什的母亲是王妹，父亲是国师，这家人可算是龟兹国中最为显贵的家庭。谁知，鸠摩罗什才七岁时，就跟随母亲一起出家，成了一位小沙弥。九岁时，他又与母亲一同前往次大陆北部的罽宾求学经典，三年大成，偕母返国。十三岁的鸠摩罗什已开始四处讲经，名闻西域诸国。二十岁时，鸠摩罗什在龟兹受"比丘戒"，正式成为佛教僧侣。此后他在龟兹获得了更高的礼遇：升座说法时，龟兹的王公贵族纷纷跪于座侧，让鸠摩罗什踏着他们的脊背登上讲坛。

从这样的成长经历来看，将鸠摩罗什此人称为"龟兹僧人"相比"印度僧人"倒是更为合适。而佛教又是如何从印度传播到龟兹的呢？这就与龟兹的地理位置有着莫大的关系。大体而言，佛学东传最早是"丝绸之路"上的商人们的贡献。商人希望佛祖能够保佑他们辛苦而危险的旅途平安，并带来滚滚财富。在古老的"丝绸之路"上，他们于所到之处供奉佛像并在佛像前顶礼膜拜。沿着商人的足迹，佛教从印度西北部出发，越过阿富汗中部的兴都库什山、阿姆河，走过帕米尔高原进入西域。从此开始，又沿着塔克拉玛干沙漠分为南北两路。其中的北路经过尉头（今新疆阿合奇县的哈拉奇乡一带）、温宿（今新疆阿克苏地区温宿县）、姑墨（今新疆阿克苏地区拜城县一带）、龟兹（今新疆库车）、车师（今新疆吐鲁番西北）等诸国。其中，龟兹正处于天山南麓的北道要冲，是佛教东传的必经之路。

相比西域地区的原有宗教，佛教构建了一个更加复杂宏大的精神世界。加上佛经再三强调不重视种姓差别，一入佛教就如众流归海。相比种姓等级森严的婆罗门教，佛教也显得更加"亲民"。因此，在传入龟兹之后，佛教就迅速站稳脚跟，进而兴盛起来了。

信仰佛教自然要供养佛教僧侣，给佛教僧侣提供息止、功课、修行、布道的地方被称为寺院或伽蓝。雀离大寺就是古代龟兹的一座名寺，据说，鸠摩罗什之母在未出家之前便常常至此听讲佛法。唐代的玄奘和尚在《大唐西域记》记载，该寺位于龟兹故荒城北20余千米处，在接近山的高坡之上，傍着一条古河。据近人研究，该大寺遗址就在今库车县北苏巴什地方铜厂河两岸。由于该寺傍河而立，河东、河西各有一片寺院，故历史上又称其为二寺，即东雀离大寺、西雀离大寺。寺院里有许多佛陀雕像，装饰庄严，泥塑技术高超，东雀离大寺中还有一块玉石，供奉在佛大堂内，其上有释迦牟尼足印，长一尺八寸，宽约六寸。

佛教的传入，不但输入了宗教、文字、词汇，还输入了印度与中亚的文学艺术。而差不多与此同时，龟兹也受到了中原汉文化的强烈影响。

"龟兹"深深地被中原王朝影响

张骞出使西域之前，中原与西域已经有民间商贸往来。西汉建元三年（前138年）和元狩四年（前119年），张骞奉汉武帝之命，两次对西域进行"凿空"，进一步打通"丝绸之路"。之后，汉廷逐渐将匈奴人的势力从西域驱逐出去。神爵二年（前60年），西汉朝廷在乌垒城设立"西域都护府"，正式在西域设官、驻军、推行政令。这就是《汉书·郑吉传》中所称的"汉之号令班西域矣!"西域从此成为中国领土不可分割的一部分。

在西域的"城郭诸国"中,龟兹是个大国。这里有农业、畜牧业、手工业、商业,而且"能铸冶,有铅",相当富庶。从《汉书·西域传》的记载看,龟兹国的人口比疏勒、莎车、于阗的人口多四五倍,而位于塔里木盆地南道的五个小国合起来的人口虽稍多于龟兹国,可这几国的军力加在一起远不及龟兹一国。因此东汉明帝时期,班超率 36 勇士再定西域时,就认为只要平定龟兹,就可以底定整个西域大局。事实也果然如此。东汉朝廷非常重视龟兹作为西域政治、经济、文化中心的地位,代表朝廷管辖整个西域"西域长史府"的治所就设于龟兹。

随着西域诸国与中原王朝政治关系的日益密切,中原通往西域的道路上,也呈现出了"驰命走驿,不绝于时月,商胡贩客,日款于塞下"的繁忙景象。不但中原的丝绸、漆器、铜镜等器物以及农田水利、牛耕、冶铁等技术相继传入西域,汉字也成为龟兹的通行文字。清朝末年,有人在拜城县东北发现了一块"汉龟兹左将军刘平国作亭诵"石刻,刻于东汉桓帝永寿四年(158 年),上面记载了龟兹的执政官员刘平国率六名秦人共来做列亭之事。在这一石刻上,还有 100 多个汉代隶书的真迹。

简而言之,"丝绸之路"成为一条文化纽带,而作为"丝绸之路"上的重镇,古代龟兹也形成了多元文化的特色。据说,英国著名历史学家汤因比(1889—1975 年)就为之向往。他曾经说过:"如果人有来世的话,我愿意出生在新疆那个多个民族、多种文化交汇的库车地区。"存留至今的龟兹石窟也是文化交汇的绝佳见证。龟兹石窟始建于 3 世纪(早于著名的敦煌莫高窟 200 余年),止于 12 世纪。其中,比较具有代表性的石窟群有,库木吐拉、森木塞姆、玛札伯哈、克孜尔等。这些石窟不仅仅描绘了佛教教义的画面，而且还记录了古龟兹人狩猎、农耕、畜牧等生活场景，在表现风格上也汲取了中原绘画特点，其中库木吐拉石窟的汉地风格最为典型。库木吐拉早期洞窟壁画与克孜尔石窟相近，但在中期以后出现了一种和敦煌唐代壁画相同的风格，考古学家称之为汉风窟，它在库木吐拉石窟中占的比重很大。

据考证，龟兹国所建造的佛教洞窟多达600多个，面积达2万多平方米。这些惊人的数字足以让我们联想到，当年龟兹国是怎样的崇佛景象。《晋书·西戎传》也记载，龟兹国"俗有城郭，其城三重，中有佛塔庙千所"。当时，龟兹国全国人口不足十万，而寺院竟达千所，这同样也体现了当时佛教的兴隆盛况。而鸠摩罗什正是在这样的环境下成长为一位高僧，他的名气甚至传到了千里之外的中原大地。彼时虽是十六国时期的乱世，却是佛教自从东汉传入洛阳后在中原的第一个重要发展时期。前秦君主苻坚（338—385年）一度统一中国北方，他就非常倾心佛教。前秦军队攻克东晋重镇襄阳时，苻坚却说，自己以十万之众攻襄阳，结果只得了一个半人，"安公一人，习凿齿半人也"。所谓"安公"就是当时的名僧道安和尚。道安劝苻坚西迎"道震西域，声被东国"的鸠摩罗什，为其采纳。

译经中创造大慈大悲、普度众生

383年正月，苻坚派大将吕光带兵七万远征西域，还特意关照，"朕闻西域有鸠摩罗什，深解法相，善闲阴阳，为后学之宗，朕甚思之"，要是平定了龟兹，一定要把鸠摩罗什这位"贤哲者国之大宝"送到长安来。

吕光领命出征，大获全胜，鸠摩罗什也落入吕光军中。谁知人算不如天算，前秦征伐西域大获全胜，却在与东晋的淝水之战（383

年）中以绝对优势兵力惨败。苻坚"投鞭断流"的豪情，结果却化为"风声鹤唳"的仓惶，自己也丢了性命……吕光率军东归到河西走廊时，闻听中原再度大乱，干脆止步不前，在此做起了土皇帝，是为十六国中"后凉"（386—403 年）之始。

鸠摩罗什就这样跟随吕光从龟兹来到了姑臧（今武威市凉州区），并在这里住了 17 年。可惜的是，吕光是个"不好读书，唯好鹰犬"的赳赳武夫，对佛教不感兴趣，他只把鸠摩罗什当作一位占卜吉凶、预言祸福的西域方士。在这种情况下，鸠摩罗什自然是"无所宣化"，浪费了一生中的黄金时间，即从 40 岁到 57 岁。但他在留居凉州期间学会了"秦言"（汉语），这或许是这 17 年间唯一的收获。

在此期间，尊崇佛教的后秦两代君主（姚苌、姚兴）都曾派人来请鸠摩罗什前往长安，但都被后凉方面拒绝。这是因为吕氏政权里有人认为，鸠摩罗什有智谋，如果放他去长安，成为后秦军师，等于是给自己找麻烦。眼看对方敬酒不吃吃罚酒，401 年，姚兴再也按捺不住，发兵西征，大破后凉，这才得以将鸠摩罗什请到了长安。

在后秦统治下的长安，摆脱了在凉州半囚徒式的生活后，鸠摩罗什终于完成了一生中最重要的工作。他通过近 400 卷佛教典籍的传译和阐发，第一次把印度佛学按本来面目介绍过来，对南北朝时期中国佛学的繁荣以及隋唐佛教诸宗的形成都起了重要作用。这些经译，与中国文化的发展大有关系，曾给予中国最流行的几个佛教宗派以深刻影响，比如《阿弥陀经》是净土宗的主要经典；《妙法莲华经》是天台宗的主要经典；而《金刚经》则是禅宗的主要经典。

值得一提的是，谙熟汉语的鸠摩罗什译经之时已开启将外来文化中国化的实践。前人翻译佛经里的梵文，大都采用直译。这种译法当然有其道理，比如佛教里的"涅槃"本身就是汉语原来没有概念，但直译过多，带来的问题就是文义不通畅，理解困难。有鉴于此，鸠摩罗什确立了以意译为主的原则。比如《金刚经》有"一切有为法，如梦幻泡影，如露亦如电，应作如是观"。《佛遗教经》也说"譬如小水长流，则能穿石"。今天汉语中常见的词汇如"大慈大悲""普度众生"，还有"烦恼""苦海""未来""心田""爱河"等词汇都源自鸠摩罗什的翻译与创造，他对中国文化的贡献实在是不言而喻的。

413 年（亦有 409 年等说），鸠摩罗什圆寂于长安。此前，他曾发誓，以死后舌不焚烂证明其译经的精确无误："若所传无谬者，当使焚身之后，舌不焦烂。"据说，当时奇迹果然出现："依外国法，以火焚尸，薪灭形碎，唯舌不灰。"如今，武威当地人大概没有不晓得罗什寺塔的，它原在罗什寺内，后来寺毁塔存。这座塔就是为纪念鸠摩罗什而建的，据说塔内就埋葬着他那传奇之舌。而鸠摩罗什的一生，也成为当时龟兹与中原文化交流、融合的一个重要见证。

唐诗何以成为中国古典诗歌的典范

莫砺锋 [*]

> 如果说中国的诗坛是一片高原，那么唐诗无疑是这片高原辉煌的高峰。

有唐一代，国家统一、疆域辽阔，李白咏叹"黄河之水天上来"（《将进酒》），杜甫面对泰山感叹"会当凌绝顶，一览众山小"（《望岳》），岑参遥至西域领略雪山、大漠风光……因此唐代的山水诗，境界阔大，风格奇伟，达到了历史上同类作品的巅峰。

同时，唐朝的民族大融合为文化交融和繁荣奠定了基础，大家层出不穷。比如，李白、白居易之先世出自西域，元结、元稹、独孤及等出于鲜卑，刘禹锡先世出于匈奴，皆为显例。汉字书写的诗歌成为唐代各民族共同的情感表达工具，也构建了文化认同的重要媒介。因此，这种前所未有的新气象是唐诗在整体上超越前代诗歌

---

* 莫砺锋，南京大学教授、博士生导师，中国唐代文学学会顾问。

的主要原因。

"初唐四杰"、盛唐气象、中唐流派和晚唐夕照

初唐时期的代表诗人是"初唐四杰"——王勃、杨炯、卢照邻、骆宾王以及第一个举起诗歌革命大旗的陈子昂。这个时期的唐诗气象万千、雄浑博大，进入了唐诗繁荣的准备阶段。

唐诗在盛唐时期达到了全面繁荣的高潮。由于国家繁荣、社会安定，诗人可由多种途径实现人生的追求。有的以侠士面目出现，成为热情的进取者，希望通过从军立功等途径施展抱负；有的则以隐士面目出现，成为恬静的退守者，希望幽居山林以获得生活与心境的宁静。这两种人生态度，是盛唐诗题材取向的基础，并形成了以王维、孟浩然为首的山水田园诗派和以高适、岑参为首的边塞诗派。

王维、孟浩然等人的作品，以清新秀丽的语言描绘幽美的山水景色和宁静的田园生活，诗人的心灵沉浸在美丽自然的怀抱之中，滤去现实生活中的名利杂念，从而构成了静穆空灵的境界。

盛唐边塞诗的思想倾向与情感内蕴都比较复杂，高适、岑参等人的主要作品多以唐王朝的边境征战为表现对象。诗人描绘塞外大漠的奇异风光，塑造边关军民的英雄形象，同时也表达了保家卫国、建立功勋的人生理想。

所谓盛唐气象，就是那个时代富于浪漫气息和理想色彩的精神面貌在诗歌中的集大成。最杰出的代表首推李白，深邃的思想、惊人的天赋、丰富的想象，使得他当之无愧成为盛唐诗坛最耀眼的明星。与李白齐名的伟大"诗圣"杜甫，则以清醒的洞察力和积极的入世精神，深刻全面地反映现实生活。

唐代中后期，先后出现韩愈、柳宗元、张籍、李贺、白居易、元稹、刘禹锡、杜牧、李商隐等风格不一的杰出诗人。他们的诗从

不同角度反映了唐王朝走向衰落过程中的社会危机和民间苦难，艺术成就很高，对后世的影响也很大。

中唐诗坛如百花齐放。一个流派以白居易为首，包括元稹、张籍、王建、李绅等，他们强化了诗歌的讽谏美刺功能，艺术风格平易近人；一个流派以韩愈为首，包括孟郊、贾岛、卢仝、李贺等，他们在艺术上勇于拓展新境界。

晚唐诗坛上最著名的诗人，要数杜牧和李商隐。杜牧的诗风受杜甫、韩愈影响较大，以清新峭拔为特征，擅长七绝；李商隐以七律著称，结构精致、语言瑰丽，内容则以抒身世之感、写家国之哀为主，与杜甫诗风一脉相承。从总体上看，晚唐诗歌的美学特征类似于秋花、夕阳，唐诗到此时也就进入了尾声。

何以最高峰之李白

唐诗成就的最显著标志，是出现了李白、杜甫、白居易等杰出诗人。他们不但是唐诗中的最高峰，而且是整个中国诗歌史上最伟大的诗人。

从青年时代的仗剑出蜀，到残暮之年的投军自效，李白始终是奋发向上的雄豪之士。尽管入仕的道路非常曲折，入朝后的遭遇也令人失望，但他的凌云壮志并没有随之消减。在《答王十二寒夜独酌有怀》等诗中，他以无比轻蔑的语气批判黑暗势力，表示决不同流合污；以无比豪迈的气概宣扬自己的理想，决心远离污浊的尘世，回归纯朴清静的自然。"长风破浪会有时，直挂云帆济沧海。"他的诗歌则成为激励人们永不放弃的"励志诗"。

李白诗中洋溢着冲破羁绊的自由意志。他的思想无拘无束、自由自在，绝不局限于某家某派。李白对儒家尊崇但不迷信，其治国平天下的理想正是儒学的核心内容。李白对道家的崇尚不逊于儒家，道家睥睨万物、高蹈尘外的超越态度以及摆脱传统的解放精神都非常符合他的性格。除了儒、道之外，李白对纵横家、神仙家、佛教等思想也都有所汲取。他始终追求的自由思想和独立意志，是留给我们的巨大精神财富。

何以最高峰之杜甫

"少陵一生却只在儒家界内。"

出生于儒学世家的杜甫，从小就接受严格的儒家思想教育，终生服膺儒学。从检索中可以看到，杜诗中共有 44 个 "儒" 字，其中有一半是他的自称。杜甫好以儒家的祥瑞凤凰自比，念念不忘的那个凤凰也是他自己的化身。深受儒家思想影响的杜甫，对人生抱有坚定的信念，把安邦定国视为自己的使命。

"许身一何愚，窃比稷与契！"

杜甫在《自京赴奉先县咏怀五百字》中这样自述其志。他为何要自比周朝的祖先稷、商朝的祖先契？对此，明代文学家王嗣奭在《杜臆》中解读："人多疑自许稷、契之语，不知稷、契元无他奇，只是己饥己溺之念而已。""己饥己溺"之念是一种高度的使命感，杜甫身体力行地将儒学思想付诸实践，用自己的整个生命丰富、充实了儒学内涵。

儒学的核心就是仁爱思想，从这个意义上说，杜甫正是弘扬儒家精神的唐代大儒。尤其可贵的是，杜甫由近及远、由亲及疏地将仁爱之心推至天下苍生。在一个秋风秋雨之夜，茅屋被大风刮破了，全家人彻夜不得安眠，此时此刻的他竟然如此抒愿立誓："安得广厦千万间，大庇天下寒士俱欢颜，风雨不动安如山！呜呼，何时眼前突兀见此屋，吾庐独破受冻死亦足！"

一部杜诗，我们不妨称它为"儒家精神的诗语表述"。杜甫用精美绝伦的诗歌语言阐释了儒家的内在精神。杜诗不仅是我国古典诗歌的最高峰，更是中华优秀传统文化的宝贵遗产。

何以最高峰之白居易

从唐代起，白居易的诗歌就受到日本等东亚邻国的高度重视，其影响早已超出国界。出身官宦家庭的白居易，祖、父两代都是明经出身的低品级地方官。他自幼深受儒家思想的熏陶，也比较接近社会下层的生活，对民间疾苦感同身受。兵荒马乱的时代、颠沛流离的经历，使得白居易写出了《新乐府》。曾经任左拾遗、充翰林学士的从政生涯，让他始终以勇于进言为己任、以天下兴亡为己责，满怀热情地为朝廷献计献策。白居易写了大量以政治批评为主要内容的诗歌。这些诗歌的主旨与他的谏疏相一致，就是间接地向朝廷反映现实社会中的严重问题。此类讽喻诗共172首，其中以50首《新乐府》和10首《秦中吟》为代表作，他旗帜鲜明地发出了自己的宣言："文章合为时而著，歌诗合为事而作。"

而被白居易称作"感伤诗"的《琵琶行》乃后世传诵极广的名篇，堪称其代表作。千古绝唱《琵琶行》无论叙事、抒情还是描写，都达到了炉火纯青的化境。最能打动读者的，无疑是诗中流露出的诗人对素昧平生的琵琶女的满腔同情——琵琶女和身为朝廷命官的士大夫，身份天差地别，但"异质同构"的命运使他们偶然相逢，并且产生了由衷的同情和强烈的共鸣。《琵琶行》最精辟深刻、最震撼人心的诗句就是："同是天涯沦落人，相逢何必曾相识！"

唐诗乃巍巍高峰，如果说中华文化是中国人生活的升华，那么唐诗就是中国人文化高度的写照。

《格萨尔》：堪称"世界之冠"的伟大史诗

诺布旺丹[*]

作为中华文化乃至世界文化宝库中极其珍贵的史诗文本，《格萨尔》经历了从上千年来流传在青藏高原的民间口头叙事传统，到国家话语体系下的民族民间文化，再到国际视野中的人类非物质文化遗产的发展历程。它是中华民族对人类文明的一大贡献。

历史上，英雄格萨尔的故事一直流传于藏族以及蒙古族、纳西族、裕固族、土族等民族中，他们将故事本土化，形成了各民族十分崇尚的英雄史诗。《格萨尔》发轫于青藏高原，而后向各民族各地区甚至跨境、跨文化语境向周边传播，成为见证长期以来藏族和其他民族交往交流交融的文化瑰宝，也成为中国及"一带一路"沿线国家和地区共享的重要文化遗产。

---

* 诺布旺丹，中国社会科学院民族文学研究所藏族文学研究室主任、研究员。

从 20 世纪 50 年代开始，我国政府就将《格萨尔》搜集、整理等纳入国家文化保护工作，可以说赋予了其"第二次生命"。在此基础上，21 世纪初以来国家对非物质文化遗产保护理念的大力倡导和实践，使《格萨尔》得到进一步的保护、传承和发展，并立足本土开启了与世界新的接轨和对话。

作为民间文学巨著，《格萨尔》首先是由藏族人民集体创作、至今仍在活态传承的宏大叙事史诗，代表着古代藏族民间文学的最高成就。它以韵散兼行的方式讲述了英雄格萨尔王为救护生灵而投身下凡，率领"岭国"部落降妖伏魔、抑强扶弱，推动众人和睦相处、建设美好家园的故事。它全面反映了藏族等民族的历史、社会、宗教、风俗、道德和文化的古老风貌，是本土知识、族群记忆、民间智慧、母语表达的重要载体。

与其他民族史诗和民间文学作品一样，《格萨尔》基本的传播方式有两种：一是靠手抄本与木刻本保存和传播；二是靠民众尤其是优秀传承人口口相传。格萨尔传承人即说唱艺人，藏语称作"仲肯""仲哇"，意为讲故事的人。正是凭借一代代"仲肯""仲哇"杰出的口头艺术才华和薪火相传，《格萨尔》得以在广袤高原农牧区传承千年，在民众中流传广泛、影响深远，甚至成为他们日常生活的一部分。

民间艺人在演唱时，经常用三句话来概括《格萨尔》的主要内容："上方天界遣使下凡，中间世上各种纷争，下面地狱完成业果。"由此可见，整部史诗由英雄下凡、降服妖魔、安定三界 3 个部分组成。对其规模，学界则普遍以 100 多万诗行、2000 多万字、170 多部文本来描述，当之无愧是世界上篇幅最长、规模最大、活态传承的史诗之一，堪称"世界史诗之冠"。就篇制而言，实际上这些只是概数，因为《格萨尔》属活态史诗，其篇幅、内涵均随演唱艺人的即兴创造而不断突破。如今我们所看到的《格萨尔》，是一个文本内容浩瀚、话语结构复杂、文类形态多样、传承方式众多，跨民族、跨境、跨文化圈流传的宏大叙事传统。

这部"百科全书式"的伟大史诗，同时也见证着我国各民族的交往交流交融和文化创造力。它不仅是唐卡、藏戏、弹唱等传统民间艺术创作的灵感源泉，也是文学、影视、舞蹈、音乐、美术等现代艺术的源头活水，对各种文学艺术形式的繁荣发展产生了巨大的促进作用。在《格萨尔》流传的过程中，各民族的语言文字、宗教信仰和价值观念等都对其产生了深刻影响，与此同时它也不断吸收各民族的文化，丰富了自身的内容和内涵。

回溯《格萨尔》形成之初，它与众多民间故事一样，似乎是一个脱胎于历史（以历史为题材）、以"传奇"形式流传在民间的故事。那么，这个传奇性的、只鳞片爪的民间故事是如何发展为一部宏大的叙事作品，进而成为一个蔚为壮观的叙事传统的呢？

《格萨尔》史诗文本由三类不同的文类部件组成，即历史性文类、神话性文类和艺术性文类。其中，历史性文类是史诗诸文类的基础，但它在后来的口传语境下，不断经历"去历史化"的过程，并逐步融入神话化和艺术化的意象，最终构筑起"史诗大厦"。世界其他史诗多数都起源于真实历史，或以历史为底色。对照不同时代的《格萨尔》文本就会发现，早期文本尽管富有传奇色彩，但比较接近客观现实；稍后的文本具有较为强烈的神话色彩；而晚近产生的文本则带有浓郁的佛教色彩，总体上大致经历了从历史经验（原初历史叙事）到历史神话化再到神话艺术化的三个阶段。

据文献记载，格萨尔是一个历史人物，11世纪上半叶出生于青藏高原一个叫"岭国"的部落，即今四川省甘孜藏族自治州德格县俄支一带，他生前的真实生活情景在成书于14世纪的《朗氏家族史》中有着较为详实的描述。谭其骧先生主编的《中国历史地图集》的唐代地图中明显标记了"岭"地位置，说明该部落在当时就已经很有名了。由此，格萨尔作为一个有血有肉的历史人物，奠定了《格萨尔》文本产生的基础。随后，从原初历史叙事到神话性叙事演进，格萨尔由人转变为神，也使历史文本逐步演变为史诗文本。

在此过程中，藏族历史上诸多重要事件与《格萨尔》形成了互文关系，成为模塑史诗文本的重要素材。从宏观上看，整个史诗的时空观指涉了藏族从分散的部落社会走向统一的吐蕃社会的历史事件、社会事象、民俗传统、军事成就等。随着互文化的递进，《格萨尔》借鉴了藏族历史上诸多指涉社会文化事象的概念和术语。比如，把"宗"（古时西藏县级行政机构）作为基本的叙事单元，往往用"十八大宗""十八中宗""十八小宗"或"六十四小宗"等来描述和划分史诗故事的单元。此外，它也融入了当时诸多历史事件，包括佛苯之争、吐蕃时期和后弘期藏族地方势力间的相互征战等。而这种互文性运用了神话化、艺术化的手法，尽管在篇制规模上神话化文本尚未达到鸿篇巨制的程度，但故事范型和基本架构已经形成，先后出现《诞生》《赛马称王》及《霍岭大战》《姜岭大战》《门岭》《魔岭》等篇章。对此，学者杨义提出："在漫长时代中，由于获得多种文化因素的哺育以及艺人的心魂系之的天才创造，（《格萨尔》）由原来有限的几部，滋芽引蔓，生机蓬勃，拓章为部，部外生部，仅降伏妖魔部分就衍生出十八大宗、十八小宗，尽情地吸收了民族的丰富智慧，终在篇幅上长达百部以上。"

《格萨尔》在孕育、诞生的早期借鉴和吸收了佛教文化，得以化蛹为蝶，有了从神话故事到宏大叙事的华丽转身。尽管后期的《格萨尔》文本中佛教思想逐渐强化，但其艺术化的本质从未改变。佛教作为一种艺术化的手段，造就了《格萨尔》从感性到理性、从经验层面到观念层面更替演进的过程，为史诗从神话化向艺术化的跨越起到了重要作用，也为史诗从隐喻到象征层面的过渡提供了哲学基础。无论历史神话化阶段还是神话艺术化阶段，《格萨尔》文本的演进均以艺术想象作为出发点，以诗性思维作为史诗演述的逻辑本源，推动形成了《格萨尔》为我国各民族所认同的核心价值观和理念，比如家国情怀、济世之道以及平等、自由、正义等。

正因为其崇高性特点和宏大性思想，《格萨尔》史诗得以跨地域、跨民族、跨境、跨文化传播和发展。11—12世纪在以三江源为核心的青藏高原腹地形成后，《格萨尔》不断向外辐射，在区域和地缘层面形成了流传的"核心区域"和"辐射区域"，以及横跨青藏高原、蒙古高原和帕米尔高原的巨大的史诗流传带，成为喜马拉雅山地区多民族文化圈的一个重要组成部分。伴随着朝圣者和茶马古道商旅的脚步，伴随着说唱艺人的忘情吟诵，尤其是各民族交往交流交融的不断扩大、深化，《格萨尔》逐渐从我国西藏、四川、青海、甘肃等省区的接合部，流传到了更多更远的地方。

如今，在西藏、内蒙古、新疆、青海、甘肃、四川、云南等七省区的藏、蒙古、土、裕固、东乡、撒拉、纳西、羌、门巴、珞巴、普米、白、独龙、傈僳等民族中，《格萨尔》流传广泛，影响深远。此外，尼泊尔、不丹、印度、巴基斯坦、蒙古、俄罗斯等国家和地区也有传播。也就是说，它在"一带一路"沿线形成了国际流传带，成为世界文化交流史和史诗版图上一道亮丽风景线，成为人类文明交流互鉴和文化创造力的重要见证。

歌诗长绕贺兰山

马志英　邱　潇[*]

屹立于宁夏西部的贺兰山，自古以来就是北方游牧文明和中原农耕文明汇集、碰撞、交融的区域。以贺兰山为主题的各类诗歌作品是各民族交往交流交融的文学产物，其中蕴含着丰富的文化内涵和情感意蕴。

从边塞疆场到居家乐土

贺兰之名缘于晋代，匈奴北狄"贺兰氏""贺赖部"曾经驻牧于贺兰山麓，他们遂用部落名"贺兰"来命名此山。

贺兰山之名首见于《隋书·赵仲卿传》："突厥犯塞，以行军总管从河间王弘出贺兰山。"突厥侵犯边塞，赵仲卿跟从王弘出师贺兰，与突厥征伐交锋，护卫边疆安宁。可见，无论是其在史书记载

---

* 马志英，北方民族大学中华民族共同体学院教授；邱潇，北方民族大学中国古代文学专业硕士研究生。

或是得名缘故，贺兰山一直都是游牧民族栖息之地，同时也是沟通、联系中原和边地的重要桥梁。

文学之中的贺兰山书写最早见于唐代诗人王维的《老将行》，"贺兰山下阵如云，羽檄交驰日夕闻"，这里的贺兰山是以独立的地理符号进入诗人的观照视野。诗歌以贺兰山战况紧急引出老将不计恩怨、请缨保国之事，歌颂了老将的家国情怀。

此后，贺兰山作为重要的文学意象时时出现在边塞诗中，虽然其所呈现的文化内涵丰富多彩，但民族大义、家国情怀始终是贯穿贺兰山主题诗歌的情感基底。

唐卢汝弼"半夜火来知有敌，一时齐保贺兰山"再现了护国守疆的豪情壮志。宋姚嗣宗"踏碎贺兰石，扫清西海尘"表现出将士们收复河山的雄心壮志。金折元礼"六郡少年，三明老将，贺兰烽火新收"展现了各民族众志成城、团结奋战的动人画卷。这些诗歌从不同角度诠释了爱国主义的精神内核。

明代，伴随着边防事业的大力开发，朝廷调任一大批德才兼备的官员远赴宁夏戍边，他们深入贺兰山周边人民的生产生活之中，同时对此也歌之咏之，由此诞生了大量的以贺兰山为主题的诗文作品，赋予了贺兰山更加丰富深刻的精神内涵。

有的戍边官员以细致的笔墨描绘了贺兰山山脉中的长城、关隘、屯堡等军事防御体系的开发过程，并以此寄寓自己的功业理想。如嘉靖年间巡抚杨守礼在任期间，修建关堡、调整驻防，造福人民，深得当地百姓的爱戴。他的《晚入打硙口》《入山劳士》《登贺兰山修赤木口》等诗作，有期待疆域统一的炙热情感，也有对边防事业的忧心关切，其忧国忧民之情令人动容。

另潘九龄、王崇古、刘思唐等一大批诗人也借驻防修关之事抒发报国之志。如"百堵当关千仞险，一劳为国万年安"（潘九龄《次南涧中丞公阅赤木口途中口占》）直接点明了贺兰山关隘的修筑对巩固边防安全的重要性。

游子思乡也是这时期贺兰山诗歌的重要主题。如"贺兰三百里，只隔黄河水"（朱旄《菩萨蛮·归思》）与"呜呼一歌兮歌未阑，征人早已泪阑干""未知何日是归期""孝子思亲何日休""倦客思归欲愁绝"（潘元凯《贺兰九歌》）等。这些诗句多角度地奏响了戍边战士系念亲人、眷念故土的共同心曲，折射出将士们对阖家团圆、国家统一的强烈渴望。

随着清王朝在西北地区军事力量的加强和民族融合政策的推行，贺兰山周地不再是烽烟不绝的沙场，而是一方太平安宁的乐土，故有诗人发出"何须夜保贺兰山"（王绥《废垒寒烟》）、"不见烽烟起贺兰"（徐保字《新堡怀古》）的感叹。

这一时期，大量以开凿、修缮河渠为主题的诗歌展现了贺兰山的崭新风貌。程光辅《昌润渠工竣》、通智《昌润渠工竣恭纪》等作品，详细地描绘了贺兰山麓水利工程的修缮给当地农牧产业、人民生活所带来的便利，赞美之情溢于言表。

从昔日烽火连绵的沙场疆域到如今富饶易居的塞上江南，贺兰山主题诗歌积淀了同心同德、共卫家园的爱国情怀，彰显了爱好和平、反对战争的理想信念，也抒发了士人们忧国忧民、开拓进取的伟大精神，民族精神的内在价值贯穿贺兰山主题诗歌的发展始终。

从疏离隔膜到欣赏赞美

在唐宋金时期，由于贺兰山地理、政治的边缘地位，再加上书写群体多是流寓、贬谪之人，他们对贺兰山的书写往往带着有隔膜的他者眼光，将贺兰山置于与中原相对立的异地风土来审视。

明清时期，统治者加强了对宁夏的治理，先后派遣亲王和一大批文化素养极高的官员戍守宁夏，促进了宁夏经济文化的大发展。贺兰山巍峨壮观的自然风光及其所附着的边塞历史文化意蕴，使初至此地的官吏文士为之心迷神摇，创作了大量的贺兰山主题诗歌，其创作心态也从宋金时期的"疏离"转变为"欣赏"。

明清宁夏八景诗的兴起就是最好的例证。庆王朱栴《贺兰晴雪》中的"积雪日烘岩冗莹，晓云晴驻岫峰奇"之句开启了赞美"贺兰晴雪"的先河，此后陈德武、王逊等诗人紧随其后，"山屏晚翠""贺兰夏雪"等景致在他们的笔下熠熠生辉。在这些创作中，诗人们自觉将贺兰山放置与中原名山同等的审美位置，将其互为观照比较并肯定其独特的审美价值。

就藩宁夏的庆王朱栴曾言："贺兰晴雪，随题而赋之诗，以见风景之佳，形胜之势，观游之美，无异于中土也。"贺兰山景被推崇至和中原风光相媲美的地位。还有李守中的《从猎贺兰山宿拜寺口》、王崇文《贺兰山》和周弘禴《贺兰山歌》等诗歌，以"好似江南庐岳上""胜览分明五岳同""遥想匡庐、峨眉、太室九峰、形胜相上下"等诗句，将贺兰山和中原鼎鼎有名的山峦相提并论。

这些对贺兰山自然、人文景观的极力讴歌，丰富了贺兰山这一文化符号的文学价值和审美意蕴，彰显了人们对贺兰山的欣赏、热爱之情。文人们对贺兰山的情感历经了从疏离隔膜到欣赏认同的发展过程，是各民族人民在长期的交往交流交融历程中所形成的共同心理表征，是中华民族共同体意识的一个历史面相。

从佛教盛地到文教府地

宁夏是丝绸之路的必经之地，同时也是沟通西域和中原的交通要冲，贺兰山麓独特的地理位置使其周边佛塔寺庙林立，造就了佛教文化的繁盛局面。《贺兰僧舍》《贺兰山怀古·间步僧寺》《贺兰怀古》《石空古寺》等篇章都记载了贺兰山内佛教文化的繁荣之态。

西夏开国之君李元昊更是将佛教作为国教，求经译经，在贺兰山一带兴建塔寺。李梦阳来此就发出"云锁空山夏寺多"的感叹，惊叹贺兰山佛寺林立的盛况。

元明清时期，历代统治者都重视佛教，不惜重金修建佛塔、寺院，弘扬佛教文化。方志有载"其土居人……然甚崇敬释氏"，可见佛教文化对当地人的巨大影响。如今贺兰山还保存着贺兰宏佛塔、贺兰拜寺口双塔、文殊殿等佛教圣地，供人们观赏游览。

除了佛教文化的繁荣，儒道文化也在这里广泛传播，多元文化汇至于此，极大地促进了各民族文化的交流碰撞。

到明清时期，中央王朝在大力开发边防事务的同时也采取多种措施促进宁夏地区文化教育事业的发展，不仅广修文庙、设立各级学宫，还从中央选拔文教名士到此执教，在一定程度上加强了少数民族对中原文化的认同与接受。

"德政移边俗，兰山气色和"（傅钟《奉和宿平羌堡》）、"德共阳春及草莱"（傅钟《奉和赤木口》）、"干羽风光始见回"（罗凤翔《宁河台成登眺》）、"塞北江南文教通"（孟逵《宁夏》）等诗句都写出在中原文教的浸润之下，这里的人文教化色彩明显增强。贺兰山已逐步摆脱了历史上所形成的征伐横起、苦寒落后的塞外荒漠形象，渐渐成为人文昌隆的文教府地。

中国传统文化的人文精神

楼宇烈[*]

中华传统文化源远流长，博大精深，儒释道三家，
天地人三学，"和而不同"，然"你中有我，我中有你"。

中国传统文化久远博大，却"统之有宗，会之有元"。若由著
述载籍而论，经史子集、万亿卷帙，概以"三玄"（《周易》《老子》
《庄子》）、"四书"（《大学》《中庸》《孟子》《论语》）、"五经"（《周
易》《诗经》《尚书》《礼记》《春秋》）为其渊薮；如由学术统绪而言，
三教九流，百家争鸣，则以儒、道两家为其归致。

东晋以后，历南北朝隋唐，佛教文化逐步融入中国传统文化，
释氏典籍与统绪因而成为中国传统文化的有机组成部分。儒释道三
家，鼎足而立，相辅相成，构成了唐宋以降中国文化的基本格局。
所谓"以佛治心，以道治身，以儒治世"，道出了中国传统文化的

---

* 楼宇烈，北京大学哲学系教授。

248

基本结构特征。

中国传统文化的根本特点之一是观念上的"和而不同"和实践中的整体会通。具体地说，在中国传统文化中，无论是儒释道三家，还是天地人三学，虽然有其各自不同的探究领域、表达方式和理论特征，然又都是互相渗透、互相吸收，"你中有我，我中有你"，难分难析，构成中国传统文化的一个有机整体。

人与天地参

中国传统文化如果从整体性把握，那么人文精神可以说是最主要和最鲜明的特征。这里所说的人文精神与现在所谓"人文主义"或"人本主义"等概念不完全相同。在中国传统文化中，"人文"一词最早见于《周易》："刚柔交错，天文也；文明以止，人文也。观乎天文，以察时变；观乎人文，以化成天下。"

"人文"一词在中国传统文化中是与"天文"一词对举的。"天文"指自然界的运行法则，"人文"则是指人类社会的运行法则。具体地说，"人文"的主要内涵是指以礼乐教化为本，以及由此建立起来的一个人伦有序的理想文明社会。这里需要说明：我们所讲的"人文精神"一语，无疑与上述"人文"一词有关，抑或是其词源；但"人文精神"一词的含义，又显然要比《周易》中"人文"一词含义丰富得多。

中国典籍中，很早就有人是天地所生万物中最灵、最贵者的思想。如《尚书·泰誓》中说："惟天地，万物父母；惟人，万物之灵。"《孝经》借孔子的名义说："天地之性，人为贵。"荀子也提出了人最为天下贵的观点。荀子对人在天地中的地位强调得更突出，论证得也更加明晰，他说："天有其时，地有其财，人有其治，夫是之谓能参。"董仲舒继承荀子思想，也极言人与天地并为万物根本。

他说："天地人，万物之本也。天生之，地养之，人成之。""人下长万物，上参天地。"

荀子和董仲舒等人的论述，都蕴含着这样一层意思，即在天地人中，人处于一种能动、主动的地位。从生养人与万物来讲，当然天地是根本，从治理人与万物来讲，则人是能动、操有主动权的，人在天地万物之中处于一种核心地位。因此，中国传统文化的人文精神把道德情操的自我提升与超越放在首位，注重伦理精神和艺术精神的养成。这就形成了中国传统文化两个十分显著的特点：高扬君权师教，淡化神权，宗教绝对神圣的观念相对淡薄；高扬明道正谊，节制物欲，人格自我完善的观念深入人心。也就是说，在中国传统文化的人文精神中，包含着一种"上薄拜神教，下防拜物教"的现代理性精神。

顺自然而不违天时

人们常把"天人合一"视作中国文化的主要特征之一，而考其起源，则与中国原始文化中自然（天地）崇拜，天地生万物以及祖先崇拜，以先祖为临监人世的上帝（此亦为天，天命之天）等观念，不能说毫无关系。天人合一中的"天"是合自然之天与天命（先祖上帝）之天而言的。

人与自然之天"合一"的中心是"顺自然"（这里的"自然"，不是指自然界，而是指自然界的"本然"法则与状态）。道家思想中强调顺自然，这是人们所熟知的。老子说："辅万物之自然而不敢为。"长期以来道家的自然无为思想被看成是一种消极被动、因循等待的思想。

其实，《老子》顺自然而不敢为（无为）的思想，有其相当合理积极的一面，《淮南子》对此有论述。道家无为思想绝不是消极被动、因循等待，而是排除主观、私意的前提下，主动因势利导，即所谓"循理""因资"地去举事立功。这是《老子》所追求的理想："功成事遂，百姓皆谓我自然。"

顺应自然而不违天时的思想，在儒家文化中也十分丰富。前面提到荀子关于人与天地参的思想，以往人们都以此来强调荀子"人定胜天"的思想。殊不知，荀子人与天地参的思想或如人们所说的"人定胜天"思想，恰恰是建立在顺自然而不违天时的认识基础上。荀子认为，人只有顺其自然，才会懂得什么应当去做，什么不应当去做，才能掌握天时地财，利用万物。儒家把大禹治水的智慧看成自然的典范，充分体现了"有为""无为"在顺自然原则中的统一。

近人而远鬼神

人与天命之天"合一"的中心是"疾敬德"。这一观念大概起源于殷末周初。这种自西周初以来形成的"以德配天"的天人合一观念中，伦理道德色彩大大超过其宗教色彩。天子受命于天，是有德者方能受此天命。何谓有德者？孟子认为，天子不能私自把天下传给他人，舜有天下，是天命授予的，尧只是起到了推荐作用。那么，天又是如何表达它的意向呢？孟子说，天不是用说话来表达，而是通过舜的行为和事绩的接受来表达其意向。

人意是天命的实在依据，天命是体现人意的一种礼仪文饰。这种"天命"根据"人""民"意愿，"人""民"比鬼神更根本的思想观念，产生于周初，至春秋时期而有极大发展。由此，人事急于神事、民意重于神意的观念深植于中国传统文化，并成为历代圣贤、明君无时不以为戒的教训。

《礼记·表记》借孔子之口，比较了夏商周三代文化的不同特色，其中在述及周文化特色时说："周人尊礼尚施，事鬼敬神而远之，近人而忠焉。"周文化这一近人而远鬼神的特色影响深远。以至于子路向孔子问"事鬼神"之事时，孔子相当严厉地斥责说："未能事人，焉能事鬼！"孔子回答樊迟问"知"时，又表示说："务民之义，敬鬼神而远之，可谓知矣。"

务民之义是"人有其治"的具体体现，人治如果搞不好，鬼神也无能为力。因此，只有懂得近人而远鬼神，把人事放在第一位，切实做好，才能称为"知"。这也许就是在中国传统中，把政权看得比神权更重要的文化根源。

礼的人文性

礼起源祭祀，与原始宗教有密切的关系，然而礼在中国传统文化的发展历程中，则是越来越富有人文内涵，乃至最终成为体现中国传统文化人文精神的主要载体之一。

把君师之治作为礼之本，是以礼制形式来落实人与天地参的思想，又使"礼"包含了更多的人文内涵。荀子是中国传统文化"礼"学的奠基者。《荀子》一书中的"礼"，出现三百多次，他全面论述了礼的起源、礼的教化作用、礼的社会功能等，尤其突出地阐发了礼的人文内涵。

在荀子看来，礼的主要内容就是"明分"，使社会形成一个贵贱有等、长幼有差、贫富轻重有称的伦序。荀子认为，确立这样的一个伦序是保证社会安定和谐所必需的。毫无疑问，荀子这里所讲的礼，充满宗法等级制度色彩，是我们今天要批判、抛弃的。然而，我们也无法否定，任何社会都需要一定的伦序，否则这个社会无法安定和谐。因此，荀子关于"使人载其事而各得其宜"，从而达到"群居合一"的理想，是值得我们今天批判继承的。

在中国传统文化中，常常是把那些带有宗教色彩的仪式纳入礼制中，而不是使礼制作为宗教的一种仪轨。例如，雩原是一种宗教色彩很浓的求雨仪式。荀子对此明确表示了"犹不雩而雨也"的意见，他并没有完全否定这种仪式，只是认为不应当把它神化。荀子认为，要把救蚀、雩雨、卜筮等带有原始宗教色彩的仪式作为一种人文意义的"礼"仪来看待，而不要把它作为一种求助神灵的宗教信仰仪式看待。

荀子将"卜筮然后决大事"视为"文"而不是"神"，这也是体现中国传统文化人文精神的一个突出例子。"卜筮然后决大事"本来是一件"神"事，然而荀子却把它纳入"文"事。"文"事者，非以为得求也。这样，卜筮所决之事也就失去了权威性，成为只具参考价值的意见。于是，卜筮作为一种礼仪形式的意义，也就远远超过了依它来决大事的意义。

心性道德修养

中国传统文化重视并强调心性道德修养，这与中国历代圣贤对人的认识密切相关。大部分圣贤都持有这样的观点——把是否具有伦理观念与道德意志看作人的本质，作为区别人与动物的根本标志。仅仅求物欲上的满足，则使人丧失人格而沦为禽兽。所以，人的伦理与物欲关系，一直是传统文化和哲学中最重要的主题之一。中国传统文化尤其是儒家文化，把人格的确立（以区别于禽兽）和提升（以区别于一般的人）放在第一位，而且把伦理观念、道德规范的教育和养成看作是一切教育的基础根源。

事实上，在中国历代圣贤的心目中，正确认识和处理伦理与物欲的关系，是确立人格和提升人格的关键。这个问题，中国传统文化大致从三个层次来进行探讨。伦理层次，讨论"理""欲"问题；实践层次，探讨"义""利"问题；修养（教育）层次，讨论"役物""物役"问题。在中国传统文化中，这方面的内容极其丰富。概括地讲，在伦理上以"以理制欲""欲需合理"说为主流；在实践上以"先义后利""重义轻利"说为主流；在修养上则以"役物"为尚，即做物欲的主人，而藐视"物役"，即沦为物欲的奴隶。

由于部分宋明理学家如程、朱等过分地强调"存天理灭人欲"，因而不仅遭到历史上不少思想家的批评，更受到了近现代民主革命思想家的激烈批评，斥其为压制人性，这是历史的需要。但是，我们如果全面检视一下中国传统文化中有关"理""欲"关系的理论，则很容易发现"存理灭欲"之说实非居于主流地位。

理学家谈"天理人欲"乃是根据《乐记》，但是《乐记》并未否定人的欲望，它只否定那种好恶无节于内，知诱于外，且又不能反躬自省的人。这样的人，在无穷的物欲面前，不能自我节制，被物欲支配。《乐记》主张节欲，荀子除了讲"节欲"外，还提出"养欲""御欲"等一系列命题，荀子指出，那些提出"去欲""寡欲"主张的人，其实是他们在实践中没有能力对人们的欲望加以引导和节制。不为物累、不为物役的思想在佛道理论中有系统论述，俯拾皆是，此处暂不赘述。

文明互鉴

撒马尔罕，此处东去是中国

杨新华　袁　剑[*]

　　撒马尔罕，中亚最古老的城市之一，古代丝绸之路的重要枢纽。如今的撒马尔罕是乌兹别克斯坦第二大城市，一座享有盛誉的历史名城。2000 年，撒马尔罕古城整体被联合国教科文组织评定为世界文化遗产。2022 年 9 月中旬，上海合作组织成员国元首理事会第二十二次会议在此举行并发表了《撒马尔罕宣言》。"一带一路"倡议改变了中亚地区的地缘经济版图，撒马尔罕也再次找回了自己在世界版图上的重要地位。

世界文明的十字路口

撒马尔罕地处阿姆河与锡尔河之间的中亚"两河流域"，建立

* 杨新华（采写），《民族画报》总编辑；袁剑（受访），中央民族大学民族学与社会学学院副教授、博士生导师。

于公元前 650 年左右，距今有 2600 年的历史。早在张骞凿通西域之前，中国与中亚已有民间贸易文化往来，汉武帝派遣张骞出使西域，进一步打通从长安出发到中亚、西亚，并连接地中海各国的陆上通道，撒马尔罕在这条后人命名的"丝绸之路"上占据了独特位置。

袁剑表示，撒马尔罕是公认的世界文明的十字路口，地处古丝绸之路的要冲，是古代中国通往印度、阿拉伯以及欧洲的必经之地，也连接着中国、波斯和印度这三大文明区域，被探险家斯文·赫定称为"中亚城市中的珠玉"。来自各个文明的人员、物品和文化在此交流、交融，使整个亚欧大陆形成一张密切交流的网络。

"商业贸易、使节穿梭、战争洗礼、族群迁徙，南来北往的不同人群都在撒马尔罕留下自己的足迹，也把各地的语言、文化、宗教、饮食、习俗带到这里，多元文明相互激荡，塑造了这座城市独特的样貌。"袁剑说。

精致的古建筑式样、象征城市颜色的撒马尔罕蓝、复杂的植物和几何图案装饰，是这个城市最醒目的特征。闻名于世的列吉斯坦广场是中世纪中亚建筑的杰作。比比·哈努姆清真寺，是中亚乃至整个伊斯兰教世界中最具代表性与历史意义的清真寺之一。著名古迹古尔·艾米尔陵墓，是帖木儿和其后嗣的陵墓，建于 15 世纪。陵墓造型壮观，色彩鲜艳，有阿拉伯式球锥形大圆顶，具有浓厚的东方建筑特色，是世界著名的中亚建筑瑰宝。

帖木儿帝国创建者帖木儿汗，一生屡次西征，在从小亚细亚到喜马拉雅山脉南侧的广阔土地上建立了庞大的帝国。为了充实国都撒马尔罕，帖木儿"不惜用种种手段，招致商人来此贸易。并于所征服的各城市中，选拔最良善、最有才干及有巧艺之工匠，送来此间"[①]。来自各处的技术匠师数目超过 15 万人，他们把不同地域的文化元素，镌刻在撒马尔罕的街巷之间、穹顶之上，至今熠熠生辉。

不曾断绝的文化之旅

张骞历尽艰辛来到大月氏，虽然没有说服对方联合进攻匈奴，却无意间打开了中原王朝通往中亚的大门。自汉以降，这个连接东西方的通道驼铃悠扬，使者"相望于道"，商贾络绎不绝。

袁剑说："这标志着中国对外认知的一个范式性开始。"中亚与中国进入了一个彼此交流互动的、至今依然在向深度和广度延伸的历史过程，贯通亚欧大陆的丝绸之路正是这种文化交流的重要体现。

中国古籍中很早就有关于撒马尔罕的记载。《魏书·西域传》称之为"悉万斤"，《隋书·西域记》称之为"康国"，《新唐书》称其又名萨末鞬。唐高宗显庆三年（658 年），在撒马尔罕设立康居都督府，归安西都护府管辖。撒马尔罕与古代中国的往来更加频繁。

唐代僧人慧超曾到访撒马尔罕，《往五天竺国传》对其有所记载。高僧玄奘所著《大唐西域记》提到的"飒秣建国"即康国，称"异方宝货多聚此国"，玄奘曾在此小住。到了元代，耶律楚材在《西游录》中记录了自己的撒马尔罕之行。

正是这个世界的十字路口，成为佛教传入东方，进入中国的重要结点。《后汉书》记载，汉明帝夜梦金人，于是遣使者郎中蔡愔、博士弟子王遵等十二人，至大月支国写取佛经。不久，来自天竺的高僧跟着东汉使者一道，用白马驮载佛经、佛像返回洛阳，佛教自此进入中原，洛阳也从此有了白马寺。

---

① [西班牙] 罗伊·哥泽来兹·德·克拉维约:《克拉维约东使记》，北京，商务印书馆，2009。

据史料记载，康国与唐朝往来密切。唐太宗贞观年间，撒马尔罕使者来到长安，贡品中有一件"大如鹅卵，其色如金"的金桃，令大唐君臣大饱眼福。后来使者再度来访时，还带来了几株桃树苗。安史之乱以后，"金桃外交"才逐渐淡出历史。

造纸术的西传被认为是改变人类历史进程的重大事件，撒马尔罕则是历史的见证者。公元751年，唐朝安西节度使高仙芝部队与大食军队在怛罗斯之战中失利。波斯学者比鲁尼在其著作《印度志》中记载，唐朝战俘中有不少造纸工匠。在阿拉伯人的支持下，他们在撒马尔罕建立了一座造纸厂，把中国造纸技艺留在了中亚。大量书籍的出版直接推动了中亚地区教育的普及和文化的传播，改变了世界文明的格局。

袁剑指出，以撒马尔罕为代表的中亚地区与中国的文化交流，不仅促进了商品物质等层面的互通有无，更进一步增进了两大区域之间的彼此认知与知识积累，为中国历史上陆地边疆上的西向交往提供了交流互动的典范。

休戚与共的命运共同体

撒马尔罕地理位置优越。在世界交通史的起始阶段，撒马尔罕是茫茫大漠和崇山峻岭交汇之处的一片绿洲。古代商队无论是西去波斯高原和小亚细亚，还是去往东方中国，撒马尔罕都是休憩、补给和货源分销、补充的绝佳地点。进入现代社会，它的战略重要性并未削弱。

2013年9月，中国国家主席习近平访问乌兹别克斯坦期间，走进撒马尔罕兀鲁伯纪念馆。在一幅古丝绸之路路线图前，习近平听讲解员讲述中国汉代张骞出使西域、辗转来到费尔干纳（今乌兹别克斯坦境内）的历史后说，希望他们多宣传这段历史。欢迎乌兹别克斯坦朋友去中国，去西安。

近年来，中乌联合修复希瓦古城历史文化遗迹顺利完成并移交乌方，双方还联合发掘明铁佩古城遗址。中国科学院中亚药物研发中心和全球葱园塔什干中心相继投入运营，成为中乌医药、植物学合作研究的重要载体。

袁剑表示，"一带一路"倡议，再一次改变中亚地区的地缘经济版图，撒马尔罕也再次找回了自己在世界版图上的重要地位。

2022年9月，《关于中吉乌铁路建设项目（吉境内段）合作的谅解备忘录》正式签署。对于双重内陆国乌兹别克斯坦而言，中吉乌铁路使其货物绕过哈萨克斯坦进入中国，扩展了交通运输网。同时，中吉乌铁路走廊将与外高加索走廊连接，为乌兹别克斯坦提供到欧洲的最短线路。古老的丝绸之路焕发新生。

袁剑认为，中国"一带一路"倡议对撒马尔罕而言，不仅意味着亚欧文明相互交流的新开始，而且还在现代意义上促进了中国与中亚之间的互联互通，将极大改善当地深处内陆的不利地理条件，提升中亚各国及其民众的生活水平，撒马尔罕也将由此获得更大的发展契机。

"中国向来主张和睦万邦，'中国—中亚命运共同体'正是这种古老智慧的现代呈现，它不是地缘政治角逐下的零和游戏，不是以邻为壑，不是强迫站队，而是强调中国与周边国家的共同安全与共同发展。"袁剑强调，事实证明，中国强则中亚强，中亚安则中国安。繁荣和稳定构成了中国与中亚的共同期待，也为"中国—中亚命运共同体"奠定了最为坚实的基础。

郑和下西洋：协和万邦享太平

万　明[*]

郑和下西洋是中国古代规模最大、船只和海员最多、时间最长的海上航行，也是地理大发现以前世界历史上规模最大的一系列海上远航。但长期以来，人们对郑和下西洋的认识并不全面，甚至存在一些误解。

郑和下西洋是为了宣扬国威吗？西方的航海活动带来了资本主义发展，而郑和之后中国的航海迅速走向衰落，事实真的是这样吗？西方的航海活动带来了海外殖民，而郑和下西洋为什么没有在沿途建立殖民地？

郑和下的西洋到底是哪个洋？

郑和下西洋，首先西洋在哪里，这是理解郑和下西洋的基础问

* 万明，中国社会科学院古代史研究所研究员，中国社会科学院"登峰战略"资深学科带头人，中国中外关系史学会会长。

郑和下西洋航海图

题。"西洋"一开始是有特指的，当时明朝人所认识的"西洋"，具体所指为"那没黎洋"，也即今天称为印度洋的海域。百年以来，有关郑和下西洋的研究都很少将西洋即印度洋的概念突出出来，以致对郑和下西洋的认知产生偏差。有的研究认为郑和八下西洋，还有的研究认为郑和九下西洋，都是没有弄清楚西洋究竟在哪里，把没有达到印度洋的航行也单独算作是下西洋的航行了。实际上，自永乐三年（1405 年）至宣德八年（1433 年），郑和七下西洋的航线都是围绕印度洋展开的，遍及亚非 30 多个国家和地区。船队第一次至第三次的大致航线是：从福建长乐闽江口五虎门扬帆出海，先至占城（今越南南部），后遍历爪哇（今印度尼西亚爪哇）、旧港（今印度尼西亚巨港）、暹罗（今泰国）、满刺加（今马来西亚马六甲）、苏门答刺（今苏门答腊），接着向西驶向印度洋，赴锡兰山（今斯里兰卡）、柯枝（今印度科钦），最远到达古里（今印度西海岸卡利卡特）。从第四次起，每次航行都延伸到忽鲁谟斯（今伊朗霍尔木兹），远航非洲。

忽鲁谟斯是当时波斯湾最重要的贸易港口，东西方交通的十字路口。值得注意的是，郑和船队的分遣队所到达的地方更多更远，有的甚至访问了阿拉伯半岛和东非，第七次航行还到达了天方（今沙特阿拉伯麦加）。

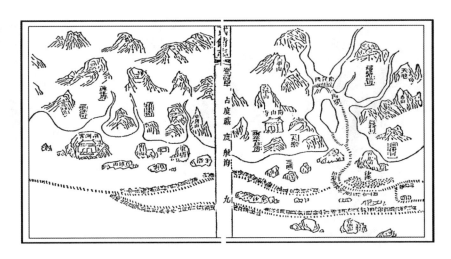

郑和下西洋航海图

沿途国家为何不惧郑和的庞大舰队？

郑和下西洋的船队在当时世界上非常先进，也非常庞大，郑和副使洪保的寿葬铭中记录了乘坐的宝船是"五千料巨舶"[①]。

大明永乐三年，也就是 1405 年的 7 月 11 日，郑和奉诏率领 240 多艘海船、27000 多名士兵与船员出航，配备了船师、水手、士兵、医生、厨师、翻译、占卜等各类专业人才，甚至还有理发师随行。船队从南京出发，开始了一次又一次远航。据《天妃灵应之记》碑所载：船队出发时，"观夫海洋，洪涛接天，巨浪如山，视诸夷城，迥隔于烟霞缥缈之间。而我之云帆高张，昼夜星驰，涉彼狂澜，若履通衢者……"比郑和下西洋晚 80 多年横渡大西洋的哥伦布航海船队，仅由 3 只帆船组成。

[①] 原海军装备技术部部长、北京郑和下西洋学会副理事长郑明认为，这么巨大的宝船是存在的，但并不是一种实用的船只，它不应该是下西洋船队中的一员。郑明根据史料记载的两千料船等资料，推断郑和下西洋乘坐船只最大者长 61.2 米、宽 13.8 米，排水量 1000 余吨。（道中华编辑注）

郑和的远洋船队可以说是当时世界上最大的帆动力特混船队，200多艘不同船型的海船，有指挥船、战船、后勤船等分类，其中，指挥和运载封赏和朝贡物品的海船通称"宝船"，还有兼用于大型快速水战和运输的马船，负责护航安全和应对战斗的战船和座船，以及其他运载粮食和淡水的粮船、水船。宝船在中心，战船在最外侧，很有现代航空母舰编队的感觉。事实上，郑和船队也通过成功的远航证明了其高超的船舰技术和航海水平。

郑和率领船队第一次下西洋返航时途经旧港（现今印度尼西亚苏门答腊岛的巨港）。在旧港附近有一伙海盗，为首的是陈祖义，他原是广东潮州人。当郑和船队返航经过此处之时，船队携带的金银珠宝被海盗陈祖义盯上。他采取了诈降的手段，主动向郑和船队投降用来麻痹郑和，打算趁其不备突袭郑和船队，控制郑和船队的中枢指挥船，扰乱明军的部署，各个击破。

陈祖义率领5000多个海盗，20多艘船向郑和船队投降，不出他所料，明军果然没有任何的防备，就在陈祖义命令手下向明军发动进攻之时，明军船队突然杀声四起，迅速包围了陈祖义的船只。结果陈祖义率领的5000多人被全歼，陈祖义也被活捉，后来朱棣下令将其处决。

郑和船队拥有强大的战斗力，但没有因此到处攻伐。相反，郑和下西洋所到之处，所做的事就是先通好，再通商。郑和率领庞大的船队，满载着深受海外各国喜爱与欢迎的绞绢、纱罗、彩帛、锦绮、瓷器、药材、铁器、铜钱等物品到当时各国的沿海贸易港口城市。

每到一地，他首先向当地国王或酋长宣读皇帝诏谕和进行朝贡贸易，随后即用宝船所载各种货物在当地进行互市交易。换回的物品有各色香料、药材、布匹、金银、犀角、象牙、宝石、珍禽等上百种之多。这种通过贡赐及互市方式进行的贸易，是建立在双方互惠互利的原则基础上的。郑和下西洋虽然到达过很多国家，但从来没有占领过别国一寸土地，也没有掠夺过别国人民的分毫财富。在扩大与海外各国友好关系的同时，还肩负起维护海道安宁，为各国调解矛盾纠纷的"协和万邦"的使命。郑和船队所到之处，几乎都出现"多欢声""争相迎"的热烈场面。

郑和下西洋的主要目的并不是宣扬国威

上面说到了郑和下西洋的"西洋"指的是印度洋，那么郑和下西洋的问题就变成了郑和为什么要去印度洋。印度洋自古以来是东西方交往的汇聚之地。在世界古代四大文明摇篮中，印度洋孕育了其中之三。印度河流域文明、两河流域文明、尼罗河流域文明分列印度洋区域的东、中、西部。在印度洋西部，印度人、阿拉伯人、埃及人等活动频繁，是进行商业贸易的绝佳场所。

清修《明史》认为郑和下西洋是为了宣扬国威，但这种认知并不准确。我们可以从历史资料中推翻这个论点。从下西洋亲历者马欢、费信的书中，我们可以看到郑和的航线以古里（今印度西海岸卡利卡特）为中心，远离德里政治统治中心。从这里也可以看出，郑和航海外交并不是谋取政治权力。那么，既然郑和下西洋不是为了宣扬国威，那又是为了什么呢？其实，曾经在明朝宫中上演的《奉天命三宝下西洋》杂剧就简明扼要地将出航目的表述为"和番"和"取宝"。在明朝人眼里，郑和下西洋初始目的和任务就是"和番"与"取宝"。以今天的话来说，"和番"就是和平地与海外各国交往；"取宝"就是通过贸易获得国外珍宝。郑和远航船队实际上是一支规模巨大的官方国际贸易队，在船队所到之地进行了频繁的贸易活动。

郑和船队造就马六甲国贸新中心

郑和七下西洋不仅开通了海道，打击了海盗，保证了海上安全，更重要的是，郑和下西洋成功地全面贯通了陆海丝绸之路。在当时明朝人看来，西洋的尽头就是西域。郑和下西洋的国家航海外交行为，全面贯通了陆上丝绸之路与海上丝绸之路，交汇之地就在印度洋，这是从海上给古代丝绸之路划了一个圆。这也极大促进了沿线国家的繁荣发展。

满剌加（今马来西亚马六甲）兴起就是一个典型代表。从历史文献中可以看出来，在1400年前，满剌加这个地点在各国的史料中都很少被提及，但在郑和下西洋开始之后，这里逐渐演变成世界文明互动中心。直到今天，这里依旧是重要的国际贸易交通港埠。自第一次下西洋开始，中国—满剌加—古里，就是下西洋的主导航线。航行于从中国到印度洋的海上商路，郑和每次必经满剌加。因为远离中国大陆，航行在海上的中国船队需要一个前往西洋的中间站，而这个中间站就选在了满剌加。满剌加国王同意郑和在满剌加国建立仓库，存放货物，为郑和船队提供了一个安全的外府，使郑和船队可以安全航行到印度和西亚、东非等地。不仅如此，满剌加还是郑和船队的集中地点，船队的船只分头出发到各国进行贸易，最后都要在满剌加汇合，等待季风到来一起回国。郑和的到来也为满剌加带来了安宁和繁荣，郑和第一次下西洋就消除了海峡的海盗问题，为海峡安全建立了保障。在郑和船队近三十年的往返过程中，国际贸易促使满剌加迅速兴起。很快，满剌加就超过了苏门答腊等地的港口，在中国和印度、西亚之间，成为一个最为重要的贸易中转地，在下西洋过程中起了不可替代的作用。在郑和下西洋后，满剌加已经成为一个颇具国际特色的强盛王国。满剌加的崛起也是历史上国际关系合作共赢的成功范例。

明代中国是世界上最强大的航海国家

目前，不少研究在对比哥伦布发现新大陆和郑和下西洋的时候，常常带有欧洲中心论的思维方式，会夸大哥伦布发现新大陆的意义，而曲解和忽视郑和下西洋的意义。部分研究者将哥伦布等人航海视为资本主义的代表，将郑和下西洋和封建帝王的政治野心及寻求奢侈品相联系。其实，地理大发现的主要参与国葡萄牙和西班牙在航海后建立的仍旧是封建帝国，掠夺的奢侈品大多供给皇室消费，并没有发展出资本主义。欧洲资本主义的诞生是在英国，而英国实际并没有参与15—16世纪的航海活动。郑和下西洋的核心目的也绝不是为了宣扬国威，而是要建立经济贸易和外交网络。郑和下西洋结束后，明王朝官方朝贡贸易衰落，但这并不等于中国海上力量就落后于西方了。郑和下西洋后，民间私人海上贸易兴起。发展到明末，郑氏海商集团独霸远东海上，郑芝龙、郑成功父子的海上活动充分说明了明代中国始终是世界上最强大的航海国家。直至明末，西方也不能与之抗衡。东西方航海遥相呼应是人类历史发展不断扩大交往过程中的重大事件，对于促进东西方汇合发挥了积极的历史作用。虽然双方背景不同、条件不同，但是人类为了认识外界而走向海洋的愿望是相同的。这是人类进步的必由之路。东西方航海模式存在共性：同是人类通过海洋认识外界、走向世界的过程。但也存在差异性：中国航海的和平稳定发展模式，与西方的暴力掠夺发展模式形成了鲜明的对比。如果我们跳出以往的西方中心论的思维方式，会对郑和下西洋作出更加公正的评价。

郑和为什么没有在沿途建立殖民地?

郑和下西洋并没有像西方开辟新航路那样导致海外殖民，最重要的原因还是在于明朝外交的"不征"与"共享"理念，试图不依靠武力来建立一种和平的国际体系。郑和七下印度洋，将今天的东北亚、东南亚、中亚、西亚、南亚，乃至东非、欧洲等广袤的地方，连成了一个文明互动的共同体，政治上国家权力整体上扬，经济上贸易资源互通有无，文化上多元文化认同交融。

现存斯里兰卡科伦坡国家博物馆的"郑和布施锡兰山佛寺碑"，以中文、泰米尔文、波斯文三种文字记载着永乐皇帝的代表郑和向佛祖、毗湿奴（印度教三相神之一）和真主安拉贡献布施的史实，是明朝人对于印度洋多元文化共生兼容认识的最好例证。中国通过走在世界前列的先进航海技术，在印度洋海上建立了跨国经济贸易和外交网络，推动了区域国际贸易的活跃发展。如果要问建立跨国经济贸易和外交网络的结果是什么？最大的意义是让国际合作成为潮流，建构了新的国际体系。永乐二十一年（1423 年），出现了西洋古里、柯枝、加异勒、溜山、南浡利、苏门答剌、阿鲁、满剌加等 16 国派遣使节 1200 人到北京的"万国来朝"盛况。郑和下西洋将中华秩序理念付诸实践，在没有对任何国家产生威胁的基础上，建立起一种"共享太平之福"的国际新体系。

"苏哈尔"号万里远航，见证中阿千年友谊

关 禾[*]

著名的阿拉伯民间故事集《一千零一夜》中，有一篇叫《辛巴达航海历险记》的故事，记叙了阿拉伯冒险家辛巴达七次航海旅行的惊险经历。第七次，辛巴达从阿拉伯远航到中国，当船只一帆风顺地到达中国境内时，突然间飓风迎着船头刮来，大雨倾盆而下，辛巴达抓住一块破船板，漂流到一个荒岛上。于是他收集木头、树枝和干草，做成一只木船，最终划行到一座建筑美丽、人烟稠密的大城市，这便是海上丝绸之路上长盛不衰的东方大港——广州。

辛巴达航海历险的故事内容新奇，情节惊险，但它所描述的故事并非完全虚构和无稽之谈，辛巴达的原型便是公元 8 世纪的阿拉

---

* 关禾，《国家人文历史》作者。

伯航海家奥贝德。

1200 多年后的 2022 年 12 月 8 日，国家主席习近平访问沙特阿拉伯之际，在沙特媒体发表的署名文章中，就提到了这段精彩的故事。

友好往来，千年古舟重飞渡

公元 8 世纪，出生在阿曼历史古城苏哈尔的著名航海家奥贝德，驾驶着木帆船从阿拉伯重要商埠苏哈尔港出发，向万里之遥的中国进发，航行到了广州。当时的中国正值唐玄宗时期，以开放、自信、富强的面貌欢迎世界各地各民族的客人。商船给中国带来了亚麻、棉花、羊毛、金属制品、乳香等阿拉伯特产，向阿拉伯运回了中国丝绸、陶瓷、樟脑、麝香和食用香料。这艘没有任何机械动力设备和罗盘仪的 20 多米长双桅木帆船，全靠海风作动力、观星来导航，从遥远的阿拉伯劈波斩浪来到中国，成为中阿历史交往中的一段佳话。

为表达与中国的友好情谊，也为了纪念本国古代这位著名的航海家，1978 年，阿曼人根据文献记载，历时半年多精心仿造了"苏哈尔"号大木船。船身长 26 米，宽 6 米，主桅杆高 22 米。为了还原千年之前古阿拉伯人的造船方法，"苏哈尔"号采用了以麻栗木、椰子木为原材料的板材，用手工搓成的椰子绳将一块块木板绑紧穿牢，缝隙处则用椰子皮和橄榄糖泥填实。尽管原材料简单，但这种凝聚了千年前古人智慧结晶的船型设计却具有严谨的结构和强大的抗风浪能力。1980 年 11 月，"苏哈尔"号由阿曼水手驾驶，穿越阿拉伯海、印度洋和马六甲海峡，沿古代阿拉伯航海家开辟的航路前往中国，航行近 6000 海里，于次年 7 月抵达广州。为了纪念两国的友好交往，中国在广州珠江边建立了"苏哈尔"号帆船纪念碑，阿曼则最终将"苏哈尔"号木船停放在布斯坦宫酒店门前供游人参观。

古船之所以被命名为"苏哈尔"号，是用于纪念历史悠久的贸易港苏哈尔城，这里曾一度是阿曼最繁华的城市，也是去远东船只的始发港和返航地。20世纪80年代初期，法国考察队曾在苏哈尔老城堡等地的考古中，发掘了大量中国晚唐、宋、元、明、清时期的古瓷器、陶罐碎片以及各种古代钱币。现今阿曼国家博物馆和自然历史博物馆中，仍珍藏着我国宋代的瓷碗和当年的乳香。这些考古遗迹无言地再现着当年中国与阿拉伯往来的盛况。这种以文明对话和商业贸易为基本形态的文化交流方式，从公元7世纪一直持续到现代，奠定了中阿之间历史关系的基础，并且成为当代中阿交往的历史参照。

凿空西域，连通中西共繁荣

历史上，中阿交往的源头可上溯至两千年前的古丝绸之路，民间交往和官方交往互为促进。《史记》《汉书》《后汉书》等史籍中均出现了对于"条支"的记载。所谓"条支"，就是波斯人称阿拉伯人"Tazi"的译音，到了唐代，渐渐又演变为"大食"的叫法。

西汉时期，张骞奉命先后于公元前139年和公元前119年两次出使西域，陆续开辟了中国通往中亚和西亚的古商道，这便是后来闻名遐迩的"丝绸之路"。张骞凿空西域后，中国的丝绸、漆器、铁器、釉陶等商品，特别是丝绸大量西运，西亚、中亚各地商品也不断销往中国，形成丝绸之路"驰命走驿，不绝于时月；商胡贩客，日款于塞下"的繁荣景象。

东汉时期，班超在明帝执政年间受遣再度出使西域，重新打通西域通道，并于公元97年，派得力干将甘英从陆路经中亚、西亚到大秦（罗马帝国）访问。这次出使虽未到达罗马都城，但甘英之行是迄今发现的古代中国官方使者远行阿拉伯的最早记录。

在交通闭塞的古代社会，大批的条支人不畏山高水险陆续来华经商。这些商人或骑乘骆驼，穿过灼热的沙漠，沿"丝绸之路"，经河西走廊到我国当时的政治、经济、文化中心长安；或驾驶木船，穿海峡、斗激流、过险滩，沿"香料之路"到我国当时的沿海商埠泉州、广州、扬州等地。这些中阿贸易的开拓者，带着名贵的象牙、犀角、宝石、香料和药材而来，又满载我国的丝绸、瓷器和茶叶踏上归途，成为民族友谊的传播者。陆上"丝绸之路"和海上"香料之道"的开通，为日后中国同阿拉伯各地更频繁更广泛的交往铺平了道路。

跨山越海，文明互鉴新纪元

到了唐代，伊斯兰教先知穆罕默德十分赞赏蓬勃发展的中华文化，他在伊斯兰教经典《古兰经》中留下圣训："知识，虽远在中国，亦当求之。"穆罕默德的热情鼓励，使阿拉伯人来华更趋踊跃，他们或经商，或旅游，或充任外交使节，使中阿民族间的友好交往盛况空前。从唐高宗永徽二年（651 年）大食国第三任哈里发（阿拉伯政教合一领袖的称谓）奥斯曼正式与唐朝建立邦交，到唐德宗贞元十四年（798 年）这 148 年间，大食派遣驻华使节多达 30 多次。

而元代大航海家汪大渊的两次远航，则是从中国的另一个大港——泉州出发。泉州在西方著名旅行家马可波罗的游记中，与埃及的亚历山大港并称为"世界两大海港"。汪大渊的航程穿越阿拉伯海、波斯湾、亚丁湾、红海，所到之处包括埃及、摩洛哥、苏丹、索马里等。他撰写的《岛夷志略》，成为详细记录 14 世纪中国同阿拉伯国家在政治、经济、宗教和文化诸领域交往情况的最有价值的历史文献。

中国遣使远洋航行，密切中阿友谊，规模最大的即有名的"郑和下西洋"了。1405 年起，明代伟大的航海家郑和，带着建立明朝同亚非国家的关系、展开通商贸易的使命，率领船队先后出使航行 7 次，最后一支船队于 1433 年回国，前后跨时 28 年。前 3 次，船队仅到达印度半岛，从第 4 次开始，船队远行至西亚和非洲，最远曾达非洲东岸、红海和伊斯兰教圣城麦加（今沙特阿拉伯境内）。郑和下西洋的随行人员马欢、费信和巩珍，后来分别撰写了有助国人更深入了解阿拉伯文化的《瀛涯胜览》《星槎胜览》《西洋蕃国志》三部书，细致地描绘了其在阿拉伯地区的见闻，包括对克尔白天房和朝觐教法的描写等，留下了珍贵的历史记录。

与西方冒险家对所到之地进行掠夺式入侵、开辟殖民地、掠夺资源的行径不同，郑和船队率百余艘船西行，这支浩浩荡荡的队伍从始至终致力于促进中国人民同阿拉伯人民相互了解、加强双方的经济和文化交流，船队访问过的国家纷纷派员回访，从而促使了各自物质文明和精神文明的交流与发扬光大。在阿拉伯文化传到中国的同时，中国的造纸术、针灸学、经络学、炼丹术、临床医学经验也源源不断地输入阿拉伯地区，特别是中国的四大发明，其影响从阿拉伯、波斯传向欧洲，促进了欧洲近代文明的到来，并由此极大地推动了世界文明的进程。

丝绸之路之所以繁茂，是因为中阿之间不仅有丝绸、茶、香料等生活用品的贸易，还有指南针、火药、造纸术、印刷术等四大发明的传播，中阿在这种和谐共享、互通有无的文明交往中不断发展繁荣。

战略互信，千年篇章焕新颜

新中国成立后，中阿文明交往进入新的繁荣发展阶段。从 1956 年 5 月 30 日与埃及建交起，到 1990 年 7 月 21 日与沙特建交止，中国同所有阿盟 22 个成员国都建立了外交关系，并支持阿拉伯各国政府奉行和平中立的不结盟政策，赢得了阿拉伯国家和阿拉伯人民的信任，为中阿关系持续快速发展奠定了坚实的政治基础。

2021 年，中阿双向直接投资存量达到 270 亿美元，比 10 年前增长了 2.6 倍，经贸和投资再上台阶；沙特延布炼油厂、中埃（及）可再生能源联合实验室、中阿清洁能源培训中心等一系列项目落地，能源合作日益深化；15 个阿拉伯国家在当地开设中文院系，13 个阿拉伯国家建有 20 所孔子学院、2 个独立孔子课堂，各项人文交流活动积极开展，不断增进民心相通。

跨越千年时空，中阿交往的历史沿不朽的丝绸之路铺陈开来。在建交六十余载的岁月里，中阿在风云变幻的国际大环境中团结守正、合作共赢，树立起友好交往的典范。

甘冒生命之险来中国的日本遣唐使

戚　佳[*]

2010 年上海世博会"日本周"期间，黄浦江里驶入了一艘按照 1300 年前的样式 1∶1 定制的遣唐使船。不过这艘船并没有像当年那样，从日本花好几个月划到中国，而是象征性地在日本近海划了一阵子，然后坐上大型运输船，快抵黄浦江口才又放到海里划进来，最后在世博码头举行了庄严的"抵达中国"仪式。然而，这些"现代遣唐使"的前辈可没有如此轻松。

曾经的遣唐使要冒九死一生的风险才能到达遥远的长安。当时的日本不仅造船技术差，航海知识也很匮乏。264 年间，日本共派出 19 次遣唐使，除去未成行的 3 次，真正意义上派出遣唐使 16 次，大多历经重重波折，献出生命的多达千人；派出的 48 艘船，沉入海

---

* 戚佳，自由撰稿人。

底者有 12 艘以上。

当时唐朝已拥有了水密隔舱和钉接榫合法技术，日本的造船工艺相形见绌，遣唐使乘坐的都是结构堪忧的小船。据明代胡宗宪《筹海图编》记录，"倭船"铆接不用铁钉而用铁片，接缝不用麻筋桐油而只用短水草来填塞，易漏、易裂、易断；船底是平的，不利于破浪前进；船帆悬于桅杆正中心处，只适于顺风，遇到逆风就需要把桅杆放倒，靠手划橹前进。明代的日本船只尚落后如此，唐代可想而知。

唐代遣唐使船在狂风恶浪中非常容易破损，动不动就"中断，舳舻各分""打破左右棚根"，或是"舵折棚落""船将中绝，迁走舳舻"。

设想一下：如果出国留学要坐这种小破船，还有 25% 的概率沉船，你还会去吗？即便是在这种情况下，当年日本青年想要搭乘遣唐使船到大唐学习的热情依然高涨，而且入选条件十分严苛。只有才貌兼备的世家子弟，才能作为日本的代表，被"公派"到大唐学习。

其他随船人员也都各怀绝技，比如最杰出的围棋高手、琵琶演奏家、手工艺匠人、翻译、医师、画师等，以充作日本的"门面"。总之，遣唐使团集中了当时日本在外交、学术、科技、工艺、音乐、美术、航海等方面最优秀的人才。

看起来这些人在本国日子过得很不错，前途光明，为何冒着葬身鱼腹的危险，也要前仆后继地前往长安呢？就让我们跟随第九次日本遣唐使团的足迹去看一看。

唐开元五年（717 年），19 岁的井真成从大阪的难波津港登上了遣唐使船，与另外的 3 条船一起驶向了大唐的方向。井真成的姓氏"井"被认为来自"葛井"或"井上"，是居住在现在大阪藤井寺市的豪门。这批船上的 557 人中还有另外两位留学生，与井真成同岁的阿倍仲麻吕和长他们 3 岁的吉备真备，以及一位叫玄昉的"留学僧"。

在海上漂泊了 7 个月后，他们终于抵达了欧亚大陆上的梦幻之都、当之无愧的世界中心——长安。踏上 155 米宽的朱雀大街那一刻，井真成被眼前这座如棋盘一般整齐的大城震惊了。

唐长安城长约 9.7 千米，宽约 8.6 千米，总面积约 87 平方千米，是同期阿拉伯帝国首都巴格达的 6 倍，东罗马帝国首都君士坦丁堡的 7 倍，人口百万。

从朝鲜半岛到罗马，前来长安的人遍及世界各地。各国使臣、商人、僧侣以及像井真成一样的留学生们，都从长安熙熙攘攘的街道上走过。

长安的东、西市，不仅各方商旅云集，还荟萃了天下奇珍异货。学习之余，井真成完全可以先在西市的胡商酒肆来杯葡萄酒，再到东市酒楼尝一尝将鱼切薄片生吃的新奇菜肴，顺便再帮玄昉买一本雕版印刷的佛经。

你以为至此长安的魅力已经尽数体现了吗？对遣唐使团来说，更大的惊喜还在后面。开放的大唐不仅为日本留学生提供饮食起居，而且发放数额不菲的奖学金。

唐王朝将日本人带来的礼物称为"方物"，并报之以大方的赏赐。我们可以从日本正仓院现存的宝物，见识到唐朝慷慨的气度。一些大唐工匠也受朝廷的派遣，随返回日本的遣唐使船到日本帮助他们营建庙宇宫室。

长安既有恢宏华丽的气势，更有海纳百川的气度。大唐王朝对各地前来长安的人，文用其才，武用其能。外国人可以在此长期居留、观摩学习，甚至通过考试成为"公务员"。

长安也以宽广的胸怀热情迎接井真成等不远千里而来的留学生。

朝廷派四门助教赵玄默亲自到鸿胪寺教他们。其中，出身奈良名门的阿倍仲麻吕成绩突出，被破格录取进入太学读书，勤学数年之后参加科举考试，一举中第成为进士。

唐代科举考试难度很高，有"三十老明经，五十少进士"的说法，即50岁考中进士已经算是年轻的了。作为遣唐使制度两百多年间唯一考中唐朝进士的日本人，阿倍仲麻吕确实才学出众。

按照惯例，遣唐使学习一段时间后可归国，或随下一次遣唐使团回国。可是因为仰慕中国文化，阿倍仲麻吕不肯离去，他改名朝衡，又名晁衡，留在了大唐。他仕途顺利，作为高级官员活跃于大唐朝廷，从最初整理校对书籍到陪伴玄宗第十二子仪王李璲读书，后升至秘书监（大约相当于国家图书馆馆长）。颇有诗才的阿倍仲麻吕与李白、王维等人交好，在唐朝的生活可谓如鱼得水。

西安城墙边，有为井真成的另外一位同学吉备真备而建的一座公园。这里曾经是留学生们学习的地方——国子监所在地。

吉备真备出身豪族，相对于晁衡的"俊逸"，他显得更为务实，在长安广泛学习儒学、历史、兵法、天文学等知识学问。734年完成学业后，他带着大量儒释经籍、乐器武备等满载而归。《旧唐书》记载这些日本留学生"所得锡赍（赏赐），尽市文籍，浮海而还"。

吉备真备带回的《唐礼》对日本朝廷礼仪的完善有很大影响，《太衍历经》和《太衍历立成》促进了日本的历法改革，乐器和乐书使得唐乐在日本广泛传播。同时，他与另一位留学生大和长冈一起修订二十四条律令，为日本国家制度的建立作出了重要贡献。相传他还是围棋高手，棋盘和棋子都是他从大唐带到日本之后才传播开来。

对于从大唐学成归来的留学生，日本朝廷予以重用。741年，吉备真备被聘为东宫学士，教太子阿倍内亲王（公主，后来的孝谦女帝）读《礼记》和《汉书》，一度官至右大臣（相当于宰相）。

天宝十二年（753年），日本第十一次遣唐使团来唐，已近花甲之年的吉备真备作为副使再次踏上长安的土地，与分别18年的老同学晁衡重逢。此时晁衡已年过半百，在大唐已待了整整36年。

看到阔别多年的同学，晁衡萌发了强烈的归乡之情。有感于他为大唐服务数十年，且家中父母老迈，唐玄宗批准晁衡回国，并特命他为大唐的日本使节。得知晁衡要回国的消息，好友们纷纷来送。去留两难的晁衡心情复杂，仰看大唐明月写下《望乡诗》：

> 翘首望长天，神驰奈良边；
> 三笠山顶上，想又皎月圆。

753年，晁衡即将启程，玄宗特意命鸿胪卿蒋挑捥送他们到扬州。此次遣唐使回船共4艘，鉴真和尚登上其中一艘，于754年到达日本。之前他已六次尝试东渡均告失败，此次终于得偿所愿。

然而，另一艘船上的晁衡却并不顺利，他的船在琉球附近遭遇风暴失联，当时大家都以为晁衡已溺亡。李白得知友人"遇难"的消息伤心不已，写下《哭晁卿衡》，表达对好友亡逝的哀恸：

> 日本晁卿辞帝都，
> 征帆一片绕蓬壶。
> 明月不归沉碧海，
> 白云愁色满苍梧。

实际上，晁衡所乘的船漂到了越南驩洲，船上170多人遭当地人袭击，仅晁衡与遣唐大使藤原河清等十四五人幸存。天宝十四年（755年），他们历尽艰险又回到了长安。此后晁衡便留在大唐，再未归国。他一生经历了唐代三个皇帝，官至安南都护治交州（越南河内）、二品光禄大夫，72岁时终老于长安。藤原河清也留在唐朝做官，任秘书监，778 年埋骨唐土。

遣唐使带回去的不只是唐朝的典章制度和律法规范，还有博大精深的中华文化，这对日本文化产生了深远影响。古代日本没有自己的文字，利用汉字作音符来书写日本语言，《万叶集》就是用这种方法写成的。吉备真备利用汉字偏旁创造了日本表音文字片假名，从此日本有了自己的文字。后来，学问僧空海又利用汉字行书体创造出日本行书假名平假名。

日本的朝堂上，大臣们争相模仿唐朝礼节，日常生活中人们所用器物也追求唐风。日本陶瓷匠人仿照唐三彩烧造出了奈良三彩，日本画家仿照唐代画家周昉的《簪花仕女图》绘制出了鸟毛立女屏风。

与吉备真备同去同归的学问僧玄昉，带回了 5000 多卷经论和许多佛像，他带回日本的唯识学成为奈良时代的佛教主流。抵达日本的鉴真在奈良建造了唐招提寺，他带去的佛经、医药和书法成为东大寺正仓院的珍宝。而日本的第一座都城平城京（奈良）正是以唐长安城为蓝本。

唐代以中原传统典籍制度为主流，并以开放的胸襟吸纳外来文明的精华，取得了辉煌的物质与精神文化成就，而都城长安就是展示这些成就的窗口。璀璨的文化、发达的政治律令、完备的官僚体制、繁荣的经济以及风雅的生活方式，这种"软实力"对于大化改新之后的日本无疑具有相当大的感召力，让一批批深受震撼的遣唐使想要借鉴甚至复制"大唐模式"。

为了向世界上最先进的文明学习，遣唐使们冒着惊涛骇浪前往中国，不遗余力地将唐朝文化的方方面面带回日本。在这个过程中，有人随船沉没于茫茫大海，也有人因为各种原因最终未能回国而客死他乡。

2004 年秋，在西安东郊浐河东岸的河堤上，人们发现了井真成的墓志。与同期生中最出色的晁衡一样，井真成再也没能返回日本。734 年正月，在中国学习生活 17 年的井真成去世。他去世后，唐玄宗降旨将其礼葬于长安万年县浐水东原。一方墓志刻着他的生平："公姓井，字真成。国号日本，才称天纵……蹈礼乐，袭衣冠……形既埋于异土，魂庶归于故乡。"

百年前，凯瑟琳眼中的喀什噶尔

王　耀[*]

1908 年 12 月的一天，一位英国人绘制了一幅《喀什噶尔城市简图》。100 多年后的今天，通过这幅地图，我们可以直观地看到清朝末年喀什噶尔（今喀什市）的平面地理布局和多元文化特色。

被誉为喀什人母亲河的吐曼河，从城市东北流过；城市地标建筑艾提尕尔清真寺位于城市中央；体现清朝统治的中国衙署嵌于城市中央；驻扎满汉官兵的满城则在城市外缘；英国、俄国两大帝国的领事馆在城市北门外比肩而立；中亚安集延商人聚集于喀什城北门；瑞典传教团则位于城市南门外……

就这样，多元文化、多种宗教荟萃于清末的南疆重镇喀什噶尔；市井百姓、清廷官兵、英国人、俄国人、瑞典人，穿行于城门内外。

---

* 王耀，中国社会科学院人类学与民族学研究所副研究员。

在清朝末年的一段时间，喀什噶尔北门外的英国领事馆内，生活着一个名叫凯瑟琳·马噶特尼（Catherine Macartney）的女人，她是英国驻喀什噶尔领事馆总领事乔治·马噶特尼（George Macartney）的夫人。自1898年跟随丈夫来到新疆喀什，她先后在这里生活了17年，并留下了一些记录。从她的视角，我们可以看到百年前的喀什噶尔生活百态。

英国领事馆"秦尼巴克"

马噶特尼夫妇生活的地方，又叫做"秦尼巴克"。马噶特尼特意将英语"Chinese"和维吾尔语"bagh"（"花园"之意）合为一体，意思为"中国花园"，音译为"秦尼巴克"。

英国领事馆建成于1913年，是由瑞典传教士豪格伯格（Rev Hogberg）设计的。这座建筑将欧式风格与中亚风情融为一体。建房使用的建筑材料也非常讲究，很多是从欧洲远途运来。领事馆共22间房子，生活着马噶特尼夫妇与他们的3个子女，以及2名印度籍秘书、1名印度籍医生和卫兵、仆人等。

近代史上赫赫有名的西方"探险家"，诸如瑞典人斯文·赫定（Sven Hedin）、英国人斯坦因（Stein）、德国人勒柯克（LeCoq）、澳大利亚人莫理循（Morrison），都曾在"秦尼巴克"受到过马噶特尼夫妇的款待。

俄国领事馆与"安集延商贸区"

俄国领事馆与英国领事馆比邻。清末，俄国人、英国人在新疆均有着巨大的经济利益和商业利益。

俄国在新疆各地倾销俄国产品。据凯瑟琳回忆，1898年，她初到喀什噶尔时，俄国产品并不多见。但是她来后不久，俄国产的衣料、日用品、家具、糖、面粉等大量出现在市场上。大街上的人们穿起了俄国纺织的大花细布做的衣服。因为商贸需要，俄国人还在俄国领事馆旁边建起了欧洲风格的俄华道胜银行。

1882年11月，俄国首任驻喀什噶尔领事彼得罗夫斯基（Petrovsky）抵达喀什噶尔，起初在城市北门外租赁民房作为办公场所。1906年，芬兰人马达汉到访喀什噶尔时，曾在俄国领事馆内居住。

在当时的喀什噶尔，还生活着一批较为特殊的外国人。他们集中生活在喀什噶尔北门外的"安集延商贸区"里，主要是中亚浩罕国来此经商的商人。

清中期，浩罕国还是一个独立的中亚汗国，在道光年间因为支持张格尔叛乱而与清朝为敌。1868年，浩罕国被俄国吞并。1879年，左宗棠收复新疆后，为迫使俄国归还伊犁，清廷曾驱逐俄国商人，当时在喀什噶尔的数千名浩罕商人一同被迁出。直到1882年俄国领事馆设立后，大批浩罕商人又重返喀什噶尔，仍旧在北门外租赁、购置民房商铺，从而形成了较为密集的"安集延商贸区"。

安集延是位于中亚费尔干纳盆地上的著名商贸集散地，清代新疆人习惯上将来自中亚的商人统称为"安集延人"，故而才有了"安集延商贸区"之称。1929年，瑞典人雅林（Jarring）曾到过这里，据他回忆，安集延商贸区修筑有俄罗斯风格的砖房，街巷非常狭窄拥挤，主要售卖俄国货物。

中国衙署与"满城"

在喀什，中国衙署和"满城"是清朝军政官员及兵丁、内地商人的主要居住地。清朝官员曾经宴请过外国人，并给凯瑟琳留下了深刻印象。据她观察，这些官员举止高雅、谈吐不凡。

清朝官员的宴请非常隆重，菜品非常丰盛。凯瑟琳在进入中国衙署后，第一眼就看到了一堵镶嵌有中国龙图案的影壁墙。

宴席上摆放着各种各样的作料和调味品，当天第一道菜是我们今天熟悉的一道佳肴——变蛋，"接着依次上了大约40道菜，有肉食、菜蔬，包括鸡，各种各样的干鱼、海参、鸭、鱼翅、海带、莲子、藕，各种各样的蘑菇、甜食"，最后还上了香脆可口的烤乳猪和燕窝汤。

这么丰盛的大餐，在今天看来也十分令人艳羡，真让人想不到100年前在喀什噶尔竟然能吃到海参、海带等海产品以及鱼翅、燕窝汤等高档补品。凯瑟琳对于这次宴请显然十分享受。

此外，清朝官员考虑非常周全，在准备宴会时，还提前派人到领事馆将刀叉等餐具取来，方便不太会使用筷子的西方客人使用。这也可以看出他们对于客人的尊重。

喀什噶尔的清朝士兵生活肯定不能与吃烤乳猪、喝燕窝汤的官员相比。不过，他们毕竟领着国家饷银，有一份稳定的收入和还算不错的工作。也许，下班后，他们还会到戏院去听听戏，消遣一下。

喀什噶尔的戏院十分气派，门前立有中式牌楼。这处戏院内演出的才子佳人戏，不仅来自内地的民众喜欢观看，当地维吾尔族民众和外国人也喜欢。

市井生活

在喀什噶尔还活跃着一批来自天津的汉族商人，他们的精明给凯瑟琳留下了深刻印象。

上文提到的安集延商贸区主要营销俄国商品，而天津商人的商品则主要来自内地。他们售卖丝绸、玉器、珊瑚、景泰蓝花瓶、茶壶等，这些货物做工精细、样式迷人，但是价格较高。

常与天津商人打交道的凯瑟琳发现，"除了做贸易买卖和经营店铺外，他们还开钱庄、放债。不管和谁做买卖，他们都会全力以赴地讨价还价。一会儿他们待你如至亲好友，一会儿又会使出浑身解数引你上钩，而又总是满脸笑容，让你感到十分友好"。

除了与俄国人、清朝官员接触外，凯瑟琳时常穿梭于喧嚣的市集和街巷，有时采购些水果，为家人购置鞋帽等日用品。对于喀什噶尔的日常生活，她非常熟悉。

艾提尕尔清真寺是喀什噶尔的标志性建筑，清真寺前是当地人的巴扎（维吾尔语"集市"的意思）。巴扎热闹非凡——尤其是在每周四巴扎日时，更是人山人海。当地商贩习惯于把苇席铺在街道上，搭建凉棚遮挡阳光，商贩蹲在下面售卖货物、招呼客人。

在当时的巴扎上，广场中央是一排排水果摊子，上面摆满了各色水果，桃、杏、甜瓜、葡萄、无花果、西瓜等应有尽有，而且价格非常便宜，"一个大甜瓜才值两便士"，"一先令就可买回一满筐葡萄"，以至于在凯瑟琳举办的宴会上，从来不上水果，因为水果太便宜、太普通了。

除艾提尕尔清真寺外，在其他清真寺前或街巷上，还有各类巴扎。比如帽子巴扎，售卖各种绒帽、皮帽以及用银丝镶嵌、装饰高雅的女士帽子。此外还有棉花巴扎、印花布巴扎、铁匠巴扎、银匠巴扎等。有意思的是，还有一条街叫做虱子巴扎，专门售卖旧衣服。见识过虱子巴扎的凯瑟琳认为这条街巷"名不虚传"。

当时的巴扎，茶摊是必不可少的。人们坐在那里一边喝茶，一边听着悦耳的当地音乐。操着一两件长柄乐器的演奏者和一位小鼓手组成的乐队，演奏出美妙的音乐。有时候，茶摊旁还会有说书人，声情并茂地讲述故事，引得听众如痴如醉。

翟理斯：第一位收到"万民伞"的外国人

罗　星[*]

对中华文化的研究，海外汉学家群体是一股不可忽视的力量。他们的汉学研究成果不仅记载了中华文化与世界各国文化交流与融合的珍贵历史，还对中华文化在世界各地的传播与推广有积极的促进；他们的著作中展现的中华形象是西方人对中国的最初印象，也是中国形象迈向世界的第一步。

19 世纪有一位著名的汉学家——翟理斯（Herbert Allen Giles，1845—1935 年）。提到他可能很多人并不是很了解，但是对"I-ching"（易经）、"Tai-chi"（太极）这些词的英文拼音肯定很熟悉，这些英文标音来自于"威妥玛－翟理斯式拼音"，是由威妥玛和翟理斯两位英国汉学家共同创造的汉语拼音法。1906 年春，上海

---

* 罗星，中南民族大学文学与新闻传播学院汉语国际教育专业教师。

举行的"帝国邮电联席会议"决定以翟理斯所编《华英字典》（1892年）中的拉丁字母拼写法为依据，对中国地名的拉丁字母拼写法进行统一和规范。于是，"威妥玛－翟理斯式拼音"被广泛运用于人名地名等注音，成为 20 世纪上半叶西方国家拼写中国汉字时最常用的系统；直到 1956 年《汉语拼音方案（草案）》出台才逐渐被取代，而在此之前，这套拼音方法盛行了近百年。即便到了今天，英语中仍旧保留了不少威妥玛－翟理斯式拼音拼读的词语，如"功夫（Kung Fu）""清明节（Chingming Festival）""宫保鸡丁（Kung Pao Chicken）"等。

翟理斯出身于文人世家，自幼受到严格的古典式教育训练。1867 年经英国外交部选拔前往中国，在中国度过了 25 年的时光。在中国的亲身经历给予了翟理斯对中国最直观丰富的认知和感受，他毫不吝惜地在《中国札记》中赞扬："中华民族是一个勤劳、清醒、乐观的民族，西方人追逐财富的恶习会带来文化灾难，而中国人则能够保持一个中立的位置"，这与当时西方普遍对中国的轻视态度是截然不同的。

1878 年，翟理斯在英国驻厦门领事馆任职，此时的厦门港，中英贸易开展得如火如荼，国外侨民接近 300 人。由于海外资本主义极度扩张，各国对廉价劳动力的需求急剧攀升，沿海地区有大量华工前往海外打工，与此同时，贩卖中国劳工的现象也频频发生，许多外国船只打着运送中国劳工的名号，实则进行卑劣的劳工贩卖，厦门港就是贩卖劳工的一个重灾区。担任厦门领事官的翟理斯就发现了一艘插着英国国旗的船只超载搭乘了 1000 人，全都是即将被贩卖到南洋的中国劳工。翟理斯勒令船长让超载的人全部下船，狡猾的船长阳奉阴违，装模作样地放下劳工后又偷偷召回船上。翟理斯听闻后怒不可遏，再次返回船上，在目瞪口呆的劳工们面前扣押了该船只，并对船长处以重额罚款。

此事在当时的厦门引起了极大的轰动，厦门各界普遍认为此举保护了中国劳工的生命安全，厦门商会执行委员会专门开会并通过一项决议："鉴于英国驻厦门领事官翟理斯先生离任时间日近，为聊表谢意，厦门商会特决定将其明智之举铭刻在案。一艘插着英国旗号之中国船，意欲超载华工，冒险驶往南洋之际，身为本港移民官的翟理斯挺身而出，保护了华工之生命与财产。"次日，商会还举行了隆重的"献伞仪式"，向翟理斯献上了一把巨大的红色"万民伞"以示感谢。这把10多英尺高的红伞上不仅写着"他保护了我们黑发人"，还签有110家厦门商号和74名各级官员的姓名，甚至包括一位道台的签名。翟理斯也大受感动地回应："先生们，自从我来到贵国之后，我一直努力将中国人民和我国人民视为兄弟。在与他们接触的过程中，我也是这样对待他们的。我对他们一视同仁，从来不袒护任何一方。虽然我所做的仅仅是我个人的分内之事，但是，我为能履行自己的职责而深表荣幸。然而，今天你们向我献伞时，我还是无法掩饰内心的激动之情。此举从某种程度上说明了，我所做的努力取得了一定的成功。我非常感谢大家所给予我的荣誉，我诚挚地希望我们在来年相聚时候，我可以毫不惭愧地说，我没有辜负大家对我的期望，我没有愧对大家给我的荣誉。"

英国的《萨顿先驱报》和中国的《厦门钞报》都对此事进行了全面具体的报道，翟理斯的父亲非常自豪，把这把"万民伞"当作传家宝珍藏，该伞后来被收藏于牛津大学博物馆。在中国历史上，以外国人身份收到中国百姓赠送的"万民伞"的事情绝无仅有，这也侧面印证了翟理斯在中英两国交往中的卓越贡献。

翟理斯不仅是一位优秀的外交官，在中英文化交流史上也成就斐然。他是译介中国文学较早也较多的汉学家之一，翻译的众多中国文学作品至今在西方都饱受赞誉。他一直试图通过自己的著作修正西方一贯以来对于中国的负面看法，向外国读者描绘出一个真正的中国。

翟理斯翻译的《聊斋志异》

他非常推崇中国古代的作家蒲松龄，译介的《聊斋志异选》（1880年）成为展现中国文学的一部翻译经典。他真诚地赞美蒲松龄是一位艺术大师，是一个天才般的作家。在他看来，《聊斋志异》不仅文字简练、结构严密，更是帮助西方读者了解中国民间传说以及社会风俗习惯的重要指南。翟理斯在译介时精益求精，字字雕琢，他批评当时的译本对书名的翻译过于轻率，各译本多把《聊斋志异》翻译成《鬼怪故事》（*Tales of the Genii*）或《奇人记》（*The Record of Marvels*）等。翟理斯认为这些都不能反映出该书的内涵，他把书名直译为 *Liao-library-record-strange*，在他看来，"聊（Liao）"是最能体现出作者以及全书核心内容的表达。显然，翟理斯对中国文化的理解和把握是精准而深刻的，他的译本不仅语言生动优美，而且还准确地传达出了原著的风格和神韵。学贯中西的大师辜鸿铭曾称赞："翟理斯的文风清晰、鲜活、美妙。他的笔端所触及的每一个问题都既清晰又明了……翟理斯的《聊斋志异》可以说是翻译之典范。"更难能可贵的是翟理斯通过《聊斋志异选》中的大量注释，把中国宗教、民俗、文化、礼仪等多个领域的知识都展现在西方读者面前，使得该书超脱了一般翻译作品的价值，具有更多文化传播的意义。

1889 年，翟理斯出版了他的译著《庄子：神秘主义者、伦理学家、社会改革家》(*Chuang Tzu，Mystic，Moralist，and Social Reformer*)，当时的西方社会，很少有人关注《庄子》，翟理斯却被这位道家哲学大师所深深吸引，对其瑰丽的文风赞赏有加。他的这部译作在英国颇受欢迎，成为很多西方人认识和了解中国文化的一道桥梁。英国著名作家王尔德曾在《一位中国哲人》(*A Chinese Age*)中说，借助翟理斯的译本，他第一次了解到庄子的哲学思想并与之产生深切的共鸣，同时对博大精深的庄子哲学十分赞赏和钦佩。英国著名小说家毛姆也表示："我拿起翟理斯教授的关于庄子的书……他的书是很好的读物，尤其下雨天最为适宜。读他的书常常不需费很大的劲，即可达到思想的交流，你自己的思想也随着他遨游起来。"除《庄子》外，翟理斯后续还翻译了一系列介绍中国哲学思想的书籍，这都促使西方学者们开始重新审视中国哲学。曾经很长一段时间里，在西方哲学家的眼中，来自"东方影响"的哲学思想都不值一提。

当然，翟理斯最有代表性的著作是他撰写的第一部英文《中国文学史》(1901 年)，该书一共 8 卷，从先秦两汉魏晋南北朝到唐宋元明清，对中国历代的文学进行了总体的梳理和详细介绍。翟理斯运用西方读者熟悉的语言生动地描绘了中国各时期的文学发展，第一次向西方世界完整地呈现出中国文学的总貌，该书首开西方中国文学史研究的先河，被称作是 19 世纪以来英国汉学界对中国文学研究的总结。由于该书语言优美流畅颇受读者欢迎，在西方一版再版，被译成多种语言发行。这部著作不仅让中国文学和作品走进了西方大众视野，还改变了人们对中国文学的印象。传教士汉学家波乃耶（J. Dyer Ball，1847—1919 年）就在《中国评论》上说道："对于本书的问世，我们表示热烈欢迎；我们相信它能够激发汉学学生进一步探索中国文学之广袤领域的热情；同时，我们也希望它能够让那些对中国文学一无所知的人了解在中国'文学'这个词究竟意味着什么。"

此外，翟理斯还翻译了第一部英文中国笑话集——清代《笑林广记》（1925 年）中的 242 则笑话，以此展示中国人幽默智慧的一面；还著有第一部英文中国人物传记《古今姓氏族谱》（1897 年），第一部英文中国绘画史《中国绘画史导论》（1905 年）等。通过翟理斯的一系列作品，西方读者开始了解到更真实、更生动的中国文学、历史和艺术等，这是与当时"西方中心主义"宣传的专制愚昧等形象截然不同的中国形象。

时任英国公使的曾纪泽也专门致信翟理斯表达谢意："曾某虽无缘与先生谋面，然先生之大名却如雷贯耳。先生不遗余力，传播中国文学之精神，可钦可佩……汉籍丰姿惟借先生优雅译笔，方得以展现在贵国读者眼前……毋庸置疑，先生之译事必能结出更丰硕之果实。先生之翻译不仅于吾国人，亦于英国人亦有益。文学乃增进各国理解的最佳途径。依愚之见，先生之译著于习英语之中国学生，亦或是习汉语之英国学生，皆为用大哉！不啻于学习语言之最佳途径也，翻译之工作大为裨益，望先生再接再厉。"

翟理斯回顾自己一生的时候说道："自 1867 年起，我一生中有两个理想：其一是使中文能够更易被人们理解，使人们对中文的认识更准确，无论是口语还是书面上；其二是让人们对中国人的文学、历史、宗教、艺术、哲学、礼仪和风俗有更深更广的兴趣。"翟理斯用自己的一生来践行自己的梦想，不仅为中国文学作品在海外的推广和传播竭尽全力，也为中英文化的交流作出了巨大贡献。

比尔·波特：将中国文化融入自己的生活

胡江波 *

比尔·波特（Bill Porter），笔名赤松（Red Pine），1943 年出生于洛杉矶，童年在富有的家庭环境中度过。1970 年，他进入哥伦比亚大学攻读人类学博士，由于家道中落，无力承担学费，为了申请奖学金，他选择学习中文。一个偶然的机会，他得到一本《寒山诗集》。为了提高中文水平，他开始一边阅读一边翻译寒山诗，从此醉心于中国文化，学习中国哲学，练习书法……

与传统学院派汉学家不同，比尔·波特以亲身体悟、实地寻访中国文化印迹而知名。他诗意般地在中华大地行走。旅行是他创作的源头活水，也是他亲近中国文化的独特方式。翻译是他的"道"——生存之"道"、学习之"道"、修行之"道"。他翻译了

* 胡江波，中南民族大学外语学院副教授。

很多中国传统文化典籍和古典诗词，向世界展示中国智慧。

比尔·波特：创造了多个"第一"

比尔·波特钟情中国传统文化，尤其痴迷于隽美的古典诗词，在博大精深的中国文化中找到了一生的志业和精神家园。

他是《寒山诗集》（*The Collected Songs of Cold Mountain*）第一个英语全译本的译者，为寒山诗在英语世界的传播、接受与经典化奠定了坚实基础。

他是第一个翻译韦应物诗歌的外国人。多年来，他把翻译作为生活、学习和修行方式，将近2000首古诗翻译成英文，让世界品味中国古典诗歌的意境和魅力。

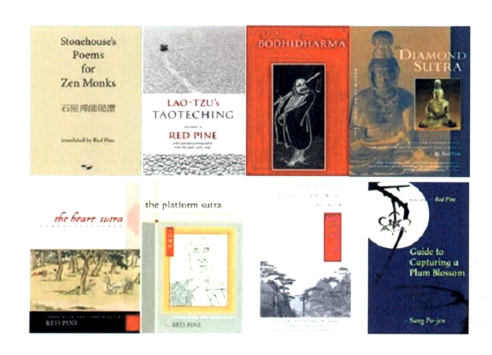

比尔·波特（赤松）部分翻译作品

他是第一个关注终南山现代隐士的美国人，并根据寻访所见所闻所思写成《空谷幽兰》（*Road to Heaven : Encounters with Chinese Hermits*），为他赢得了"美国徐霞客""当代徐霞客"的美誉。

他是一位马可波罗式的旅行者，以外国人独特的视角，轻松幽默的笔调，图文并茂的形式介绍中国文化传统、风土人情、自然景观、历史遗迹。《禅的行囊》追溯中国禅宗文化与历史；《黄河之旅》探寻黄河文化渊源与变迁；《丝绸之路》追寻中华文明史上辉煌篇章；《彩云之南》探秘西南地区少数民族民俗风情；《寻人不遇》寻访中国古代诗人历史的足迹；《江南之旅》领略江南水乡的灵秀与风韵；《一念桃花源》追忆传统中国人心中的理想世界……

1989 年，他和朋友、摄影师史蒂芬（Steven Johnson）第一次来到中国大陆，开启了终南山探访隐士之旅。之后，他经常问道中国。比尔说："中国有三扇很好的'门'——儒、释、道。人不可以同时进两扇门，只能一门深入。进去后会发现，经过其他门的人也在里面。"2021 年，他在美国汤森港（Port Townsend）筹建禅修中心，传播和践行中国智慧，利及当地人。

诗意行者：亲近中国文化

对比尔而言，诗意是在路上，在找寻，在亲近中国文化。

"松下问童子，言师采药去。只在此山中，云深不知处。"他想探明中国隐士传统，却不知道到哪里去寻找隐士。机缘巧合，净慧长老给他指了一个方向——终南山。彼时，终南山道阻且险。比尔历尽艰辛拜访了 30 多位隐士：他们的生存状态并非像书中那样与明月清风相伴、与闲云野鹤为友。他们中的许多人都历经过生活的艰辛困苦，或孤独贫寒，或抱病残年。他们过着简单的物质生活，追求着理想的精神生活。

中国隐士传统不仅存在得很好，而且对中国社会有重要的影响。比尔觉得必须把这个情况介绍给西方人。于是，他花了近两年的时间将此次寻访之旅写成 Road to Heaven：Encounters with Chinese Hermits（中译《空谷幽兰》），让西方人了解中国隐士传统，鼓励西方读者追寻并找到生活中"独处"的乐趣。

2001 年，中文版《空谷幽兰》在中国大陆出版，成为畅销书，引发国内隐士文化"热"现象，一定程度上促进人们对传统文化的重视。

继《空谷幽兰》之后，比尔乐此不疲地探寻中国传统文化遗迹。他说，当你必须努力去做的时候，一件事就更有意义。1991 年春天，他进行了黄河之旅。1991 年秋天，他进行了江南之旅。1992 年春天，他去了云南。1992 年秋天，他走了丝绸之路。2006 年春天，他拜访了六位禅宗祖师的道场。2012 年，他完成中国古代诗人的朝圣之旅。在他看来，这就像发现了一个又一个丢失的宝藏。如是，他诗意行走，一路跋涉，千山万水……

赤松译者：翻译就是我的"道"

寒山是比尔的第一个"女朋友"。翻译寒山诗，他感觉自己在和诗歌中的人物对话，他们的智慧会渗透到他的身心。他的翻译不拘泥文字，是一种悟后的随机妙用。

1983 年，比尔以笔名"赤松"（Red Pine）出版了英语世界第一部寒山诗全译本，中英文对照加上详实的注释。有国外媒体评价道："赤松给我们提供了第一部寒山诗全集。它风格清新、优美，老少皆宜，至少可供一代人阅读。"与之前韦利（Arthur Waley）、斯奈德（Gary Snyder）、华生（Burton Watson）相比，他采用直译和口语化散体风格，不刻意追求韵律和节奏，像是日常对话，通透畅达，引发读者交流和接受，体悟意蕴。比尔说："语言只是窗户，你得透过它，看到它后面的东西。这也就是中国人所讲的意在言外，你得勘破，才能译得准确。"

关于"赤松"的由来，比尔说："中国人喜欢红色，我最喜欢的树是松树，那我就叫赤松吧。"后来，他发现中国古代有个神仙叫赤松子；作为一个翻译家，他住在人居稀落之地，有点像是一个沙门（出家人），又像一个武士，感觉自己挺像赤松子，自此就一直用这个笔名了。有趣的是，变成"赤松"后，他在图书馆，想找一本书上的某处段落，一翻就翻到了，好几次都这样，用他自己的话说是"如有神助"。

夫道，有情有信，无为无形。翻译是比尔的"道"。作为译者，翻译是他的生存之"道"，也是他的学习之"道"。比尔说，在翻译过程中，会学到很多东西，如果只是阅读的话，恐怕学不到那么多，所以用翻译的方式来学习。翻译佛经的时候，比尔就像和佛祖一起学习；翻译陶渊明诗的时候，他就像和陶渊明一起喝酒……

翻译更是他的修行之"道"。比尔说，他翻译的每一本书都成为他的修行，无论是《金刚经》中佛陀的话，还是《坛经》中慧能的话，或是韦应物、柳宗元、陶渊明的诗。翻译是他这一生所学的最大来源，因此，他有了伟大的老师。

德莱顿（John Dryden，1631—1700 年）认为逐字翻译是"戴着脚链在绳索上跳舞"。比尔是高明的舞者，随着舞伴翩翩起舞，而不是"戴着脚链在绳索上跳舞"。他和韦应物跳华尔兹；他和李白对练拳脚；他和祖师坐在一起……

诗者，志之所之也，在心为志，发言为诗。南怀瑾先生说，中国智慧在文学里，尤其在诗词里。比尔认为，一首好诗是发自诗人内心的话，从他们的心连接到自己的心。在他看来，译者只是一个通道。"心中的诗"是内心感觉和感动。译者必须找到那个地方,译文要和原文一样要有心里面的那个东西。

郭沫若说:"翻译雪莱的诗,是要使我成为雪莱,是要使雪莱成为我自己。译诗不是鹦鹉学舌,不是沐猴而冠。"在比尔看来,翻译是要与原作"结缘"。他把诗人当作朋友和知音,比如王维,还有元朝的诗僧石屋。石屋的诗比寒山美,寒山的诗没那么美,但有另一番味道。禅意是他对诗的审美标准。他只翻译自己喜欢的,能够理解并充分欣赏的诗。

不难看出,他对中国文化相当熟稔,用西方人的视角审视中国文化,并在其中找到精神归属。中国文化已经深入他的生活,他的传奇人生际遇和文化熏习,决定了他的译文能够赢得普通读者,进而引起心灵共鸣。

后　记

　　道中华之美，美中华之道。

　　"道中华"是国家民族事务委员会立足中华民族伟大复兴战略全局和世界百年未有之大变局，坚持以铸牢中华民族共同体意识为主线，重点打造的全新聚合传播平台。"道中华"品牌创建以来，始终坚定"四个自信"，大力宣传中华民族的历史，大力宣传中华民族共同体理论，大力宣传新时代党的民族工作取得的历史性成就，大力宣传中华民族同世界各国人民携手构建人类命运共同体的美好愿景，面向全社会海内外讲好中华民族共同体故事，品牌影响力和美誉度不断扩大，被誉为民族文宣领域的标志性文化传播品牌。

　　自信才能自强。有文化自信的民族，才能立得住、站得稳、行得远。世界上唯一绵延 5000 多年而从未中断的中华文明蕴藏着怎样的密码？中华民族的血液流淌着怎样的精神？中华民族交往交流交融的历史彰显着怎样的文明根性？为铸牢中华民族共同体意识、推进中华民族共同体建设，民族出版社从"道中华"平台发布的文章中精选了100篇结集出版并定名为《道中华文萃》《道中华访谈录》。这是我们的一个尝试，期望能够启迪广大读者，更好地把文化自信融入全民族的精神气质与文化品格中，养成昂扬向上的风貌和理性平和的心态。下一步，我们还将继续依托"道中华"品牌，逐步衍生出更多讲好中华民族故事的"道中华文辑"系列丛书，传播中华文明，促进中西互鉴，让世人熟悉中华、理解中华、爱我中华，让世界了解中国、认知中国、读懂中国。

本套丛书的顺利出版得益于国家民委党组的高度重视。中央统战部副部长，国家民委党组书记、主任潘岳同志悉心指导，多次作出批示。国家民委党组成员、副主任郭卫平同志就编辑出版事宜多次提出要求。国家民委理论研究司、文化宣传司和中国民族报社相关负责同志鼎力支持，热心相助，提出诸多宝贵意见。在此，谨向各位领导及所有参与人员致以衷心的谢意。

需要说明的是，我们在选编时重新拟定了部分文章标题，书中作者和受访者简介均为时任职务，书中图片除单独注明外均由作者和受访者提供。同时，由于时间仓促，水平有限，书中难免有错漏之处，敬请读者批评指正。

编　者
2024 年 7 月

图书在版编目（CIP）数据

道中华文萃 / 本书编委会编 . -- 北京：民族出版社，2024.7.
--（道中华文辑）.--ISBN 978-7-105-17309-9

Ⅰ.C955.2-53

中国国家版本馆 CIP 数据核字第 2024736MF1 号

道中华文萃
DAOZHONGHUAWENCUI

责任编辑：张亦芃
装帧设计：翟跃飞　罗焰
出版发行：民族出版社
地址：北京市和平里北街 14 号（100013）
网址：http://www.mzpub.com
电话：（010）64271909（010）58130298
印刷：北京盛通印刷股份有限公司
经销：各地新华书店
开本：710mm×1000mm　1/16
印张：20
字数：252 千字
版次：2024 年 8 月第 1 版
印次：2024 年 8 月北京第 1 次印刷
书号：ISBN 978-7-105-17309-9/C·440（汉 341）
定价：85.00 元

发行电话：（010）64224782
该书若有印装质量问题，请与本社发行部联系退换。